Beiträge

zum

Pommerschen Lehnrecht.

Von

G. v. Wilmowski,
Justizrath.

Berlin.
Verlag von J. Guttentag.
1870.

Vorrede.

Nachdem das Gesetz vom 4. März 1867 die Aufhebung der pommerschen Lehnverhältnisse in Aussicht gestellt hat, scheint es, als wenn eine Beleuchtung derselben nur historischen und antiquarischen Motiven entsprechen könnte, wie etwa Versuche, Bilder von einer Rechtsruine oder Gerichtslaube zu geben. Ohnehin muß Jeder, welcher sich mit pommerschem Lehnrecht eingehend beschäftigt hat, von Herzen wünschen, daß für das praktische Leben jede Spur davon bald vollständig begraben wird.

Indeß fristet einmal das Gesetz vom 4. März 1867 noch einer beträchtlichen Anzahl von pommerschen Lehnen auf längere Zeit, voraussichtlich selbst auf Generationen, das zähe Leben. Ferner drängt dies Gesetz bei solchen Lehnen, sowie auch bei den schon jetzt und in nächster Zeit gesetzlich aufgehobenen Lehnen, durch die Vorbehalte und Entschädigungen eine Menge von Ansprüchen und Fragen zur Erwägung und Entscheidung in den Vordergrund, welche sonst vielleicht noch Jahrzehnte oder überhaupt unerledigt geblieben wären. Das Bedürfniß der Aufklärung ist daher gerade jetzt dringender geworden, als zuvor.

Wohl alle Juristen in Pommern sind aber darüber einig, daß die Entscheidung von pommerschen Lehnrechtsfragen die größten Schwierigkeiten schon deshalb bereitet, weil die Materialien nur selten und unvollständig zugänglich sind. Notorisch bewegte sich in sehr vielen Prozessen der Streit zum guten Theile um die Frage, was Zettwach über die Sache gemeint habe. Und dies zu ermitteln, hat trotz der Gründlichkeit von Zettwach's pommerschem Lehnrecht allerdings oft seine Schwierigkeiten; einmal weil Zettwach das Lehnrecht und selbst dessen einzelne Materien nicht in systematischer Folge übersichtlich bringt, sondern nach der Ordnung des A. L.-R. Theil I. Tit. 18 als Anhang zu dessen einzelnen Paragraphen vorführt und den Zusammenhang der Lehren dadurch zerreißt; und ferner, weil er die absolute Kenntniß des gemeinen und des preußisch-landrechtlichen Lehnrechts voraussetzend, seine Resultate in der knappen Form von Gesetzesbestimmungen aufstellt, ohne genügend das Begreifen des Wesens der einzelnen Rechtsinstitute zu befördern. Seit Zettwach im Jahre 1832 sein Werk herausgab, — welches außerdem auch nur noch antiquarisch zu bekommen ist, — hat die neuere Gesetzgebung sodann dem pommerschen Lehnrechte manche Zusätze gegeben, deren Einfügung in den alten Bau nicht eben zur Vereinfachung des Studiums diente.

Die Entscheidungen des Obertribunals (so gründlich sie auf diesem Gebiete sind) haben nur fragmentarisch Licht geben können, weil sie nur einzelne Fragen berühren konnten.

Aus diesen Gründen hatte ich zu oft in der eigenen praktischen Thätigkeit das Bedürfniß zu näherer Aufklärung gefühlt, um nicht das gleiche Bedürfniß aller Anderen zu empfinden, welche von den Fragen des pommerschen Lehnrechts berührt werden. Juristen, Lehnbesitzer, Lehnberechtigte und Lehngläubiger sind in gleicher Lage, Aufklärung zu wünschen und größtentheils vergeblich zu suchen. Aus dieser Nothwendigkeit der Durcharbeitung für mich selbst während einer 20jährigen praktischen Beschäftigung mit hinterpommerschen Lehnen ist diese Arbeit hervorgegangen. Das Werk soll nur einen Versuch bieten, die Eigenthümlichkeiten des pommerschen Lehnrechts, soweit sie noch praktisches Interesse gewähren, dem Verständnisse näher zu bringen. Theile des Lehnrechts, welche nur selten oder vielleicht gar nicht mehr praktische Anwendung finden, sind absichtlich in die Sammlung nicht aufgenommen.

Wo ich den Resultaten Zettwach's oder des Obertribunals, welche zudem nicht immer identisch sind, nicht beistimmen zu können glaubte, fühlte ich mich verpflichtet, die eigene Ansicht hinzustellen. Möge die zwingende Natur geistiger Thätigkeit dies rechtfertigen und nicht als Anmaßung gegenüber bewährten Autoritäten erscheinen lassen! Namentlich habe ich nach wiederholter Erwägung das Resultat nicht abweisen können, daß dem pommerschen Lehnrechte manche anomale Grundsätze, welche ihm beigemessen werden, zumal über die Legitimation der Agnaten zur Reluition und zur Revokation in der That gar nicht angehören, sondern nur durch Mißverständniß des gemeinen Rechts und durch Verwechselung jener Rechte mit dem Retraktrechte erst in neuerer Zeit in das pommersche Lehnrecht hinein interpretirt sind. Im wissenschaftlichen, sowie im praktischen Interesse habe ich diese Fragen (§§. 29, 30, 37, 38) ausführlicher erörtern zu dürfen geglaubt; ebenso die vielfach mißverstandenen Lehren von dem Verhältnisse der Schulden zum Lehn und vom beneficium taxae (§§. 16 bis 28); und aus praktischen Gründen ferner die Anwendung und Auslegung des Gesetzes vom 4. März 1867 (§§. 46—63). Ungeachtet meiner innigsten Ueberzeugung von der Schädlichkeit pommerscher Lehnrechtsverhältnisse mag ich auch nicht läugnen, daß es nach langer Beschäftigung mit denselben einen eigenen Reiz gewährt, rück- und vorschauend ein Bild der werdenden Ruine zu entwerfen. Gern hätte ich, mehrfach dazu aufgefordert, dies längst gethan, wenn mir früher die Zeit zur Vollendung der Arbeit geblieben wäre. Befriedigt würde ich mich fühlen, wenn das Werk zur praktischen Orientirung beitrüge, um die letzte Lebenszeit des pommerschen Lehnrechts für Alle, welche noch damit umgehen müssen, erträglicher zu machen!

Breslau, März 1870. **Der Verfasser.**

Inhalts-Verzeichniß.

Seite.

I. Allgemeine Grundsätze.

II. Lehn-Erbrecht.

III. Schulden. Gläubiger.

IV. Unwiderrufliche Veräußerungen.

V. Aufgebot und Subhastationen bei Lehnen außer dem Lehngange.

A. Aufgebot auf Antrag der Besitzenden.

B. Subhastation.

VI. Aufhebung der Lehnrechte.

A. Einleitung.

B. Lehne im Lehngange.

C. Lehne außer dem Lehngange.

D. Allgemeine Grundsätze.

E. Entschädigung.

I. Allgemeine Grundsätze.

§. 1. Grenzen von Lehn und Allode.

Je unvermeidlicher und siegreicher der Verkehr die Lehne mit der außerlehnmäßigen Welt in Verbindung bringt und je entschiedener deßhalb Gesetzgebung und Leben den Lehnen den Krieg erklärt haben, desto wichtiger wird es, zu sondern, was von einem Gute Lehn und was Allode ist. Zu der Zeit, als das Lehnwesen für die staatlichen und sozialen Verhältnisse der naturgemäße rechtliche Ausdruck war, hatte das gesammte Lehngut mit Allem, was zur Bewirthschaftung gehörte, unbestritten die Lehnseigenschaft. Jetzt dagegen giebt es kaum noch ein Lehngut, mit welchem nicht allodiale Bestandtheile mehr oder weniger eng verbunden sind. Die Frage, welche Grundsätze zur Entscheidung über die feudale oder allodiale Qualität maaßgebend sind, hat dadurch eine sehr erhöhte Bedeutung gewonnen. Nicht bloß die reelle Sonderung, welche beim Tode des Lehnbesitzers und bei Verschiedenheit der Lehn- und Allodial-Erben für Lehn und Allode nöthig wird, bringt dies zum Austrage; sondern auch die Fälle, in denen Lehnberechtigte oder Gläubiger, welche nur an eins oder das andre Rechte geltend machen können, unter einander oder dem Besitzer gegenüber die verschiedenen Bestandtheile nachweisen und sondern müssen. In dem Gesetze vom 4. März 1867 ferner, welches für eine große Zahl pommerscher Lehne die Aufhebung der Lehnseigenschaft bestimmt, ist die Abfindung dafür nach Prozenten des Lehntaxwerths bestimmt; und der abfindende Besitzer hat natürlich das Interesse, für die allodialen Bestandtheile seines Besitzes nicht noch eine Abfindung zu geben.

Vorab ist daran zu erinnern, daß lehnsherrliche Rechte überhaupt nicht mehr bestehen. Für Hinterpommern sind schon durch die Allodifikations-Urkunde vom 16. Februar 1787 alle vormaligen Staatslehne rücksichtlich des Oberlehnsherrn für Allodial- und Erbgüter erklärt. Zettwach pomm. Lehnr. §. 12—15. In Neuvorpommern und Rügen ist während der schwedischen Besitzzeit durch die königl. schwedische Allodifikations-Urkunde vom 11. Oktober 1810 publizirt durch Patent vom

18. Februar 1811 das lehnsherrliche Obereigenthum aufgehoben. Vergl. Trib. Entsch. Bd. 29 S. 99 ff. und Band 51 S. 148 ff. Durch das Gesetz vom 2. März 1850 Nr. 3233 §. 2 Nr. 1 und §. 5 sind sodann für die ganze damalige Monarchie, und damit auch für Altvorpommern bei allen, innerhalb des Staates belegenen Lehnen, mit alleiniger Ausnahme der Thronlehne, das Obereigenthum des Lehnsherrn und die lediglich aus demselben entspringenden Rechte aufgehoben; so daß nur die daraus entsprungenen Rechte auf Abgaben oder Leistungen (Lehnscanon) oder ausdrücklich vorbehaltenen Nutzungen mit den früheren Vorzugsrechten bestehen blieben.

Durch die Verfassungs-Urkunde vom 31. Januar 1850 §. 40, 41 wurde die Errichtung von Lehnen und Familien-Fideicommissen untersagt. Im Gesetze vom 5. Juni 1852 wurde diese Bestimmung in Betreff der Errichtung von Familien-Fideikommissen aufgehoben, deren Errichtung also wieder freigegeben. Die Errichtung von Lehnen aber ist darin wiederholt untersagt; der für vorhandene Lehne noch bestehende Lehnsverband, welcher nach Aufhebung des lehnsherrlichen Obereigenthums nur noch die Rechte der Agnaten und Lehnberechtigten betreffen konnte, sollte durch gesetzliche Anordnung aufgehoben werden, was das Gesetz vom 4. März 1867 anstrebt. Das Verbot neuer Lehnserrichtung hat notorisch und nach den Materialien jener Gesetze seinen Grund darin, daß die lehnrechtlichen Beschränkungen als volkswirthschaftlich nachtheilig anzusehen sind und auch den Besitzern selbst nicht genügenden Credit zur dauernden Erhaltung des Besitzes bieten. Sowohl nach dem Wortlaute der Gesetzesbestimmungen von 1850 und 1852, als nach der, ihnen zu Grunde liegenden, ratio legis muß man annehmen, daß ein bestehendes Lehn auch nicht mehr durch Inkorporation anderer bisher allodialer Grundstücke erweitert werden darf. In Betreff der zuzuschlagenden Grundstücke würde eine Lehnserrichtung vorliegen, wenn sie wirklich lehnbare Theile des Guts werden sollen. Entscheidend ist hierfür der, gleich näher zu erörternde, Grundsatz, daß kein Grundstück lehnbares Pertinenz eines Lehngutes werden konnte und kann, außer durch Belehnung oder Lehnsersitzung. Ob ein selbstständiges neues Lehn errichtet oder ob ein Grundstück dadurch zum Lehn gemacht werden soll, daß es mit einem schon bestehenden Lehn als gleichgeltender Bestandtheil desselben verbunden wird, ist für das Wesen der Lehnserrichtung gleichbedeutend. Andernfalls könnten, gegen die entschiedene Absicht der Gesetzgebung, die Lehne, statt ihrer Auflösung entgegenzugehen, durch den Umweg der Inkorporation und Erweiterung von den Besitzern beliebig vergrößert werden. Da eine Grenze des Umfangs fehlt, wenn eine derartige Erweiterung prinzipiell zulässig ist, so könnten dann selbst einem kleinen Lehngute, welches vielleicht gar nur noch aus einigen Rechten besteht, große Allodialgüter als künftige Lehnsbestandtheile einverleibt werden. Daß im Allgemeinen die Lehnbesitzer zu dergleichen Operationen selbst keine Neigung haben werden, ist für die Feststellung des Grundsatzes gleichgültig. Der Grundsatz selbst ist in vielen Fällen wichtig geworden, in welchen Lehnbesitzer durch Einverleibung und Zuschreibung von zugekauften allodialen bäuerlichen Grundflächen eine Verwendung ins Gut bewirken und nachweisen wollten, um Rentenbriefe oder andre Ablösungskapitalien für sich frei zu bekommen. §. 4.

Vor der Zeit der Verbotsgesetze von 1850 und 1852 hatten und erwarben nur solche Grundstücke die Lehnseigenschaft, welche dem Vasallen oder dessen Lehnsvorgängern als Lehn verliehen wurden oder durch lehnerrichtende Verjährung lehnbar geworden waren. Das pommersche Lehnrecht hat keine besondern Bestimmungen darüber, was nöthig ist, um Pertinenz-Grundstücken Lehnseigenschaft zu erwerben, oder wodurch der Flächenumfang eines Lehnguts als solchen beweisbar zu machen ist. Es muß hierüber also das gemeine Recht, und für Altvor- und Hinterpommern das preußische Landrecht seit seiner Geltung entscheiden. Das gemeine Recht kennt nur Belehnung des Lehnsherrn und lehnserrichtende Verjährung als Mittel, um einem Objekte Lehnseigenschaft zu geben. Paetz Lehnr. §. 28, 51, 64 ff., Eichhorn d. Privatr. §. 202 ff., 211, Böhmer princ. jur. feud. lib. I. cap. 2, 6, 14. Auch Pertinenzgrundstücke haben konsequent nur dann feudalen Charakter, wenn hinsichtlich ihrer die Belehnung — mit dem Hauptgute zusammen oder später besonders — erfolgt ist; was vermuthet wird, wenn sie zur Zeit der Belehnung mit dem Hauptgute schon Pertinenzen waren. Die bloße Erklärung der Absicht des Vasallen konnte, wie sie ohne hinzutretenden Belehnungsakt des Lehnsherrn kein Lehn schaffen konnte, so auch nicht einem Pertinenzstücke die Lehnseigenschaft beilegen. Ebenso war zur Lehnserrichtung durch Verjährung nothwendig, daß der Vasall das Objekt als Lehn — und zwar im Lehnsverhältnisse zum Lehnsherrn dies dokumentirend, und nicht bloß in eigener subjektiver Meinung — rechtsverjährte Zeit hindurch besaß. Böhmer sagt daher ganz richtig: si quae (pertinentiae) a vasallo tantum destinantur ad perpetuum feudi usum, pertinentiae quidem feudi sunt, sed allodiales tantum, non feudales. Böhmer princ. jur. feud. §. 53. Er zieht auch die weiteren Folgerungen, daß die annexa des Lehns, welche die Natur des Allodes haben, der freien Verfügung des Vasallen unterliegen; dieser also auch darüber testiren könne, und daß sie bei der Trennung des Lehns vom

Erbe zurückgenommen werden können. Böhmer §. 297, 342, 343, 348. — Ebenso v. Gerber deutsches Privatrecht §. 106. Eichhorn §. 194, 363. Paetz §. 29, 30, 166—168. So auch Roth mecklenburg. Lehnr. §. 10 S. 32 und §. 85 Anm. 2. Die Vermuthung ist dabei für die allodiale Qualität der Pertinenzen, der Beweis der Lehnseigenschaft muß (durch Lehnbriefe, Reverse, Lehnsinventarien . . .) geführt werden, sofern das Pertinenzstück nicht schon ein solches zur Zeit der Lehnserrichtung war. Böhmer, Paetz und Eichhorn a. a. O.

Für das vormals schwedische Neuvorpommern stellt Engelbrecht introd. in not. jur. feud. pomm. suec. cap. 7 §. 4, 6, dieselben Grundsätze auf. Desgleichen bestätigt Schweder Anm. zur hinterpommerschen Lehnskonstit. Anm. 4, 10 zu Tit. 27 §. 2 und Anm. 7 zu Tit. 14 §. 1: „meliorationes exstrinsecae", welche für sich bestehen können, z. B. angeschaffte Grundstücke, verbleiben den Allodialerben, außer wenn sie durch Lehnserrichtung oder 30jährige Lehndienstleistung zu Lehn geworden sind.

Dieselben Grundsätze bekennt das preußische Landrecht. Es erfordert zur Feststellung der Lehnqualität den Nachweis eines rechtsgültigen Begründungs-Titels: Vertrag, letztwillige Verordnung oder Verjährung. L. R. I. 18 §. 79, 80. Ueber diese Verjährung trifft das L. R. keine besonderen Bestimmungen und gelten die allgemeinen Vorschriften. Ueber Lehnpertinenzen ist dann ausdrücklich bestimmt: §. 27: „Sind bewegliche Sachen mit einer unbeweglichen zugleich zu Lehn gegeben worden, so werden erstere als Lehnszubehör angesehen. §. 28. Pertinenzstücke eines Lehns haben also nur insofern die Lehnseigenschaft, als sie dem Vasallen ausdrücklich verliehen worden." Während §. 28, sich mit „also" auf §. 27 beziehend, nur von beweglichen Pertinenzien spricht, sagt ferner der, zugleich über unbewegliche disponirende, §. 33: „Zuwüchse, welche durch die Handlungen eines Menschen von außen her beigefügt worden, werden nach den Regeln von Pertinenzstücken beurtheilt §. 28 ff." Vergl. revid. Entw. des Lehnr. S. 22, Rönne Ergänz. zu L. R. I. 18 §. 28.

Sonach werden Grundstücke, welche ein Lehnbesitzer angeschafft und mit dem Lehne zusammen bewirthschaftet hat, hierdurch allein noch nicht Lehnsobjekte, sondern höchstens allodiale Pertinenzen des Lehnguts. Dabei ist es wichtig, daß in Hinterpommern in der Zeit nach der Allodial-Urkunde vom 16. Februar 1787 eine Belehnung überhaupt nicht mehr vorkommen konnte, weil kein Lehnherr mehr existirte.

§. 2. Fortsetzung. Meliorationen.

Hierin wird auch durch die Vorschriften über die Auseinandersetzung zwischen Lehnfolgern und Allodialerben nichts geändert. Dabei kommen allerdings nach gemeinem, pommerschem und preußischem Recht nur diejenigen Meliorationen zur Berechnung, welche der letzte Lehnbesitzer, um dessen Nachlaß es sich handelt, für das Lehn gemacht hat. Nach gemeinem Recht können solche Meliorationen des letzten Besitzers von den Allodialerben fortgenommen werden. Soweit dies unthunlich ist, und der Werth des Lehns zur Zeit des Lehnanfalls durch die Meliorationen erhöht ist, müssen sie den Allodialerben vom Lehnsfolger vergütet werden; die Vergütungen bez. desfallsige Schulden sind sog. gesetzliche, auch bei zureichendem Allodialvermögen aus dem Lehne zu zahlende, Lehnschulden. II. feud. 28 §. 2. Eichhorn §. 363, 235. Pätz §. 171, 159, 160. Böhmer §. 348, 318. Das pommersche Lehnrecht trifft in der hinterpommerschen Lehnsconstit. Tit. 27, §. 1, 2 nur Bestimmungen darüber, daß, wenn „der letzte Lehnmann“ die Güter meliorirt hat und dies anerkannt oder sofort verweislich ist, die Allodialerben das Lehn nicht zu räumen brauchen, ehe sie deshalb abgefunden sind; daß sie andernfalls kein Retentionsrecht, jedoch ein Recht auf Sicherstellung mit dem Lehne haben. „Was aber als eine Melioration zu konsideriren, und wie dieselbe zu ästimiren und gut zu thun, deshalb ist es bei den gemeinen Rechten zu lassen;“ — für Hinter- und Altvorpommern also bei L.-R. I. 18 §. 527—553. Ebenso für Neuvorpommern Engelbrecht l. c. cap. 7 §. 4.

Auch in der hinterpommerschen Lehnkonst. ist nur von Meliorationen die Rede, welche der „letzte“ verstorbene Besitzer bewirkt hat. Die, von früheren Besitzern bewirkten Meliorationen sind den Allodialerben also nicht zu vergüten, sondern gelten als mit dem Lehne vereinigt. Zettwach §. 400, 405. Engelbrecht a. a. O.: meliorationes, quae opera et impensa vasalli defuncti accesserunt feudo. Schweder Anm. 1 zu §. 1 Tit. 27 Hint. L.: „und werden hierdurch (nämlich durch die Worte: der letzte Lehnmann) diejenigen Meliorationen excludirt, so die vorigen vasalli gemacht, als welche sodann schon mit dem Lehne konsolidirt sein.“ — Indeß wenngleich rücksichtlich der Ansprüche der Erben diesen die Vereinigung der, von früheren Besitzern erworbenen, Pertinenzstücke entgegensteht und sie darauf keine Ansprüche haben, weil und sofern ihr Erblasser nichts dafür verwendet hatte, so brauchten die Pertinenzstücke darum noch nicht Lehnseigenschaft erworben zu haben. Sie waren nur als allodiale Pertinenzen mit dem Gute vereinigt, sobald nicht erweislich ist, daß sie in der gesetzlich allein zulässigen Weise Lehnseigenschaft bekommen hatten. v. Gerber Anm. 8 zu §. 106 weist mit Recht darauf hin, daß von der, nur durch Beleihung zu erwerbenden, Lehnsqualität der Pertinenzen die Frage gesondert werden muß, ob sie vom Gute zu trennen und ob sie als Meliorationen zu vergüten sind. Vergl. auch Gerber §. 131. Im Projekte der vorpommerschen Lehnconst. von 1750 Tit. 21 §. 1—3 wollten die Stände die Consolidation des Allode mit dem Lehne weiter ausdehnen. Die Regierung zu Stettin erklärte jedoch in ihrem Gutachten: dies sei unbillig und gegen die Verfassung; Consolidation finde nur bei besonderer Deklaration statt; ohne solche bestehe nur die Beschränkung, daß des Sohnes Allodialerben nicht des vorbesitzenden Vaters Allode zurückfordern oder Entschädigung dafür verlangen könnten. v. Hymmen Beitr. zur jurist. Lit. I. Zugabe S. 181 bis 190.

Das L.-R. I. 18 §. 527 ff. hat für die Auseinandersetzung zwischen Lehnsfolger und Allodialerben folgende Vorschriften: Wenn der Besitzer das Lehn durch Anschaffung unbeweglicher Pertinenzstücke verbessert und entweder a. unter Eintragung im Hypothekenbuche seine Absicht, sie dem Lehen für beständig einzuverleiben, erklärt hat, oder b. das Pertinenzstück zufolge seiner Beschaffenheit nicht als eine für sich bestehende Sache, sondern nur mit dem Gute zugleich benutzt werden kann (Gebäude, Grundgerechtigkeiten); so kann für die Allodialerben nicht die Herausgabe verlangt werden. Im zweiten Falle (zu b.) können letztere unter Umständen Vergütung fordern; im Falle zu a. haben sie auch auf Vergütung nicht Anspruch. Wenn keine Einverleibung erfolgt ist, steht es in der Wahl des Lehnfolgers, ob er solche Pertinenzstücke gegen Vergütung beim Lehne behalten oder den Erben die Zurücknahme gestatten will. Dem Lehnherrn gegenüber sollte es dagegen bei den obengedachten Vorschriften der §§. 27 bis 30 bleiben, wonach zur Gewinnung der Lehnseigenschaft die Belehnung nöthig ist. §§. 527 ff., 542. Vergl. Entsch. Bd. 42 S. 135—147. — Durch die letztere Bestimmung des §. 542 ist deutlich hervorgehoben, daß mit diesen Vorschriften wegen Meliorationserstattungen nicht darüber entschieden ist, ob und wie frühern Meliorationen ein feudaler Charakter zu geben oder der allodiale zu bewahren ist. Unter allen Umständen haben Erwerbungen, welche in Hinterpommern nach der Allod.-Urkunde von 1787 und in Altvorpommern nach dem Gesetz vom 2. März 1850 seitens der Lehnbesitzer erfolgt und bestehenden (bez. landesherrlichen) Lehnen zugelegt sind, wegen Fortfalls des Lehnsherrn nicht mehr Lehnseigenschaft erwerben können, selbst abgesehen von den Verboten von 1850 und 1852, welche einer Einverleibungserklärung für die spätere Zeit direkt entgegenstehen.

§. 3. Fortsetzung.

Hinsichtlich der Meliorationen und Pertinenzen ist noch zu bemerken:

Wenn das Lehn an Leibeslehnserben des Lehnerblassers fällt, so findet selbst für des Letzteren Meliorationen keine Vergütung an die Allodialerben statt. Arg. Tit. 27 und Tit. 22, §. 1. Hint. Lehnconst. — Schweder Anm. 1 zu Tit. 27. — Zettwach §. 401 und Anm.

Als gesetzliche Lehnspertinenzen rechnet das pomm. Lehnr. 1) in Hinterpommern die beim Lehnanfalle vorhandenen, nöthigen Ackerbaugeräthe, und Pferde und Ochsen, welche zum Ackerbau und nicht bloß beim Pflügen und Eggen zur Aushülfe gebraucht werden; falls die beweglichen Pertinenzen nicht urkundlich verzeichnet sind;

2) in ganz Pommern die Saat, sofern sie beim Tode des Lehnmanns bereits bestellt war, oder nach wirthschaftlichen Grundsätzen schon hätte bestellt sein müssen; und die auf dem Lehngute befindlichen Wohn- und Wirthschaftsgebäude, vorbehaltlich der Verpflichtung des nicht-descendentischen Lehnfolgers zur Vergütung der, vom unmittelbaren Vorbesitzer bewirkten, Meliorationen. Zettwach §. 7, 8, 400 ff. Die zu 1 genannten beweglichen Pertinenzen, welche in Vorpommern als solche nicht betrachtet werden, zählt die hint. Lehnc. Tit. 14, §. 1, 3 als Pertinenzen des Lehns mit Rücksicht auf die Abfindung der Wittwe aus dem Allodialvermögen auf. Sie sind aber auch in jeder andern Beziehung als Pertinenzen anzusehen, wie die allgemeine Bezeichnung ergiebt: „sie bleiben beim Lehne als Pertinentien". Schweder bemerkt mit Bezug auf die Vergütungspflicht Anm. 17 zu §. 3: wenn der Lehnsmann sie erst angeschafft habe, müßten sie als Melioration angesehen werden.

Nach einer singulären Vorschrift endlich fallen solche Verbesserungen, welche in pommerschen Lehngütern vermittelst der, von Friedrich II. durch Cabinets-Ordre vom 13. Januar 1772 geschenkten, s. g. Meliorationsgelder bewirkt sind, — Vorwerke, Colonistengrundstücke, bez. die gutsherrlichen Rechte daran — jedem Lehnbesitzer mit dem Gute ohne Vergütung zu. Dagegen haben auch alle nachfolgenden Besitzer den, für diese Meliorationen auf dem Gute haftenden, Canon als Last mit zu übernehmen. Rescr. v. 15. Juli, 1772 abgedruckt bei Zettwach S. 311 bis 315 und Zettwach §. 407 bis 409. —

Während hiernach zu bestimmen ist, wann und unter welchen Bedingungen Meliorationen und insbesondere zugeschlagene Grundstücke auf die Lehnserben übergehn; so ergiebt sich aus den vorstehenden Erörterungen zugleich, was bei Feststellung des Lehntaxwerthes — sowohl hinsichtlich der Abfindungen aus dem Ges. v. 4. März 1867, als auch für sonst nöthige Lehntaxen — von der Taxirung auszunehmen ist. In den häufigen Fällen, wenn ein Gut erweislich und hypothekenmäßig nur zu einzelnen Antheilen Lehn und zu andern Allode ist, kann für die Lehnstaxe, wie für die Nachlaßauseinandersetzung, als Lehn nur der erweisliche Lehnsantheil berücksichtigt werden. Dasselbe gilt von jeder andern thatsächlichen Vermischung des Lehns mit allodialen Bestandtheilen. Was beim Erbanfalle auf die Lehnfolger nicht mit übergehen würde, und was die Allodialerben für sich behalten können, kann überhaupt nicht als Theil des Gutes angesehen werden und bei dessen Taxe also nicht zur Berechnung kommen. Indeß auch allodiale Pertinenzstücke sind bei der Lehnstaxe nicht mit zu taxiren, am wenigsten bei der, behufs der Abfindung der Lehnberechtigten gemäß dem Gesetze vom 4. März 1867 erfolgenden, Feststellung des Lehntaxwerths. Diese soll eben die Entschädigung dafür, daß „die Lehnseigenschaft verloren“ geht, ermitteln helfen, Ges. v. 4. März 1867 §. 6, 13, 14.

Die Hauptschwierigkeit bei der Sonderung der allodialen und feudalen Bestandtheile wird freilich in der Feststellung der thatsächlichen und lokalen konkreten Sachlage liegen. Das Gesetz vom 4. März 1867, welches für Lehntaxen (in Altvor- und Hinterpommern) jetzt maßgebend ist, giebt in der hier besprochenen Beziehung keinen näheren Anhalt. Es will „bei jeder fortan nöthigen Feststellung des Werths eines Lehnguts diejenigen Abschätzungsgrundsätze zum Grunde legen, nach welchen die pommersche Landschaft die Allodialbeleihungstaxe anfertigt.“ §. 22. Hierdurch ist noch kein Grundsatz dafür gewonnen, was als Lehngutstheil zu taxiren ist. Das Gesetz hat mit jener Bestimmung nach den Motiven nur die Absicht verbunden, die veralteten Taxgrundsätze zu berichtigen, nicht aber künftig als zum Lehngute gehörig Bestandtheile taxiren zu lassen, welche nicht zum „Lehngute“ gehören. Die Taxprinzipien der pommerschen Landschaft v. 9. Juni 1857 enthalten hierüber nichts Besonderes, sondern behalten nur die, für die Lehngüter bestehenden Vorschriften vor. §. 1, Gesetz-Samml. S. 898. Unzweifelhaft ist nur, daß nach dem Ges. v. 1867 nicht Alles, was bei einem Lehngute besessen wird, zur Taxe gezogen werden soll, sondern im Gegentheile blos dessen Lehnsbestandtheile. Dies geht daraus hervor, daß nach §. 23 a. a. O. das Gutsinventar, wenn es Allodial-Eigenschaft hat, in Abrechnung kommen soll, weil es in jener Pfandbriefstaxe sonst mit einbegriffen sein würde. Bei der Berathung des Gesetzes wurden in den Kommissionen des Abgeordnetenhauses und des Herrenhauses verschiedene Vorschläge gemacht, um bei unmöglicher Ermittelung der

Grenzen von Lehn und Allode den Knoten zu zerhauen: — 8 Prozent des letzten Kaufpreises als Entschädigung festzusetzen; die Majorität der Lehnslinienhäupter mit dem Besitzer die Entschädigung vereinbaren zu lassen; die Hälfte des Werths als Lehnwerth zu rechnen. Alle diese Vorschläge wurden abgelehnt, weil hier eine, im Prozeßwege zu entscheidende, quaestio facti, nicht juris, vorläge, welche schlimmstenfalls durch Theilung des Streitobjekts nach Analogie der G. O. I. 13. §. 29, 30 zu erledigen sei. Bericht der Kommission des Abgeordnetenhauses S. 18 zu §. 15, des Herrenhauses S. 31, 32. Vgl. nachstehend §. 23.

Hinsichtlich der Qualität der Abfindungen bei Gemeinheitstheilungen, Regulirungen und Ablösungen und der Rechte auf solche Abfindungen ist auf den folgenden Abschnitt §. 4 zu verweisen. Derselbe wird in Betreff der Frage, wann eine „Verwendung in die Substanz des berechtigten Gutes“ vorliegt, durch die vorstehende Erörterung ergänzt. In Beziehung auf die Rechte der Gläubiger, bei dergleichen Auseinandersetzungen „Wiederherstellung der geschmälerten Sicherheit“ fordern zu können, soll nur noch darauf aufmerksam gemacht werden, daß diese den Gläubigern ebenso gut und sogar noch besser durch Verpfändung allodialer, als feudaler Pertinenzen gewährt werden kann; daß hierfür also die Feudal- oder Allodial-Qualität nicht entscheidend ist.

§. 4. Lehne bei Separationen, Regulirungen und Ablösungen.

Der revolutionirenden Gewalt der Agrargesetzgebung haben sich auch die Lehne längst fügen müssen.

Die königlichen Generalkommissionen und ihre Kommissarien sollten bei Gemeinheitstheilungen, Regulirungen und Ablösungen nach §. 4 Nr. 1 Verordn. v. 20. Juni 1817 das Interesse der entfernten (mittelbaren) Theilnehmer, so der eingetragenen Gläubiger, der Lehn- und Fideicommißfolger und der Anwarter von Amtswegen wahrnehmen. Demnächst ist aber gemäß §. 10 V. v. 30. Juni 1834 den Interessenten im Wesentlichen die eigne Wahrnehmung ihrer Rechte selbst überlassen und sollen die General-Kommissionen nur noch nach §. 46, 47, 49—52 der Verordn. v. 20. Juni 1817 und der Verordn. vom 9. Mai 1818 Ges. S. S. 43 bez. Ges. v. 29. Juni 1835 §. 4—7 die Verwendung der Abfindungsbeträge, Einrichtungskosten u. s. w. feststellen. Wenn der Lehnbesitzer lehnsfähige Descendenz hat, so bedarf es der Zuziehung der Lehnsfolger überhaupt nicht. Andernfalls sind die Lehnsfolger von dem schwebenden Verfahren zu benachrichtigen, wenn sie im Hypothekenbuche eingetragen sind; nöthigenfalls durch öffentliche Bekanntmachungen. Verordn. v. 30. Juni 1834 §§. 10, 23—27. Seit dem Gesetze vom 11. Juli 1845 brauchen nur die in den Lehnregistern eingetragenen Lehnsinteressenten benachrichtigt zu werden. S. §. 6 Nr. III. — Hinsichtlich der Kapitalabfindungen sind dann noch in den §§. 110—112 Ges. v. 2. März 1850 Modifikationen in Betreff der Bekanntmachungen bestimmt, welche später zu erwähnen sind.

Zu erörtern ist hier namentlich, welche Rechte den Lehnbesitzern und Agnaten in Betreff der Abfindungen zustehen, welche dem Lehngute durch formgültige Rezesse in Gemeinheitstheilungen, Ablösungen und Regulirungen für aufgegebene Grundstücke oder Rechte zugebilligt sind. Vorab mag bemerkt werden: die Kab.-O. v. 16. Dezember 1834 Ges.-S. 1835 S. 1 erklärte auf Anlaß eines Spezialfalles beim Ober-Landesgericht zu Naumburg, daß nach den gesetzlichen Vorschriften, wenn bei landesherrlichen Lehnen eine Regulirung gutsherrlich-bäuerlicher Verhältnisse, Dienstablösung, Gemeinheitstheilung oder Reluition von Grundgerechtigkeiten durch die General-Kommission bewirkt wird, die Entschädigung, welche das Lehn empfängt, unmittelbar in die Stelle des dadurch verminderten Lehnwerths tritt. In solcher Allgemeinheit ist dieser Grundsatz nicht richtig, wie nachstehende Erörterung zeigen wird. Derselbe ist auch nach obiger Fassung nur als Instruktion in Betreff des landesherrlichen Interesses anzusehen; und die Kabinets-Ordre hat daher nach Aufhebung des lehnsherrlichen Obereigenthums keine praktische Bedeutung mehr.

Die Land-Entschädigungen für abgetrennte Grundstücke oder abgelöste Berechtigungen bei Gemeinheitstheilungen erhalten als Surrogate der aufgegebenen Grundstücke und Rechte in Ansehung ihrer Befugnisse, Lasten und sonstigen Rechtsverhältnisse die Eigenschaften der Grundstücke und Rechte, für welche sie gegeben werden. Die durch die Theilung erhaltenen Grundstücke treten also in Rücksicht der Lehn- und Fideikommiß-Verbindungen und hypothekarischen Schulden an die Stelle der abgetretenen. Das zur Abfindung gegebene Land wird durch das Gesetz Zubehör des Gutes, zu welchem Sache oder Recht gehörten, für welche die Abfindung gegeben ist. Das Recht auf das Abfindungsland geht auf jeden neuen Besitzer des Gutes über. Die Folgen hiervon für die Rechte und Pflichten der Lehnbesitzer, Lehnberechtigten und Gläubiger ergeben sich hiernach von selbst. Gem.-theil.-Ordn. v. 7. Juni 1821, §§. 147 und 148. Dienstab.-Ordn. v. 7. Juni 1821 §. 20. — L. R. I. 20 §§. 458 und 459. — Entsch. B. 27 S. 194. — Präj. 2508. — Strieth. Arch. B. 12 S. 90. —

Wenn Grundstücke oder Rechte gegen eine Rente abgetreten sind, so tritt — wie §. 149 der Gem.=theil.=Ordn. v. 7. Juni 1821 im Anschlusse an obige Bestimmungen über Landabfindungen bemerkt — „auch diese an die Stelle derselben." Es muß jedoch in dem Hypothekenbuche des belasteten Grundstücks vermerkt werden, daß die Rente ein Zubehör des berechtigten Guts sei und die Fähigkeit des Besitzers, über dieselbe zu verfügen, aus dem Hypothekenbuche über das letztgedachte Gut zu ersehen sei. Die Rente für abgelöste Rechte genießt dasselbe Vorzugsrecht vor Hypothekenforderungen, welches dem abgelösten Rechte zustand. Auch in dieser Beziehung ist jedoch „zur Vermeidung der in den Gesetzen bestimmten Nachtheile" die Eintragung der Rente im Hypothekenbuche des verpflichteten Grundstücks vorgeschrieben. Diese hypothekarischen Eintragungen soll die General=Kommission von Amtswegen veranlassen. Gem.=theil.=O. v. 7. Juni 1821 §§. 149, 77. Ablös. O. v. 7. Juni 1821 §. 15 ff. Verordn. v. 20. Juni 1817 §§. 196 und 197. Ges. v. 29. Juni 1835 §. 3. Wenn die Eintragung unterlassen wäre, so würde nach den bekannten Grundsätzen der Hypotheken=Verfassung sowohl gegen dritte Interessenten das Vorzugsrecht nicht geltend gemacht, als auch gegen spätere Dispositionen über die Rente kein Einwand aus der Pertinenz=Eigenschaft erhoben werden können, soweit nicht den Betheiligten ihre Bekanntschaft mit dem Vorrechte und der Pertinenzqualität bez. mit der ihnen zu Grunde liegenden thatsächlichen Sachlage entgegengesetzt werden kann. L. R. I. 19 §. 5. — I. 10 §§. 7 bis 10. — Entsch. Bd. 16 S. 194. — B. 18 S. 316. — B. 20 S. 193. —

Wenn jedoch bei Separationen, Regulirungen oder Ablösungen Entschädigungen in Kapitalien gegeben werden, so treten diese nicht an sich und gesetzlich schon in die Stelle und Rechtsverhältnisse der abgefundenen Objekte ein. Die Hypothekengläubiger können nur die Rechte aus L. R. I. 20 §§. 460—465 geltend machen; also binnen 6 Wochen nach ihrer Benachrichtigung — bei Verlust ihrer Hypothekenrechte auf das abgetrennte Pertinenzstück — verlangen, daß das Abfindungskapital zur Wiederherstellung ihrer geschmälerten Sicherheit oder zur Abstoßung der zuerst eingetragenen Kapitalien verwendet wird. Die Lehnsinteressenten können nur verlangen, daß das Abfindungskapital wieder zu Lehn angelegt oder zur Befriedigung der ersten Hypothekengläubiger verwendet wird. Der Verpflichtete kann sich in allen Fällen durch gerichtliche Deposition von allen Verpflichtungen befreien. Gem.=theil.=O. v. 7. Juni 1821 §§. 150—155. Ablös.=O. v. 7. Juni 1821 §§. 38—40. Dekl. v. 29. Mai 1816 Art. 70 Ges. v. 29. Juni 1835 §§. 3, 10. — Entsch. B. 30 S. 266 ff., 274 ff. — Im Einzelnen ordnete sodann das

Ges. v. 2. März 1850 Nr. 3233 §§. 110—112 unter Aufhebung früherer desfallsiger Vorschriften an:

1) Kapitalabfindungen, welche nur 20 Thaler oder darunter betragen, oder als Entschädigung für den neuesten Düngungszustand und für Verbesserungsarbeiten gegeben werden oder welche nach dem Rentenbankgesetze vom 2. März 1850 für Renten unter 1 Sgr. oder für die den Nennwerth der Rentenbriefe übersteigenden Beträge — Kapitalspitzen — zu geben sind, werden den Besitzern zur freien Verfügung auch ohne den Nachweis der Verwendung in das Lehn gewährt.

2) Eine Zuziehung der Realinteressenten und eine Bekanntmachung der Kapitalabfindung an dieselben ist überhaupt nicht nöthig,
   a. soweit die Abfindung zu den Einrichtungskosten erforderlich ist, oder
   b. wenn die Abfindung anderweit in die Substanz des berechtigten Gutes oder zur Abstoßung prioritätisch eingetragener Kapitalposten in einer, die Gläubiger und Realberechtigten des berechtigten Gutes sicherstellenden, Weise nach dem Ermessen der Auseinandersetzungs-Behörde verwendet ist; — in welchen Fällen nach Feststellung dieser Verwendung die Abfindung an den Besitzer des Gutes zu gewähren ist.

3) An die im Hypothekenbuche des berechtigten Gutes eingetragenen Gläubiger und Realberechtigten und nur an diese ist die Bekanntmachung wegen der Kapitalabfindungen zu erlassen; nöthigenfalls durch Insertion in die öffentlichen Blätter. Hinsichtlich der Lehninteressenten ist daher bei Lehnen regelmäßig die öffentliche Bekanntmachung zu erlassen, da die einzelnen Lehnberechtigten nicht namentlich im Hypothekenbuche eingetragen werden.

4) Die übrigen „die Rechte dritter Personen regelnden" vorerwähnten gesetzlichen Bestimmungen bleiben in Kraft.

Die für abgelöste Reallasten gewährten Rentenbriefe werden gesetzlich einer Kapitalabfindung gleich geachtet. Sie werden, falls nach den vorstehenden Grundsätzen die Belastung mit Pfandbriefen oder mit Hypothekenforderungen oder die Lehnseigenschaft ein Hinderniß gegen die sofortige freie Verfügung des Besitzers bilden, entweder im Falle der Bepfandbriefung zur Deckung und in Höhe der Pfandbriefe bei der Landschaftsdirektion, oder sonst im gerichtlichen Depositorium asservirt. Diese deponirten Abfindungen „bleiben hinsichtlich derjenigen eingetragenen Schulden und sonstigen Verpflichtungen, für welche die abgelösten Rechte mit verhaftet waren, Zubehör des abgefundenen Gutes." Rentenbankges. v. 2. März 1850 Nr. 3234 §. 49. Bekanntlich hat das Obertribunal mit Rücksicht auf diese Bestimmungen — mit Recht — ausgeführt, daß die Rentenbriefe nicht unbedingt für jeden Interessenten und namentlich nicht ohne Abrede oder Bedingung für den Käufer oder Adjudikatar des abgefundenen Gutes Pertinenz desselben im Sinne des L. R. I. 2 §§. 42, 107 werden; daß sie also nicht auf jeden Besitzer des Gutes als solchen mit übergehen, sondern daß sie nur hinsichtlich der Hypothekenschulden und sonstigen Verpflichtungen, für welche die abgelösten Rechte mit verhaftet waren, Zubehör des Gutes sind. Es können eben nur diese Berechtigten ihre Realrechte daran geltend machen, und abgesehen hiervon wird derjenige, welcher zur Zeit der Ablösung Besitzer des Gutes war, Eigenthümer der Abfindung. Er bekommt die freie Verfügung darüber, sobald er die Realberechtigten hinsichtlich ihrer Realrechte sichergestellt oder befriedigt hat. Erkenntn. v. 21. Dezember 1854. Entsch. B. 30 S. 266—279. Präj. 2596. Zu den „sonstigen Verpflichtungen" neben den Hypothekengläubigern sind unzweifelhaft der etwanige Lehns- oder Fideicommiß-Nexus zu rechnen. Die Mittel zur Sicherstellung der Realberechtigten — abgesehen von der Einwilligung aller Betheiligten — bestehen nach den citirten Gesetzen darin, daß die Rentenbriefe oder sonstigen Kapitalabfindungen zur Befriedigung der ersten Hypothekengläubiger oder in die Substanz des berechtigten Gutes verwendet werden.

§. 5. Grundsteuer-Entschädigungen.

Für die Entschädigungen, welche für die Aufhebung der Grundsteuer-Befreiungen oder Bevorzugungen gegeben bez. zu geben sind, bestimmt das Entschäd.-Ges. vom 21. Mai 1861 Nr. 5381 §§. 23 - 28:

1) Die Entschädigungsbeträge, welche nur auf Grund des §. 4 im $13\frac{1}{3}$fachen Betrage beim Nichtvorhandensein eines lästigen Vertrages oder eines speziellen Privilegii oder eines anderen privatrechtlichen Titels gegeben werden;
   ferner von denjenigen 20fachen Entschädigungen, welche nach §. 2 bei Vertrag, Privileg oder Privatrechtstitel zu geben sind, solche, die nicht 25 Thaler erreichen oder bis zu diesem Betrage an Kapitalspitzen über die gewährten Staatsschuld-Verschreibungen baar gezahlt werden, oder den vierfachen Betrag der Jahres-Grundsteuer nicht erreichen;
   sind „den legitimirten Entschädigungsberechtigten" zur freien Verfügung auszuhändigen. Dasselbe findet auch bei allen Entschädi-

gungen statt, wenn das Grundstück weder Fideicommiß noch Lehn, noch mit ablösbaren Renten, mit Pfandbriefen oder Hypotheken-schulden belastet ist.

2) Sonst sind die andern 20fachen Entschädigungen zunächst zur Ablösung der auf dem Gute etwa für die Rentenbank oder den Domänenfiskus haftenden ablösbaren Renten zu verwenden.

3) Soweit hiernach über die Entschädigungen nicht verfügt werden kann, sind die Interessenten an die Auseinandersetzungsbehörden zu verweisen und haben diese deren Anträge nach den im §. 4 angegebenen Bestimmungen der §§. 110 bis 112 des Ablösungs-Gesetzes vom 2. März 1850 zu erledigen. Die zur Abfindung dienenden Staatsschuldverschreibungen sollen bis zu der, sich hiernach regulirenden, Verwendung oder Aushändigung in Höhe der auf dem Gute etwa haftenden Pfandbriefe von der Landschafts-direktion, im Uebrigen von der Regierungshauptkasse asservirt werden. Sie bleiben nach §. 27 des Ges. „hinsichtlich derjenigen eingetragenen Schulden und sonstigen Verpflichtungen, welche auf dem Grundstücke haften, hinsichtlich dessen die Entschädigung gewährt worden ist, Zubehör des letztern." Indem der §. 27 hiermit fast wörtlich den §. 49 des Rentenbankgesetzes vom 2. März 1850 wiederholt und im Uebrigen im §. 26 die Vorschriften der §§. 110 bis 112 des Ablösungs-Gesetzes vom 2. März 1850 als maßgebend bezeichnet sind, findet auf diese Entschädigung dieselbe Ausführung Anwendung, welche im §. 4 betreffs der Rentenbriefe erwähnt ist. Auch diese Entschädigungen sind nicht hinsichtlich eines Gutsbesitzüberganges und der Besitznachfolger, sondern **nur** hinsichtlich der eingetragenen Schulden und sonstigen Verpflichtungen Zubehör des Gutes; und sind (abgesehen bez. bei Befriedigung von solchen Rechten) Eigenthum derjenigen, welche zur Zeit des Gesetzes vom 21. Mai 1861 Besitzer des Gutes waren. Jener §. 27 betrifft nur die, nach §. 2 des Gesetzes zu gewährenden 20fachen Entschädigungen. Nicht vom §. 27 betroffen sind die häufigern andern Entschädigungen, welche in Antheilen an der 13⅓fachen Abfindung nach §. 4 des Gesetzes bestehen und welche den Entschädigungsberechtigten gemäß §. 23 ohne Beschränkung zur freien Verfügung auszuhändigen sind. In Betreff dieser Entschädigungen folgt jedoch eben aus dieser Bestimmung des §. 23, daß sie **nicht einmal** einer Beschränkung durch die Lehns- oder Fideikommiß-Eigenschaft oder Hypotheken-Verbindlichkeiten unterliegen; noch weniger mithin hinsichtlich der Besitznachfolger als Zubehör des Gu-

tes angesehen werden können. Die Lehnberechtigten können sonach nur hinsichtlich der nach §. 2 Ges. zustehenden Entschädigungen die Verwendung in die Substanz des berechtigten Gutes (§. 110 litt. b. Ablösungs-Gesetz vom 2. März 1850) verlangen, wofür dieselben ihnen als Sicherheit haften. Außer diesem Rechte kann aber (auch, wenn das Gut Lehn ist) der Besitznachfolger Grundsteuer-Entschädigungen nicht als durch Pertinenz-Qualität auf ihn übergegangen beanspruchen.

Das Entschädigungs-Gesetz vom 21. Mai 1861 Nr. 5381 entscheidet nicht mit ausdrücklichen Worten, in welcher Zeit Jemand Besitzer des berechtigten Gutes gewesen sein muß, um das Recht auf die Entschädigung zu haben. Vom 1. Januar 1865 ab ist die eingeführte Grundsteuer erhoben; §. 3 Ges. vom 20. Mai 1861 Nr. 5379; §. 1. Ges. vom 21. Mai 1861 Nr. 5380 u. V. v. 12. Decbr. 1864 Nr. 5974, 5975. Erst im Jahre 1867 sind die Entschädigungen nebst Zinsen und Zinscoupons vom 1. Januar 1865 ab (§. 20 des Gesetzes Nr. 5381) ausgehändigt. Die Aushändigung erfolgte durch die Regierungen und durch die, von denselben beauftragten, Kassen an diejenigen, welche sich 1867 als damalige Besitzer der berechtigten Grundstücke ausgewiesen hatten; soweit nicht gesetzliche Hindernisse der Aushändigung überhaupt entgegenstanden. Mehrfach verlangten jedoch solche, welche früher am 1. Januar 1865 oder im Mai 1861 das berechtigte Grundstück besessen hatten, die Entschädigungen für sich, und sind darüber mit ihren Besitznachfolgern in Prozesse gerathen.

Das Entschädigungsgesetz vom 21. Mai 1861 bestimmt in §§. 1, 20, 23: „Für die, im §. 5 des Gesetzes vom heutigen Tage angeordnete Heranziehung bisher befreiter oder bevorzugter Grundstücke wird eine Entschädigung aus der Staatskasse gewährt (§. 1)." Die Staatsschuldenverwaltung hat über die Entschädigungen Staatsschuldverschreibungen auszufertigen, welche von dem Zeitpunkte ab, wo die Grundsteuer in Hebung tritt," jährlich mit 4½ Prozent verzinst werden sollen; sie sollen „den legitimirten Entschädigungsberechtigten" ausgehändigt werden; die Legitimation des beanspruchenden Interessenten ist, wenn der Besitztitel für ihn im Hypothekenbuche nicht berichtigt ist, für geführt zu erachten, wenn

a. ihm von der Gemeindebehörde bescheinigt wird, daß er das Grundstück eigenthümlich besitzt, oder er eine öffentliche Urkunde über Eigenthumserwerb vorlegen kann, und

b. nach öffentlichem Aufrufe . . . von keinem Andern binnen 8 Wochen bei der Regierung Besitzansprüche erhoben werden. —

Hiernach ist die Entschädigung dafür gewährt, daß das Gesetz den Grundstücken die Steuer auferlegt. Als Berechtigte sind in den §§. 2 bis 7 des Ges. von 1861 die Besitzer im tempus praesens bezeichnet. Für die Berechtigung ist daher der Besitz zur Zeit der Gesetzeskraft des Gesetzes vom 21. Mai 1861 maßgebend. Die damaligen Besitzer sind durch das Gesetz, welches für alle Zukunft eine neue oder erhöhte Grundsteuer anordnet, in Schaden versetzt, und für diesen durch das Gesetz, also schon mit dessen Rechtskraft, eintretenden Schaden soll eben entschädigt werden. Gerade weil der Beschädigungsgrund im Gesetze liegt, sind nur die damaligen Besitzer die Beschädigten und können auch nur sie die zu Entschädigenden sein. Besitzer, welche später erwarben, erleiden einen Schaden deshalb nicht, weil sie im Augenblicke ihres Erwerbes das Grundstück nur als ein, schon mit der Verpflichtung zur demnächstigen Grundsteuer-Entrichtung belastetes erwarben. Sie haben also eine Steuerbefreiung oder Bevorzugung schon nicht mehr gehabt, mithin auch nicht verloren und auch für deren Verlust nicht Entschädigung zu erwarten. Dies gilt nicht nur von Erben, sondern auch von Käufern und sonstigen Singular-Nachfolgern, wenn ihnen nicht kontraktlich ein Recht auf die Entschädigung eingeräumt ist. Kein Ausdruck des Gesetzes deutet nur an, daß erst denjenigen, welche zur Zeit, wo die Grundsteuer in Hebung tritt, oder gar erst zur Zeit der Aushändigung besitzen würden, die Entschädigungen zufallen sollen. Selbst die Lehnerbfolger im Lehngute haben zwar schon vor Eintritt des Erbfalls ein bedingtes Recht auf Succession; aber sie haben doch nur das Recht, zur Zeit des Anfalls das Lehn mit denjenigen Befugnissen und Verpflichtungen zu erhalten, welche nach den alsdann bestehenden Gesetzen darauf haften oder in gesetzliche Aussicht gestellt sind; so daß zwar der Vorbesitzer dies Recht nicht durch seine Verfügungen verkümmern darf, aber auch nicht dafür haftet, daß das Gesetz dem Gute für die Besitzzeit des Nachfolgers neue Lasten auferlegt hat. Insoweit also das Gesetz vom 21. Mai 1861 nach dem Obigen die Verfügung des Besitzers über die Entschädigungen aus §. 2 zu Gunsten der Lehnberechtigten beschränkt, hat es bei diesen gesetzlichen Beschränkungen sein Bewenden. Insoweit jedoch das Gesetz im ausdrücklichen Gegensatze die sonstigen Grundsteuer-Entschädigungen den Besitzern zur freien Verfügung überweist, ohne eine Beschränkung bei Lehnen anzuordnen, obgleich in jenem Falle die Lehnseigenschaft ausdrücklich als zahlungshindernd angegeben ist, so ist schon hiermit festgestellt, daß die Entschädigung freier Allodialbesitz des zeitigen Besitzers werden sollte; und bleiben für die maßgebende Zeit des Besitzes bei Rechtskraft des Gesetzes vom 21. Mai 1861 dieselben Gründe geltend, wie bei andern Gütern.

Die Besitzer von fast allen denjenigen (frühern oder noch jetzigen) hinterpommerschen Lehngütern, welche durch die Allodifikations-Urkunde vom 16. Februar 1787 hinsichtlich des lehnsherrlichen Nexus allodificirt wurden, beanspruchten (aus §. 2) die zwanzigfache Grundsteuer-Entschädigung. Sie wollten diese Urkunde als lästigen Vertrag, eventuell als spezielles Privilegium gelten lassen, welches den, im beigefügten Verzeichnisse aufgeführten, Gütern gegen Entrichtung des dort bestimmten Lehnscanons die Befreiung von andern oder erhöhten Grundsteuern zugesichert habe. Die königliche Grundsteuer-Entschädigungs-Kommission hat diese Ansprüche (1867) mit Recht abgewiesen, weil die Allodifikations-Urkunde überhaupt kein Privatrechts-Titel, auch kein Vertrag oder Privileg, sondern ein nach Zuziehung der Stände ergangener staatsrechtlicher und gesetzgeberischer Erlaß über die verfassungsmäßige Stellung der Güter gewesen sei. Den, nach §. 16 des Entschädigungs-Gesetzes vom 21. Mai 1861 zulässigen, Rechtsweg gegen diese Entscheidung hat meines Wissens keiner der Betheiligten ergriffen; sie haben sich vielmehr dann unter dem, von der Regierung verlangten, ausdrücklichen Verzichte auf die zwanzigfache Entschädigung mit dem Antheile an der 13⅓fachen aus §. 4 begnügt.

§. 6. Lehnsregister.

a) Geschichtliches und Grundsätze.

Es ist ein echt preußischer Gedanke genauer Kontrolirung und tüchtiger Disziplin, daß zur Beseitigung der Unsicherheit, welche durch die wachsende Verbreitung unbekannter Agnaten der lehntragenden Familie herbeigeführt wurde, alle Lehnsagnaten sich namentlich in Lehnregistern eintragen lassen und nur hierdurch ihre Rechte sichern sollten. Dieser Gedanke trat auch gleich mit der größten Strenge eines sich Bahn brechenden Prinzips im Edikte vom 4. August 1763 auf. Dasselbe, als allgemeines Landesgesetz für alle damaligen Theile der Monarchie erlassen, verlangte, daß alle damals lebenden Agnaten bis zum 1. Januar 1765 und deren Descendenz binnen Jahresfrist nach dem Erbfalle resp. dem Erbvergleiche die Anmeldung ihrer Successions-Mitbelehnschafts- oder Anwartsrechte zur Eintragung in die Register bewirken sollten. Die Nichtanmeldenden verloren ihre Successionsrechte und behielten auch nicht einmal einen Regreß gegen den Lehnbesitzer, welcher eine ihnen nachtheilige Verfügung bez. Veräußerung des Lehns bewirkt hatte. Das

Edikt war jedoch nach dessen §. 18 auf wirkliche Lehne d. h. auf solche, deren Nexus zwischen Lehnherrn und Vasallen damals noch bestand, nicht anwendbar, sondern nur auf solche Lehngüter, für welche der lehnsherrliche Verband durch frühere Allodifikationen schon aufgehoben war. Wirkliche Lehne sollten nach wie vor gemäß den Lehnrechten jeder Provinz gehörig verfolgt werden, und wurde hierfür die Vorschrift der Lehnserneuerung bei Lehnfällen für genügend angesehen. Da in ganz Pommern damals noch der Lehnsverband hinsichtlich des Lehnherrn bestand, so war das Edikt vom 4. August 1763 in Pommern niemals anwendbar.

Als durch die Allod.-Urkunde vom 16. Februar 1787 für die hinterpommerschen Lehne die Lehnsherrlichkeit aufgehoben wurde, ist im §. 12 den Agnaten und Mitbelehnten die Verpflichtung auferlegt, ihre Lehns- und Successionsrechte in die Lehnssuccessionsregister eintragen zu lassen. Die Folgen unterlassener Eintragung wurden jedoch nicht bestimmt. Deren Bestimmung wurde der zu entwerfenden Lehnkonstitution vorbehalten und wurde der Ritterschaft überlassen, in dieser Konstitution nach Anleitung der §§. 4 bis 18 des Ed. v. 4. Aug. 1763 die Strafen unterbliebener Verfolgung der Lehnrechte festzusetzen. Einstweilen hatte die unterbliebene Eintragung nur die Folge, daß nicht eingetragene Berechtigte, sofern sie nicht aktenmäßig bekannt oder durch provinz-ansässige Geschlechtsvettern zu ermitteln waren, bei Verhandlungen, welche mit ihnen nöthig wurden, als unbekannt betrachtet und nicht durch besondere Vorladungen, sondern nur durch die öffentlichen Blätter zur Wahrnehmung ihrer Rechte aufgefordert wurden. Zettwach §. 81, 82 u. Anm. — Entsch. B. 8 S. 26 ff.

Das L.-R. I. 18 §. 290 ff., 421 machte darauf die Eintragung der Rechte der Agnaten und Mitbelehnten im Hypothekenbuche obligatorisch, milderte aber die Folgen der Nichteintragung dahin, daß Nichteingetragene nicht alle Rechte, sondern nur die Befugniß verloren, Verfügungen des Besitzers, welche zur Zeit der Nichteintragung getroffen wurden, gegen Dritte anzufechten; und ließ ihnen den Regreß gegen den benachtheiligenden Lehnbesitzer, sowie ihre Lehn-Erbrechte. Vergl. Entsch. Bd. 69 S. 113 130.

Das L. R. wurde indeß weder für Hinterpommern anwendbar, wo nur die obigen Bestimmungen und Folgen der Urkunde von 1787 maßgebend blieben; noch auch für Altvorpommern, wo nach anerkanntem Gerichtsgebrauche eine Eintragungsverpflichtung für Agnaten und Mitbelehnte gesetzlich nicht begründet blieb und unterlassene Eintragung ihnen nicht die Befugniß entzog, nachtheilige Verfügungen anzufechten. Zettwach §§. 80—82 u. Anm.

Im revidirten Entwurfe des Prov.-Rechts für Altvor- und Hinterpommern (1836) wurde darauf in den §§. 96 – 100 vorgeschlagen, daß — sowie nach dem Edikte v. 4. August 1763 — Agnaten und Mitbelehnte ihre Lehnrechte binnen 3 Jahren anmelden, bescheinigen und im Hypothekenbuche eintragen lassen; und andernfalls alle Lehnrechte, sowie auch den Regreß gegen den Lehnbesitzer verlieren sollten. Die Motive zum Entwurfe beriefen sich hierfür auf die Ansicht der ständischen Deputirten S. 35; der Justizminister hielt jedoch den Verlust alles Rechts für einen unnöthigen harten Nachtheil S. 37 und 38. Der 6. pomm. Provinz.-Landtag v. 1837, welchem der Entwurf zur Begutachtung vorgelegt wurde, erhob gegen das Präjudiz des Verlustes der Lehnrechte Bedenken. Verhdl. S. 53 zu §. 98; er sprach sich jedoch in einer gleichzeitigen Petition wegen eines Gesetzes über Familienbeschlüsse behufs Lehnaufhebung für den vollständigen Verlust der Lehnrechte zu diesem Zwecke aus. Verh. S. 80. Nachdem dann der 9. pomm. Provinz.-Landtag am 1. März 1845 die Nothwendigkeit der Eintragung nochmals vorstellte, Verh. S. 16 und 90, wurde für Altvor- und Hinterpommern das jetzt geltende Gesetz v. 11. Juli 1845 Nr. 2593 G. S. S. 474 erlassen. Dasselbe bestimmt:

I. Alle Besitzer altvor- und hinterpommerscher Lehne, sowie die Agnaten und Mitbelehnten, welche zu solchen Lehnen vermöge des Lehnsverbandes Besitz-Successions- oder Einlösungs-Rechte haben oder künftig erwerben, müssen ihre Eintragung in die, vom Oberlandesgerichte, jetzt Appell.-Gerichte, zu Stettin als Lehnscurie zu führenden Lehns- und Successions-Register nachsuchen und dazu ihre Abkunft von einem Mitgliede der lehntragenden Familie nachweisen.

Söhne, deren Vater eingetragen ist, brauchen sich erst mit dem Tode ihres Vaters eintragen zu lassen; Minorenne durch ihren Vormund.

II. Verfügungen über Lehne können nur von solchen Agnaten und Mitbelehnten angefochten werden, welche zur Zeit der Verfügung in die Register eingetragen sind. §. 7, 14. „Es können demnach Agnaten und Lehnberechtigte, deren Recht zu der Zeit, als die streitige Verfügung über das Lehn getroffen wurde, dem Dritten, welcher mit dem Lehnbesitzer die Verhandlung vornahm, aus dem Lehns- und Successions-Register nicht bekannt sein konnte, von ihren Rechten zum Nachtheil des Dritten keinen Gebrauch machen; auch wenn die Lehnfolge demnächst auf sie gelangt, oder sie vermöge des Reluitions-, Revokations- und Vorkaufsrechts oder einer andern in der Lehnsverfassung beruhenden Befugniß das Lehn an sich bringen können." §. 8. Diese im §. 8 zu

Gunsten eines Dritten gegebenen, Bestimmungen finden auch zu Gunsten solcher Mitglieder der lehntragenden Familie, welche Lehne

1) durch Kauf oder andere lästige Verträge oder

2) durch Revocationsklage oder andere Lehnrechtstitel erwerben,

insoweit Anwendung, als es sich um Ausschließung näherer oder gleich naher Rechte andrer Agnaten oder Mitbelehnten auf das Lehn handelt. §. 10. Diese Folgen treten erst mit dem 1. Januar 1848 in Wirksamkeit und müssen sich Lehnberechtigte zur Sicherung ihrer Rechte gegen die vor dem 1. Januar 1848 getroffenen Verfügungen bis dahin eintragen lassen. §. 14.

III. Bei Aufgeboten, Subhastationen und wenn nach allgemeinen Vorschriften die hypothekarisch eingetragenen Lehnsinteressenten zu einem Rechtsgeschäfte zugezogen werden müssen, genügt vom 1. Januar 1848 an die Zuziehung der eingetragenen Lehnberechtigten.

IV. Auch den nicht eingetragenen Berechtigten bleibt in den Fällen zu II. der Regreß an das übrige Vermögen des benachtheiligenden Lehnbesitzers, soweit ihnen nach pommerschem Lehnrecht deshalb ein Anspruch zusteht.

Welche weitern Konsequenzen dieser Grundsätze in Verbindung mit dem Prinzipe, daß die Descendenten durch die Verfügungen ihres parens gebunden werden, die gleichzeitige Deklar. vom 11. Juli 1855 Nr. 2594 G.-S. S. 482 und das Ges. vom 4. März 1867 für Substanz-Dispositionen und Aufhebung der Lehne gezogen haben, sowie die im letztern Gesetze angeordneten ferneren Folgen der Nichteintragung vgl. §. 46, 49, 61. Ferner s. §. 28.

§. 7. b) Folgen der Nichteintragung.

Welchen Betheiligten kommt die Nichteintragung zu Statten? Die Bestimmungen des Ges. vom 11. Juli 1845 sind im Wesentlichen den §§. 290—292 L.-R. I. 18 nachgebildet. Unter dem „Dritten", zu dessen Gunsten §. 291 cit. ebenso wie §. 8 Ges. vom 11. Juli 1845 disponirt, will das Obertribunal im Erkenntn. vom 10. Januar 1868 für den §. 291 a. a. O. nicht Jeden, welcher mit dem Besitzer über das Lehn verhandelt, sondern nur einen Fremden außerhalb der lehntragenden Familie verstehn; und also im Geltungsgebiete des L.-R. auch dem nicht eingetragenen nähern Agnaten die Anfechtung einer Veräußerung, welche seitens des Besitzers an ein entfernteres Mitglied der lehntragenden Familie erfolgt ist, gestatten. Entsch. Bd. 59 S. 113—130. Strieth. Arch. Bd. 69 S. 282. Für den Geltungsbereich des Ges. vom 11. Juli

1845 ist dies durch dessen §. 10 mit der darin enthaltenen Beschränkung entgegengesetzt entschieden.

Eine fernere Frage ist es, ob die Präklusion eines nicht eingetragenen Agnaten auch zu Gunsten eines solchen Dritten gilt, welcher gewußt hat, daß (außer den wirklich eingetragenen Agnaten) auch noch derjenige Nicht-Eingetragene, welcher eine Verhandlung des Lehnbesitzers mit dem Dritten anfechten will, in der That Lehnrechte auf das Lehn hat; ob also der Anfechtende dem Dritten den Einwand seiner mala fides hinsichtlich der Existenz nicht eingetragener Lehnrechte, analog den ähnlichen Einwendungen bei hypothekarischen Eintragungen — L.-R. I. 10 §. 10, 15. — I. 19 §. 5. I. 20 §. 522 — machen kann. Bei der Fassung der §§. 7, 8 des Ges. ist jedoch eine solche Analogie unzuläßig. Die Verfügungen können nach der unbedingten Vorschrift des §. 7 nur von eingetragenen Agnaten angefochten werden. Der §. 8 ferner, welcher nur eine Schlußfolgerung des §. 7 ausspricht („demnach") erklärt nicht, daß die Agnaten, deren Rechte dem Dritten unbekannt waren, dieselben später nicht ausüben können, sondern daß dies von allen Agnaten gilt, derem Rechte dem Dritten aus den Lehns- und Successionsregistern nicht bekannt sein konnte. Die gesammte Bestimmung beruht überhaupt auf dem besonderen positiven Rechte, welches in genau bestimmter Weise die Folgen der Nichteintragung festsetzt, und von dem früher sogar beabsichtigten vollständigen Verluste aller Lehnrechte die Präklusionsfolgen bis auf die normirten Grenzen, aber auch nur bis auf diese, gemildert hat. Die Vorschriften über mala fides gegenüber dem Hypothekenbuche lassen durch ihre Ausdrucksweise vom „redlichen Dritten" „wer es weiß" u. s. w. den Einwand zu; während hier das Gesetz nichts Aehnliches andeutet. Im Gegentheile gehen die Motive sowohl zum Gesetze vom 11. Juli 1845 als zum Gesetze vom 4. März 1867, bei welchem die Eintragung eine besonders wichtige Rolle hat (vgl. §. 46, 49, 61 unten), ausdrücklich davon aus, daß von demjenigen, welcher sich nicht eintragen lasse, anzunehmen sei: er lege keinen Werth darauf und wollte seine Rechte nicht geltend machen. Regier.-Motive zum Ges. vom 4 März 1867 S. 18. Abg. Kommiss. Ber. dazu S. 4, 14. — Endlich würde die praktische Folge beim entgegengesetzten Grundsatze zum Gegentheile von der beabsichtigten Wirkung, nämlich zu einer unauflöslichen Verwirrung führen, da alsdann nicht mehr das äußerliche Moment der Eintragung, sondern das unsichtbare Moment des Wissens Einzelner für die Zahl der Interessenten bestimmend wäre. Lehne, welche allodificirt sind, weil zur Zeit der Veräußerung an Fremde alle eingetragene Agnaten konsentirten oder kein Agnat eingetragen war, müßten wegen der Kenntniß des Fremden von andern Agnaten wiederaufleben, sobald diese hierauf Anträge stellten!

§. 8. Fortsetzung.

Der Regreß, welcher den Agnaten gegen den benachtheiligenden Besitzer vorbehalten bleibt, kann sich natürlich nur darauf stützen, daß derselbe Verfügungen vorgenommen hat, wozu er nach pommerschem Lehnrecht nicht berechtigt ist. Da der Besitzer die Befugniß hat, das Lehn außer durch Schenkungen zu verschulden, §. 17, sowie das Lehn, wenn dies für Schulden nöthig ist, zu veräußern, §§. 33, 34, so können nur Schenkungen und Veräußerungen, welche den Agnaten den Lehnbesitz rechtswidrig verkümmern oder entziehen, das Fundament eines Regreßanspruchs bilden, nicht aber die bloße Verschuldung.

Von größerer praktischen Wichtigkeit ist es, wie weit der Begriff der „Verfügungen" über Lehne geht, bei welchen der Besitzer und Dritte nur durch die eingetragenen Agnaten beschränkt sein sollen. Daß die Agnaten nicht absolut behufs Erhaltung ihrer Rechte zur Eintragung verpflichtet sind, und sie namentlich nicht auch ihre Erbrechte durch Nichteintragung verlieren, sondern nur das Recht, die zur Zeit der Nichteintragung getroffenen Verfügungen anzufechten, ist mit Bezug auf die Fassung des Gesetzes und dessen geschichtliche Entstehung in Entsch. Bd. 41 S. 165 ff. zutreffend ausgeführt. Begriffsmäßig ist zu einer „Verfügung", welche über das Lehn „getroffen" wird, nöthig, daß entweder eine sachliche Veränderung mit dem Lehne selbst vorgenommen wird (Handlung) oder daß an Dritte Rechte hinsichtlich des Lehns eingeräumt werden, daß also eine objektive oder subjektive Veränderung hinsichtlich des Lehns ausgeführt wird. Eine bloße Willenserklärung des Lehnbesitzers kann nur die Bedeutung haben, daß er eine Verfügung treffen will; er trifft sie erst wirklich, wenn er durch eine That in Bezug auf das Lehn seinen Willen verwirklicht oder wenn er im Einverständnisse mit Andern oder unter thätlicher Betheiligung Dritter Rechte daran Andern einräumt. L.-R. I. 4 §§. 96, 97. Am allerwenigsten konnte ein Lehnbesitzer durch eine Willenserklärung, daß er selbst größere Rechte am Lehn haben oder das bisherige Lehn als Allode besitzen wolle, auf Grund des §. 7 Ges. vom 11. Juli 1845 solche rechtlichen Wirkungen erreichen (abgesehen vom Falle eines Familienbeschlusses nach dem gleichzeitigen Gesetze Nr. 2594; vergl. nachsteh. §. 49). Dies würde dem Gesetze vom 11. Juli 1845 schon deshalb widersprechen, weil nach §. 9 gegen den benachtheiligenden Lehnbesitzer auch die nicht eingetragenen Agnaten den Regreß wegen solcher Annullirung ihrer Successionsrechte behalten sollen: Causam possessionis nemo sibi mutare potest. Eine „Verfügung" über das Lehn würde ein solcher allodificator erst dann treffen, wenn er thatsächlich das Lehn als Allode behandelt. — Wenn die Zulässigkeit solcher Selbstaufhebung des Lehnverhältnisses nach dem Gesetze vom 11. Juli 1845 oft genug zu behaupten versucht ist, so ist doch die Löschung der Lehnsqualität aus solchem Grunde durchschnittlich von den Gerichten abgelehnt und wo sie dennoch erfolgte, von den Obergerichten auf Beschwerde wieder aufgehoben. Erst nach dem Gesetze vom 4. März 1867 §. 2 Nr. 3 u. §. 1 ist unter Miteinwilligung der eingetragenen Agnaten — ohne Familienschluß — eine derartige Lehnsaufhebung zulässig geworden.

Dagegen bleiben durch §§. 7, 8 als Verfügungen gegen Angriffe durch nicht eingetragene Agnaten, vorbehaltlich des Regresses an den Lehnbesitzer, geschützt

1) thatsächliche Aenderungen im Lehn, Devastationen und alle ununbefugte Verwaltungs- und Nutzungs-Maßregeln,
2) alle Verträge und Verhandlungen, wodurch Dritten auf das Lehn Rechte eingeräumt werden.

Die letztere wichtigste Kategorie, welche namentlich §. 8 behandelt, sanctionirt zu Gunsten Dritter, welche nicht Mitglieder der lehntragenden Familie sind, in alle Zukunft die für sie erfolgten Verpfändungen, Nutzungs-Ueberlassungen, wiederkäufliche oder erbliche unwiderrufliche Veräußerungen von Lehnen gegen solche Lehnberechtigte, welche hinsichtlich der, vor dem 1. Januar 1848 getroffenen Verfügungen nicht bis zu diesem Zeitpunkte und hinsichtlich späterer nicht zur Zeit derselben eingetragen waren. Die Folge davon ist, daß, wenn das Lehn an einen Dritten unwiderruflich veräußert ist und entweder zur gedachten Zeit überhaupt kein Agnat eingetragen war oder der Dritte die Einwilligung der zu jener Zeit eingetragenen Agnaten beschafft, das Lehn in den Händen des dritten Erwerbers Allode geworden ist. Demgemäß ist auch in solchen Fällen nach allgemeiner Praxis mit Recht die Lehnseigenschaft im Hypothekenbuche gelöscht. Gesetz vom 4. März 1867 §. 12. Vergl. unten §. 53.

Für den Fall, daß ein Mitglied der lehntragenden Familie das Lehn durch Kauf oder lästige Verträge erwirbt, tritt eine solche Folge der Allodifikation wenigstens nicht von selbst ein; und müssen wir hierfür zunächst die zweifelhafte Natur des Besitzes eines solchen Agnaten feststellen. §§. 9, 10.

§. 9. Besitznatur eines Lehnberechtigten, welcher durch Allodialtitel erwarb.

Zettwach, Lehnrecht, §. 21 stellt als Grundsatz des pommerschen Lehnrechts auf: „Wird ein, noch im Lehngange befindliches Lehngut von einem Mitgliede der beliehenen Familie nicht durch die gewöhnliche Lehnsuccession oder durch Ausübung eines der, den Agnaten und Mitbelehnten auf veräußerte und verschuldete Lehne zustehenden Rechte, sondern durch einen Allodialtitel erworben; so entsteht daraus wider den Willen des Erwerbers kein lehn-, sondern nur ein allodialmäßiger Besitz."

Zettwach rechtfertigt diesen Grundsatz treffend dadurch, daß es bei der Veräußerlichkeit pommerscher Lehne folgewidrig wäre, dem erwerbenden Agnaten Rechte abzusprechen, welche dem fremden Erwerber unstreitig zustehen; und daß kein rechtlicher Grund vorliegt, weshalb die Mitglieder der beliehenen Familie, welche nur die ungewisse Lehnfolge-Aussicht haben, jedem Fremden mehr Rechte einräumen müßten, als sie selbst erwerben können. Er beruft sich ferner auf Hempel's Entwurf zum pomm. Prov.-R. von 1804 §. 54 Titel 18, welcher in diesem Falle unbedingt nur allodialmäßigen Besitz entstehen lassen will; und darauf, daß dieser Grundsatz auch in einer Prozeßsache durch 3 conforme Erkenntnisse 1814—1816 aufrecht erhalten ist. — Für die beigefügte Rücksicht auf den Willen des Erwerbers liegt der Grund darin, daß auch ein fremder Erwerber eines Lehns nach seinem Willen dasselbe als Allode besitzen kann, aber auch berechtigt ist, die Belehnung mit demselben — vorbehaltlich der Ansprüche der ursprünglich beliehenen Familie — nachzusuchen. Zettwach §§. 22—27.

Das von Zettwach auf Anordnung des Justizministerii 1835 zusammengestellte pomm. Prov.-Recht (ohne offizielle Geltung) stellt §. 75 wörtlich denselben Grundsatz auf und fügt die gleiche Motivirung aus der Natur der Sache und der pommerschen Lehne bei. Hinzugesetzt ist die Bemerkung: das Ober-Landesgericht zu Coeslin nehme immer nur lehnmäßigen Besitz an und das Gesetz vom 28. November 1826 scheine diese Ansicht zu bestätigen. Indeß die historische Bemerkung über die Coesliner Ansicht, ohne daß neue Gründe bekannt sind, kann nicht maßgebend sein und das Gesetz vom 28. November 1826 enthält in der That keine Bestätigung für die Nothwendigkeit lehnmäßigen Besitzes. Während ein Dritter, nicht zur Lehnsfamilie gehöriger, Besitzer die Lehnberechtigten zur Ausübung ihrer Lehnrechte provoziren und aufbieten lassen konnte, Rescript vom 1. November 1783; Zettwach §§. 136—158;

und während der Lehnmann selbst nicht befugt war, die Agnaten mit der Verwarnung des Verlustes ihrer Lehnrechte zu deren Ausübung aufzufordern, Entscheid. der Gesetzkommission vom 22. Februar 1785, Zettwach §. 159; so hat das Gesetz vom 28. November 1826, Ges.-S. S. 120 für Altvor- und Hinterpommern auch jedem Mitglied der Lehnfamilie, welches ein pommersches Lehn durch Kauf, andern lästigen Vertrag oder Revokationsklage erworben hat oder künftig erwirbt, das Recht gegeben, auf öffentliche Vorladung etwaniger nähern oder gleich nahen Agnaten nach näherer Anordnung der §§. 1 - 4 anzutragen. Diese Bestimmung stellte solche Agnaten daher hinsichtlich des Rechts zur Provokation gerade nicht dem Lehnbesitzer, sondern dem allodialmäßigen Besitzer gleich. Die erschienenen Agnaten sollen dann ihre näheren oder gleich nahen Lehnfolgerechte in bestimmter Frist bei Verlust des Rechts geltend machen, wogegen die nicht erschienenen damit präkludirt und in Ansehung dieser der Extrahent und dessen lehnsfähige Descendenz für die nächsten Lehnsfolger in das Lehn erklärt werden, §. 3. Dies Präjudiz könnte allein mit der Bemerkung zum §. 75 des pomm. Prov.-R. gemeint sein, ist aber in der That nur ein Scheingrund für die Annahme eines lehnmäßigen Besitzes solcher Agnaten. Eine dispositive Bestimmung über die Natur solchen Besitzes ist überhaupt im Gesetze nicht getroffen. Der citirte §. 3 des Gesetzes ist auf den richtigen Grundsatz zurückzuführen, daß, wenn ein Agnat das Gut erwirbt, bei seiner Provokation gegen andere Agnaten seine Absicht nicht sein kann, diesen gegenüber auf diejenigen Rechte zu verzichten, welche ihm für sich und seine lehnsfähige Descendenz aus seinem Agnatenrechte zukommen; er wird deshalb folgerecht in Ansehung der Nichterschienenen für nächstberechtigt erklärt. Vgl. über das Aufgebot §§. 40—43.

Der Entwurf des Prov.-R. von 1836 §. 56 wollte für unsern Fall nur Lehnbesitz anerkennen. Die Motive dazu S. 22 halten den Agnaten aus seinem Agnationsverhältnisse verpflichtet, das Lehn nur für die Familie zu erwerben und wieder in den Lehngang zurückzubringen; — was jedoch als Rechtspflicht weder im pommerschen noch im gemeinen Lehnrecht einen Grund findet. Mit mehr Grund meinen die Motive: der Grundsatz, daß ein nicht lehnsfähig beerbter Lehnbesitzer nicht an Fremde, aber an Mitglieder der beliehenen Familie veräußern dürfe, §§. 33, 35, beruhe auf der Voraussetzung, daß bei solcher Veräußerung das Lehn in der Familie erhalten bleibe. Indeß zur Erklärung genügt die Voraussetzung, daß dann das Lehn in der Familie erhalten bleiben kann, wenngleich nicht muß. Der 6. pommersche Provinz.-Landtag hat dann bei Berathung jenes Entwurfs (mit 33 gegen 10 Stimmen) den

Zettwach'schen Grundsatz des §. 21 seines Lehnrechts wörtlich wieder hergestellt. Verh. S. 52, 53.

Ein ferneres Bedenken dagegen hat in der neueren Gesetzgebung das Gesetz vom 11. Juli 1845 Nr. 2593 über Lehnsregister hervorgerufen. Der §. 10 dieses Gesetzes will zu Gunsten eines solchen Erwerbers die Rechte der Nichteingetragenen insoweit beschränken, daß diejenigen, welche näher oder gleich nahe berechtigt sind, durch den Erwerber vom Lehne ausgeschlossen werden. Im Uebrigen scheinen die Nichteingetragenen ihre Rechte, insbesondere auch ihre ferneren Lehnssuccessionsrechte behalten zu sollen. Dies ließe voraussetzen, daß ein solches Gut noch ferner als Lehn besessen wird und der Lehnssuccession unterworfen bleibt, nicht aber als Allode der Allodialerbfolge unterliegt. Hierüber bestimmt aber das Gesetz direkt nichts Positives und es kann daher eine Aenderung des Lehnrechts hierdurch als bewirkt nicht angenommen werden. Da ein solches Gut nach dem Willen des erwerbenden Agnaten als Lehn von ihm besessen werden kann; so behält in diesem Falle die gedachte Modifikation des §. 10 auch die ebenerwähnte Folge der Erhaltung der Lehnsuccessionsrechte der Nichteingetragenen unter Ausschluß ihrer näheren Ansprüche gegen den Erwerber. Da jedoch der Erwerber nach seinem Willen das Gut auch als Allode besitzen kann, so werden in solchem Falle nicht nur die Ansprüche der näheren Nichteingetragenen durch §. 10 ausgeschlossen; sondern auch die Ansprüche der entfernteren Nichteingetragenen durch den gesetzlich berechtigten Allodialbesitz beseitigt, weil die Entfernteren aus Lehnrechtsgründen nur Lehnserbfolgerechte geltend machen könnten, für solche aber im Allode kein Raum ist.

Daß Zettwach selbst weder durch das Gesetz vom 28. November 1826 noch durch das vom 11. Juli 1845 einen lehnmäßigen Besitz solcher Agnaten als festgestellt angenommen hat, geht aus seinem Gutachten von 1850 Just. Min. Bl. S. 345 und 346 ad IV hervor, worin er von solchen Besitzern bemerkt: es sei kein Grund vorhanden, sie anders zu behandeln, wie jeden anderen Besitzer, der nicht zur Familie gehört.

§. 10. Fortsetzung. Gesetz vom 4. März 1867.

Das Gesetz vom 4. März 1867 über Aufhebung der Lehne ist nach den Motiven ebenfalls von jenem Zettwach'schen Grundsatze ausgegangen. Dasselbe hat jedoch legislatorisch für seinen Zweck der Lehnsaufhebung angenommen: der Wille des Erwerbers, den lehnmäßigen

Charakter fortdauern zu lassen, sei als constatirt anzunehmen, wenn das Gut in den beiden letzten Familientheilungen nach Lehnrecht vererbt sei. Solche Güter sind deshalb in diesem Falle von zwei lehnmäßigen Vererbungen den im Lehngange befindlichen, anderenfalls dagegen den außer dem Lehngange besessenen in jenem Gesetze gleichgestellt worden. Regier.-Motive zum Gesetze vom 4. März 1867 S. 19. Bericht der Kommission des Abgeordnetenhauses S. 11. Bericht der Kommission des Herrenhauses S. 9, 10.

Wie im späteren Abschnitte §. 49 näher ausgeführt ist, muß die Frage, ob und unter welchen Bedingungen ein schon früher derartig erworbenes Lehn allodifizirt wird, lediglich nach der Unterscheidung des Gesetzes vom 4. März 1867 entschieden werden. Für den Fall, daß ein noch ferner bestehendes Lehn später durch Allodialtitel an ein Mitglied der Lehnfamilie veräußert würde, ist nach wie vor der mehrgedachte Zettwach'sche Grundsatz zu Grunde zu legen.

Thatsächliche Schwierigkeiten kann außerhalb der Anwendbarkeit des Gesetzes vom 4. März 1867 die Feststellung veranlassen, ob ein solcher Erwerber lehnmäßig oder allodialmäßig besitzen will. Sobald desfallsige ausdrückliche Erklärungen fehlen, kann nach vorstehender Begründung des Prinzips nur davon ausgegangen werden, daß er allodialmäßig besitzt, wenn seine Absicht eines lehnmäßigen Besitzes nicht konstirt. Falls er entweder die Einwilligung der zur Zeit eingetragenen Agnaten zur Löschung ihrer Lehnrechte erwirkte und auf Grund dieser Konsense oder, falls Agnaten zur Zeit nicht eingetragen sind, ohne Weiteres die Löschung der Lehnseigenschaft beantragte, so muß nach dieser deutlichen Willenserklärung die beantragte Löschung erfolgen und das Gut ist dann in seinen Händen allen Interessenten gegenüber Allode.

Wenn ein Mitglied der Lehnfamilie nicht durch Kauf oder einen anderen lästigen Vertrag, sondern durch einen Lehnrechtstitel: Revokation, Reluition, Verkaufsrecht, beneficium taxae, das Lehngut erworben hat, so findet der mehrgedachte Zettwach'sche Grundsatz nicht Anwendung. Er betrifft eben nur den Erwerb durch einen Allodialtitel an einem, bis dahin noch im Lehngange befindlichen Lehngute. Der Agnat, welcher durch Ausübung seiner Lehnrechte dem Dritten ein Lehn entzieht, erwirbt dies folgerichtig als Lehn mit lehnmäßigem Besitze. Den Agnaten — selbst den nicht eingetragenen — bleiben daher ihre Lehnerbfolgerechte darauf für spätere Erbfälle vorbehalten, während nach der auch für diesen Fall eintretenden Bestimmung des §. 10 des Gesetzes vom 11. Juli 1845 die nicht eingetragenen Lehnberechtigten mit ihren näheren oder gleich nahen Rechten gegenüber dem Mitgliede, welches das Lehn in den Lehngang zurückbringt, präkludirt werden. Vgl. §. 18 Ges. v. 4. März 1867 u. nachst. §. 55.

In einem Falle, welcher in Entsch. B. 54 S. 158–169 vorgetragen ist, war streitig, ob mit solchen nähern oder gleich nahen Rechten nur solche Agnaten, welche zur Zeit der Revokationsklage oder des entsprechenden Lehnrechtstitels nicht eingetragen waren, nach §. 10 a. O. präkludirt sind, oder auch solche, welche zwar zu dieser Zeit, nicht aber damals, als der frühere Lehnbesitzer das Gut veräußerte, eingetragen waren; ob also von dem, vom Dritten zurückerwerbenden, Agnaten ein näherer oder gleich naher Agnat das Gut ganz oder zum Mitbesitze beanspruchen kann, falls er nur zur Zeit der Geltendmachung des Lehnrechtstitels eingetragen war. Das Obertribunal hat Letzteres verneint und für solche Ansprüche die Eintragung zur früheren Zeit, als das Gut aus dem Lehngange kam, für nöthig erklärt. Dem ist beizustimmen. Nach §. 10 a. O. sollen behufs Präklusion der Nichteingetragenen dem erwerbenden Lehnberechtigten dieselben Bestimmungen zu Gute kommen, welche nach §. 8 dem Dritten zustehen, welcher mit dem Lehnbesitzer verhandelte; also die Ausschließung der Agnaten, welche zur Zeit, als die Verfügung über das Lehn für den Dritten getroffen wurde, nicht eingetragen waren. Die Motive zum §. 10 gehen ausdrücklich davon aus, daß im Falle des §. 10 der erwerbende Agnat zu den übrigen Agnaten in demselben Verhältnisse steht, wie ein Dritter, der sich mit dem Lehnbesitzer eingelassen hat; da es sich nicht rechtfertigen lasse, hierin Dritte günstiger zu behandeln. Andernfalls würde es auch zur Anomalie führen, wenn der nicht eingetragene Agnat gegen den Dritten keine Rechte hat und doch gegen einen andern, auf Grund seiner Eintragung revozirenden, Agnaten alsdann sein näheres Recht geltend machen könnte.

Selbstverständlich genügt es nach der ratio legis zur Anwendbarkeit des §. 10, daß der Berechtigte durch Revokation erwirbt, wenn der Dritte freiwillig ohne desfallsige Klage restituirt. Wesentlich ist nur der Erwerb durch einen im Lehnrecht sich gründenden Titel, nicht aber, ob dieser durch Prozeß geltend gemacht werden mußte.

§. 11. Nutzungsrechte des Besitzers.

Ungeachtet der Verordnung vom 11. October 1810 und des Gesetzes vom 4. März 1867 sind noch viele Güter rücksichtlich der Lehnfolger und Agnaten Lehne geblieben. §§. 52, 55. Inzwischen werden mit jedem

Jahre die Berührungen mit dem freien Verkehre dringlicher und um so wichtiger werden für diesen Rest von Lehnen die Fragen, welche Rechte daran dem Besitzer, den Agnaten und Dritten, namentlich Gläubigern, zustehen.

Ueber Umfang und Schranken der Nutzungsrechte des Lehnbesitzers enthalten die pomm. Lehngesetze nur eine besondere Bestimmung im Edikte v. 25. Mai 1765 über Benutzung der Forsten, abgedruckt in Zettwach's Lehnr. S. 307—310. Das Edikt ist nicht nur für Altpommern, wie die Ueberschrift bei Zettwach S. 307 lautet, sondern auch für Hinterpommern und Cammin erlassen, wie §. I bestimmt und die Erwähnung des Hofgerichts zu Coeslin neben der Regierung zu Stettin in allen §§. bestätigt. Es bestimmt: Wenn ein Gut ein, auf dem Falle stehendes Lehn ist, so darf der Besitzer ohne Consens des Lehnherrn kein Holz daraus verkaufen; - eine Festsetzung, welche zur Zeit des Zettwach'schen Lehnrechts wegen der früheren Allodifikation hinterpommerscher Lehne freilich nur noch für Altvorpommern Bedeutung hatte und seit dem Ges. v. 2. März 1850 auch hier keine Geltung mehr hat. Zettwach §. 76.

Außerdem bestimmte das Edikt aber noch: Keinem Besitzer von Landgütern soll die Nutzung seiner Holzung anders als forstmäßig gestattet, und daher die Verwüstung von Holzungen und Holzentblößung bei Vermeidung fiskalischer Strafe verboten sein; es verstehe sich von selbst, daß nach wie vor den Gesammthändern und Agnaten frei stehe, ihre Klagen über übermäßiges Holzfällen oder Verschmälerung der Heiden (nach damaligem Sprachgebrauche: Flächen mit geringerem Wald- resp. Buschbestande) bei der Regierung oder dem Hofgerichte anzustellen. — Das Kulturedikt v. 14. Sept. 1811 §§. 1, 4, 6 hob die Einschränkungen für Benutzung von Privatwaldungen nur mit Vorbehalt der entgegenstehenden Berechtigungen Andrer, — also auch der Agnaten, vgl. §. 1 — auf; und brauchen sich Lehnberechtigte nach §. 6 außerordentliche Holzverkäufe und veränderte Benutzung der Grundstücke nur dann gefallen zu lassen, wenn dies nach den Vorschriften der Gemeinheitstheilungs-Ordnung bez. zur gutsherrlich-bäuerlichen Regulirung nöthig und die Kaufgelder in die Substanz des Gutes oder zur Tilgung der ersten Hypotheken verwendet werden. Es ist daher noch jetzt jeder Agnat einer anderen als forstmäßigen Benutzung der Waldung des Lehnguts zu widersprechen und durch Klage Remedur zu suchen befugt, — nicht blos gemäß L.-R. I. 18 §. 577 der nächste Agnat, da das Edikt von 1765 das Klagerecht aus dem Verbotsgesetze für alle Agnaten voraussetzt und sanctionirt; und auch nicht blos bei einer Verwüstung im Umfange und Sinne des L.=R. I. 18 §. 564 ff.; ferner auch nicht blos gegen einen besitzenden Lehnsmann, sondern gegen jeden Besitzer.

Außer dieser singulären Vorschrift über Forstnutzung bestimmen die pommerschen Lehnsgesetze nichts Besonderes über die Nutzungsrechte des Besitzers. Es kommen daher im Uebrigen die subsidiären gemeinen Rechte und für Altvor= und Hinterpommern das L. R. I. 18 §§. 6—11, 140—142, 288 ff., 556—579 zur Anwendung; für deren Auslegung Entsch. Bd. 35 S. 60 ff. Präj. Nr. 2683, Strieth. Arch. Bd. 14 S. 11 u. Bd. 36 S. 4 zu vergleichen sind.

Ueber die Nothwendigkeit, daß Agnaten, welche Verfügungen des Besitzers angreifen wollen, im Lehnsregister eingetragen sein müssen; vergl. §§. 6—8.

§. 12. Kindespflichten.

Alle Verfügungen, welche ein Lehnbesitzer hinsichtlich des Lehns unter Lebendigen getroffen hat, müssen von dessen Descendenten nach pommerschem Lehnrecht anerkannt werden, ohne Unterschied, ob sie zugleich dessen Allodialerben geworden sind oder nicht. Sie können von den ihnen sonst zustehenden Lehnrechten gegen Verfügungen ihrer Ascendenten nicht Gebrauch machen; und gegen desfallsige Angriffe ist auch ein im Besitze des Lehns befindlicher Dritter durch Einwand geschützt. Zettwach §. 77. Pomm. Prov.=R. §. 120.

Der Grundsatz, daß der Sohn facta patris prästiren müsse, wurde von der früheren Jurisprudenz des gemeinen Lehnrechts aus dem longobardischen Prinzipe gefolgert, daß der Sohn nicht die Allodialerbschaft des Vaters ausschlagen und die Lehnerbfolge annehmen kann. Die neuere Jurisprudenz des gemeinen Lehnrechts nimmt die Folgerung, daß deshalb der Sohn des Vaters Handlungen auch für das Lehn anerkennen müsse, für unbegründet an und läßt davon für das gemeine Recht nur übrig, daß das Revokationsrecht (§. 33) nicht den Descendenten des Veräußerers zugestanden wird, weil es in den Quellen nur den Agnaten gestattet ist. Eichhorn §. 228. Böhmer §. 276. Vgl. Motive zum revid. Entw. des Lehnr. S. 57 ff. 69. Rönne Ergänz. zu L.=R. I. 18 §. 266 ff.

Dagegen ist der vorangestellte allgemeine Grundsatz, welcher die Kindespflicht zu einer gesetzlichen erhebt, aus der früheren Jurisprudenz in das pommersche Lehnrecht aufgenommen und in anerkannter gesetzlicher Geltung geblieben. Die hinterpommersche Lehnkonstitution vom 8. Dezbr. 1694 bestimmt positiv Tit. 26 §. 2: „Söhne und andere

Descendenten, wann sie gleich ihres Vaters Erben gar nicht oder nur vermittelst Inventarii geworden, können dessen Verkauf, ungeachtet solcher ein altväterliches Stammgut beträfe, nicht revociren noch anfechten." Im Tit. 3 §. 1 das. wird ferner die Lehnsabfindung der Töchter und Schwestern bestimmt und am Schluß vermerkt: „Hätte der Vater ein mehres versprochen, wären dennoch die Söhne dazu nicht gehalten, ob sie zwar sonst factum patris zu prästiren schuldig." Vergl. Schweder Anm. 16 dazu. Diese Ausnahme bestätigt die sonstige, als solche ausdrücklich beigefügte, Regel. Jenen Grundsatz stellen Hagemeister (in v. Kamptz Jahrb. Bd. 5 S. 49 ff.) und Zettwach (zu §. 77 Lehnr.) aus den gerichtlichen Entscheidungen, den pommerschen Lehnrechtslehrern und den zur Fixirung des Usus aufgestellten Gesetzentwürfen als für Neu- und Altpommern anerkannt geltend fest. Auch der revidirte Entwurf des Prov.-R. für Altvor- und Hinterpommern von 1836 §. 93 und dessen Motive S. 33, und ebenso die Motive des Ges. vom 4. März 1867 S. 10. Comm. Ber. Abg. S. 2 setzen dieß als unzweifelhaftes pommersches Lehnrecht voraus. Vergl. auch Entsch. Bd. 29 S. 108. — Bd. 13 S. 462. – Strieth. Arch. Bd. 34 S. 106, 109.

Der Grundsatz ist nicht auf Verfügungen des Lehnbesitzers zu beschränken, wie Zettwach §. 77 und Prov.-R. §. 120 ihn ausdrücken, sondern gilt auch in der weitern Ausdehnung, daß die Verfügungen und Consense eines jeden, wenngleich nicht besitzenden, Lehnberechtigten von dessen Descendenten anerkannt werden müssen und nicht angefochten werden dürfen. Strieth. Arch. B. 65 S. 165. Dafür spricht die allgemeine Fassung der Regel Tit. 3 §. 1, daß die Söhne „facta patris" prästiren müssen; ferner, daß auch ein Consens des Agnaten zum Verkaufe im Sinne des Tit. 26 §§. 1, 2 Hint. Lehnconst. als Verkauf seitens des Agnaten anzusehen ist und die unbestrittene, auch durch die Motive des Ges. vom 4. März 1867 bezeugte, Geltung des Grundsatzes in dieser weitern Ausdehnung.

Welche Verfügungen sich der Descendent gefallen lassen muß, ergiebt sich schon daraus, daß in der Lehnsconst. Tit. 26 §. 2 direkt die äußerste Grenze aller möglichen Verfügungen genannt ist: der Verkauf an Andere, wodurch alles Recht und selbst die Möglichkeit eines Rechts in futurum für die Descendenten vernichtet wird. Um so mehr sind wiederkäufliche Veräußerungen, antichretische und andere Verpfändungen, Nutzungsüberlassungen, Verschuldungen und Einräumung einzelner Rechte zu den zu prästirenden facta patris zu rechnen. — Zettwach fügt im §. 77 vorsichtig hinzu: sofern nicht im Gesetze ausdrückliche Ausnahmen gemacht seien. Die Ausnahmen des pommerschen Lehnrechts für Verfügungen unter Lebendigen bestehen darin, daß der Lehnsfolger nicht zur Gewährung von größern Abfindungen für seine Schwestern oder von größern Morgengaben oder Leibgedingen für die Wittwe über das gesetzliche Maß hinaus verpflichtet werden soll. Hinterpomm. Lehnconst. Tit. 3 §. 1. — Tit. 12 §. 3. — Tit. 17 §. 3. — Zettwach §§. 226, 295, 367. — Revid. Entw. von 1836 §§. 93, 200, 215.

Dagegen ist jenes pommersche Prinzip nur auf Verfügungen unter Lebendigen beschränkt. Facta patris wie Verkäufe sind nur dispositiones inter vivos. Ueber die Verbindlichkeit von Verfügungen von Todeswegen besteht kein specifisch pommersches Lehnrecht. Pomm. Prov.-R. zu §. 120. In der desfallsigen Kontroverse sind auch für Pommern beiderseits die Gründe aus dem gemeinen Rechte entnommen, sowohl im Berliner Tribunalsgutachten vom 27. März 1759, — v. Hymmen Beiträge zur juristischen Literatur in den preußischen Staaten, Theil 4, — welches jeder letztwilligen Verordnung des Besitzers über das Lehn die verbindliche Kraft für die Descendenten abspricht; als auch von Engelbrecht introd. in not. jur. feud. Pomm. suec. cap. 6 §§. 3, 4 (und den von ihm citirten Autoren), welcher dem Vater die Befugniß einräumt, unter den Söhnen ungleich zu theilen, auch einem das Lehn allein und den andern sonstige Objekte zu bestimmen, wenn er sie nur nicht im Pflichttheile verletze.

Für das gemeine Recht in Neuvorpommern entscheidet die Auslegung von I. feud. 8 pr. „Sequitur de successione feudi videre. Si quis igitur decesserit filiis et filiabus superstitibus: succedunt tantum filii aequaliter, vel nepotes ex filio, loco sui patris; nulla ordinatione defuncti in feudo manente vel valente.“ Die gewöhnliche Auslegung, daß letztwillige Verfügungen des Lehnbesitzers auch rücksichtlich ihrer Descendenten wirkungslos seien (auch Pätz §§. 146—148), beruft sich außer der bestrittenen Theorie, daß auch für Descendenten die Lehnfolge eine successio singularis sei (vergl. §. 13), mit Grund auf den Wortlaut jener Feudistenstelle. Zwar will Eichhorn §. 232 Anmerk. e den Nachsatz: nulla ordinatione valente nur auf das mangelnde Succesionsrecht der Töchter als den Hauptsatz beziehen; nicht auf das „aequaliter“ als eine nur gelegentlich berührte Nebenbestimmung. Indeß ist eine solche Auslegung schon grammatikalisch unhaltbar. In dem knappen und präzisen Satze können für das absolute Verbot des Schlußsatzes die vorgängigen Bestimmungen über die Antheilsrechte nicht als unerhebliche Nebenbestimmungen angesehen werden; zumal sie in den beiden Anordnungen aequaliter und loco sui patris für die verschiedenen Descendenten-Kategorien genau formulirt sind. — Auch das

Obertribunal, Entsch. Bd. 57 S. 86, 87, erklärt Verfügungen, welche dem Descendenten das Successionsrecht entziehen, für unstatthaft. Vergl. Entsch. Bd. 51 S. 174 Anm. — Zettwach erklärt ebenfalls das Tribunals-Gutachten von 1759 für überzeugend. S. 60, 61. — Für das mecklenburgische Lehnrecht, welches ebenfalls keine besondere Bestimmungen hat, aber letztwillige Verfügungen des Vaters unter den Kindern als üblich kennt, nimmt Roth, mecklenb. Lehnr. §. 74, die Regelung der Theilung ohne Pflichttheilsverletzung als allein zulässig an.

Für Hinter- und Altvorpommern sind L.-R. I. 18 §. 280 ff. anwendbar. Zettwach S. 61. Dabei mag darauf aufmerksam gemacht werden, daß §. 280 nicht alle testamentarischen Verfügungen, namentlich nicht die über die Substanz und über Entziehung des Erbrechts sanktioniren soll, was sonst den Lehnsmann zu größern Dispositionen wie unter Lebendigen nach §§. 267—270 das. berechtigen würde. Vergl. Gräff, Rönne Ergänz. zum L.-R. I. 18 §. 280.

II. Lehn-Erbrecht.

§. 13. Descendenten und Agnaten.

Das gesammte Lehn-Erbrecht hier abzuhandeln kann nicht beabsichtigt werden; nur die besondern pommerschen Grundsätze und deren Abweichungen vom gemeinen Recht und dem preußischen Landrecht sollen kurz hervorgehoben werden.

Die Lehnssuccession ist die Erbfolge in das Lehnsvermögen, successio ex pacto et providentia majorum, und mit einer Repräsentation oder Fortsetzung der Persönlichkeit des Erblassers nicht verbunden. Gerber §. 266 ff. Roth mecklenb. Lehnr. §§. 47—49. Sie ist daher eine Singularsuccession im Gegensatze zur Universalsuccession in das ganze Vermögen einer Person oder in aliquote Theile desselben. Gerber's Konstruktion einer Universalsuccession in das Vermögen des ersten Lehnserwerbers wird allerdings nach Roth §. 47 (Anm. 2) zu berichtigen sein.

Zwischen den Erbfolgerechten der Agnaten und der Descendenten macht das gemeine Recht einen Unterschied hinsichtlich der Annahme der Erbschaft. Wenn der Agnat zufällig zugleich Allodialerbe des Besitzers ist, so kann er die Allodialerbschaft ausschlagen und doch das Lehn übernehmen. Der Descendent kann dies nicht und muß beide

— Lehn- und Allodialnachlaß — entweder annehmen oder beide ausschlagen. II. feud. 45. Andere Unterschiede zwischen den Erbrechten Beider existiren gemeinrechtlich nicht. — Streitig blieb indeß, ob für die Descendenten die Lehnfolge ebenso, wie für die Agnaten eine sogenannte Singularsuccession ist. Eichhorn nimmt an: die Lehnerbfolge sei nur für die Agnaten, nicht für die Descendenten, eine sogenannte Singularsuccession; jene Singularität hinsichtlich der Annahme beider Erbschaften habe für die Descendenten ihren Grund darin, daß für sie Lehn und Allode zusammen einen Nachlaß bildeten. Eichhorn §. 353. Böhmer §. 140. Gerber modificirt die Bedeutung der Singularsuccession überhaupt dahin, daß die Lehnerbfolge in das Lehnvermögen erfolgt; er will jedoch die nach II. feud. 45 für den Descendenten nothwendige Verbindung der Allodial- und Lehns-Succession mit Recht nur als äußere Verbindung gelten lassen, da Lehn und Lehnfolge auch beim Sohne ihre Eigenthümlichkeit behalten. Gerber §. 266 und Anm. 4.

Die praktische Bedeutung der Controverse liegt hauptsächlich in der Verpflichtung zur Bezahlung der Schulden des Erblassers. Für das pommersche Lehnrecht, welches über den Erbschaftsantritt und die Qualität des Erbrechts keine besondern Prinzipien aufgestellt hat, kann kein Descendent oder Gläubiger an jener Controverse ein Interesse haben, weil im pommerschen Lehnrechte für die Berichtigung der Schulden seitens der Descendenten schon direkt durch deren unbedingte Verhaftung für Schulden und facta des Vaters, §. 12, durch die Zuläßigkeit des Angriffs auf die Lehnssubstanz wegen Schulden, §. 17 IV., und durch die Veräußerlichkeit der Lehne für beerbte Besitzer, §. 33, gesorgt ist. Strieth. Arch. Bd. 65 S. 167.

Für Hinterpommern und Altvorpommern erleiden hinsichtlich der Annahme und Ablehnung von Lehn- und Allodialnachlaß die Vorschriften des L.-R. I. 18 §§. 273–279 ebenfalls dadurch eine Modifikation, daß die Descendenten für alle Schulden nicht nur mit den Einkünften, sondern auch mit der Substanz nach pommerschem Lehnrecht haften. Zettwach §. 79. Revidirter Entwurf von 1836 S. 95. Motive S. 34.

§. 14. Lehnfolgefähigkeit.

Für lehnfähige Nachkommen erachtet das L.-R. I. 18 §. 360 nur diejenigen, welche aus einer gültigen Ehe zur rechten Hand geboren sind. Früher war in dieser Hinsicht erheblich, daß Ehen von adligen Männern mit Frauen aus dem Bauern- oder geringen Bürgerstande nach L.=R. II. 1 §§. 30—33, 934 ff. ohne Dispensation des Landesjustizcollegii oder Landesherrn ungültig waren. Dies Eheverbot galt nach Entsch. Bd. 26 S. 348 und Bd. 34 S. 137 nicht schon durch die Verfassungen von 1848 und 1850 für aufgehoben. Nunmehr ist es durch das Gesetz vom 22. Februar 1869, Gesetzsamml. S. 365, mit allen seinen Folgen — also auch für die schon vorher geborenen Kinder — aufgehoben, so daß Ehen, welche jenem Verbote zuwider abgeschlossen sind, zu ihrer Gültigkeit der nochmaligen feierlichen Vollziehung nicht bedürfen.

Wichtig ist zur Beurtheilung der Gültigkeit der Ehe für die Lehnfolgefähigkeit, daß nicht die Gesetze des Ortes, wo die Lehne liegen, sondern die Gesetze des persönlichen Wohnsitzes zur Zeit der Eheschließung (L.=R. Einl. §. 23) darüber entscheiden, ob eine Ehe gültig ist. Entsch. B. 10 S. 143. Strieth. Arch. Bd. 69 S. 135.

Nach pommerschem Lehnrecht können ferner Kinder, welche vor vollzogener Ehe geboren sind, in Lehne auch dann nicht succediren, wenn sie durch nachfolgende Ehe ihrer Eltern legitimirt sind. Landtagsabsch. vom 28. April 1633 und Hinterpomm. Lehnconst. Tit. 25 §. 3. Zettwach §. 176. Anders im L.=R. I. 18 §. 361.

§. 15. Lehnfolge.

Nach dem Tode des Lehnbesitzers folgen im Lehne zunächst dessen Descendenten, und zwar seine Söhne gleichberechtigt und zugleich mit ihnen die Söhne bez. Enkel nach vorverstorbenen Söhnen, letztere je an Stelle ihrer Väter nach dem sogenannten jus repraesentationis berechtigt. Hierüber stimmen gemeines R. und L.=R. überein; und pommersche Gesetze enthalten nichts Abweichendes. Gerber §. 271. Eichhorn §. 356. Engelbrecht cap. 6 §. 7.

In Ermangelung von Descendenten folgen nach pommerschem Lehnrecht die Agnaten, soweit sie überhaupt als Descendenten des ersten Erwerbers lehnfolgeberechtigt bez. in der ersten Investitur einbegriffen sind, nach der sogenannten Linealgradual=Ordnung. D. h. es succedirt aus derjenigen Linie (Parentel), welche mit dem Verstorbenen den nächsten gemeinschaftlichen Stammvater hat, derjenige, welcher dem Verstorbenen dem Grade nach der nächste ist. Wenn mehrere gleich nahe existiren, succediren sie zusammen in capita. Fürstlicher Bescheid vom 20. November 1609, abgedruckt in Engelbrecht introd. S. 213 ff. Hint. Lehnconst. Tit. 24 §. 3. Zettwach §. 177. Prov.=R. §. 208.

Nach diesem altgermanischen Erbrechte, welches nach Gerber §. 271 und Eichhorn §. 356 (gegen Pätz §. 109) auch als gemeinrechtlich anzusehen ist, würde consequent der Bruder des Verstorbenen auch die Söhne eines vorverstorbenen Bruders ausschließen, weil er dem Erblasser dem Grade nach näher steht. In dieser einen Beziehung statuirt das pommersche Lehnrecht (auch das gemeine, Eichhorn §. 356 II. 3) eine Ausnahme: „Brüder-Kinder“ – nicht Brüder-Enkel – „succediren mit ihrer Väter Brüdern bei dem Lehn in stirpes und wann sie allein sind, in capita.“ Hint. Lehnconst. Tit. 25 §. 2. Vollbrüder und Halbbrüder sind dabei immer gleichberechtigt, wie auch im gemeinen Lehnrecht, da der Grund ihrer Lehnfolge in ihrer gleichmäßig zutreffenden Abstammung vom ersten Erwerber des Lehns liegt. Eichhorn §. 356 am Schlusse. Zettwach §. 178 und Anm.

Die reine Linealordnung des L.-R. I. 18 §. 883 ist sonach in Pommern überhaupt unanwendbar.

Die Mit- oder Gesammtbelehnung ist nach pommerschem Recht für diejenigen, welche vom ersten Erwerber abstammen und dies nachweisen können, zur Erhaltung des Erbfolgerechts nicht nöthig. Wenn sie aber erfolgt ist und der Mitbelehnte mit dem Lehnlasser gleichen Namen und gleiches Wappen führt, so begründet dies die Vermuthung der Abstammung vom ersten Erwerber. Zettwach §. 179, 180. Die Bestimmung hat nach den von Zettwach citirten Quellen (auch abgedruckt in Hagemeister Einl. in das schwed.-pomm. Lehnrecht S. 127 ff. und Engelbrecht intr. S. 213—221) nur die Bedeutung eines Beweismittels und ist deshalb auch Gegenbeweis zulässig. Entsch. Bd. 56 S. 176. Aus der, durch besondere Gesetzgebung 1621 in Mecklenburg eingeführten, Schildvettersuccession (Roth §. 58) können auf das pommersche Recht keine Schlüsse gezogen werden.

Ueber die eventuelle Succession der Frauen und ihrer Descendenten in Vorpommern muß auf Zettwach §§. 181—188 und Engelbrecht introd. cap. 6 §. 24 ff., sowie Engelbrecht dissert. de success. filiar. nob. in feud. pomm. 1741 verwiesen werden. Für Hinterpommern vergl. Entsch. Bd. 57 S. 75.

Mehrere Gleichberechtigte, welche zur Lehnfolge kommen, können das Lehn in natura theilen, wie Tit. 2 §. 2 hint. Lehnconst. ausdrücklich nachläßt. Die Beschränkungen des L.-R. I. 18 §§. 479—483 sind daher nicht anwendbar. Auch die Einschränkung des §. 3 Tit. 2 hint. Lehnconst., daß zu Gunsten der „Roßdienste“, also ohne Genehmigung des Oberlehnsherrn, die Theilung nur bis auf ein Viertel Lehnpferd (nicht ein Lehnpferd, Prov.-R. §. 221) zulässig sein soll, Zettwach

§. 192, hat mit der Aufhebung des lehnsherrlichen Obereigenthums seine Wirkung verloren.

Ueber Art und Folgen der Theilung bestimmt das pommersche Lehnrecht nichts Besonderes. Es gelten also die gemeinrechtlichen Vorschriften bez. L.=R. I. 18 §. 484 ff. Engelbrecht introd. cap. 6 §§. 9, 10, 19. Pätz §. 107. Eichhorn §. 357. Wegen der Wirksamkeit letztwilliger Verfügungen über Theilung s. §. 12. Wenn Gleichberechtigte theilen, und Einzelne meist unter Geldentschädigung als mit ihren Ansprüchen abgefunden ihrem Lehnrechte entsagen, so hat dieß nach gemeinem und preußischem Lehnrecht die beabsichtigte Folge, daß derjenige, welchem das Lehn zum Alleinbesitze überlassen ist, und dessen Descendenz (Linie), so lange einer davon vorhanden ist, allein berechtigt bleibt. Nach deren Abgange aber succediren auch die Abgefundenen als dem Grade nach Nächsten, ohne daß ihnen jene Theilungsentsagung entgegengesetzt werden kann. Sie haben die Vermuthung für sich, daß sie nur mit dieser Wirkung zu Gunsten der Linie des Besitzerwerbenden haben entsagen wollen. Wenn also mehrere Söhne succediren, einer von ihnen das Lehn übernimmt, und die andern abgefunden werden, so succediren letztere, falls der Uebernehmer ohne lehnfähige Descendenz stirbt, als dessen Brüder. Sie bleiben also auch Agnaten und können als solche vorkommenden Falls ihre Rechte auf das Lehn vor dem Erbanfalle schon geltend machen. Nur wenn sie ausdrücklich allen künftigen Anfällen entsagt haben (sogenannte Todtheilung), können sie oder ihre lehnfähigen Descendenten keinerlei Anspruch mehr auf das Lehn machen. Böhmer princ. jur. feud. §§. 138, 139, 144, 146, Nr. 4. Pätz §. 107. Eichhorn §. 357. — L.=R. I. 18 §§. 396, 397, 500, 646. — Zur Erreichung der letzteren Wirkung wird in Pommern nicht nöthig sein, daß sie ausdrücklich für sich „und ihre lehnfähige Descendenz" entsagen, wie L.=R. I. 18 §. 397 verlangt, weil nach pommerschem Lehnrecht die Descendenten ohnehin facta patris auch gegen sich gelten lassen müssen. §. 12.

III. Schulden. Gläubiger.

§. 16. Geschichtliches.

Das Creditbedürfniß, welches für die pommerschen Lehne die Beseitigung der Lehnfesseln jetzt so dringend gemacht hat, hatte auch vor

Jahrhunderten dazu geführt, die wesentlichen Abweichungen des pommerschen Lehnrechts vom gemeinen zu begründen, eine leichtere Verschuldbarkeit zu veranlassen und den Gläubigern mehr Rechte auf Lehne und gegen deren Besitzer zu bewilligen, als im gemeinen Recht gestattet wurden. — Als die Herzöge von Pommern Bogislav und Casimir 1181 ihr Herzogthum dem Kaiser Friedrich I. zu Lehn auftrugen und als demnächst allmählig die Ritter-Besitzer in Pommern ihre Güter ihren Herzögen anboten, um sie als feuda oblata zu Lehn zu nehmen, Zettwach §§. 1, 2, war zwar das Schwert noch mehr eine Macht als das Geld, und war das Lehnverhältniß zur Schaffung größerer Macht durch vereinte Kräfte ein natürliches Bedürfniß und eine sachgemäße soziale Lösung. Zu Ende des 15. Jahrhunderts jedoch war das Geld bereits zur Macht geworden und das Schuldenmachen muß damals auch in Pommern ein fühlbares Uebel gewesen sein. Der Bischof zu Cammin ermächtigte 1489 die Bürger von Colberg, ihre auf dem Lande ausstehenden Schuldsummen durch Pfändung selbst beizutreiben. Im Jahre 1512 hatten die Edelleute Brüder Simon und Hennig Lode Stadt und Schloß Bublitz für 3000 rhein. Gulden vom Bischof zu Cammin gekauft; weil sie die Summe pünktlich zahlten, geriethen sie in den Verdacht des Straßenraubes, und Simon Lode wurde von den Colbergern gefangen und enthauptet. Kratz, Städte von Pommern S. 45, 88. Wenngleich dies drastische Beispiel zeigt, wie wenig es üblich gewesen sein mag, pünktlich Schulden abzuzahlen, so müssen die Gläubiger dann doch genügende Mittel gefunden haben, um zu dem Ihrigen zu kommen. Zu Ende des 16. Jahrhunderts gab die Schuldenverlegenheit der pommerschen Lehnbesitzer den Anlaß zur durchgreifenden Aenderung des pommerschen Lehnrechts hinsichtlich der Schulden. Durch hohe Zinsen verleitet, hatten sie an Stettiner Kaufleute große Summen verliehen und Bürgschaften für sie übernommen, konnten aber nach deren baldigem Banquerutt ihre Verbindlichkeiten nicht erfüllen. Das Mittel, sich an die Nutzungen des Lehns zu halten, genügte nicht. Der für ganz Pommern erlassene Landtags-Abschied vom 9. März 1581 (in Hagemeister Einleit. in d. schwed.-pom. Lehnr. S. 152) gestattete daher jedem Schuldner, „wenn er sonst nicht solvendo" mit oberlehnsherrlicher Genehmigung nach Cognition sein Lehn seinen Creditoren in solutum zu geben. (Auch für die mecklenburgischen Lehne datirt ihre, im Ganzen den pommerschen Lehnen analoge, Improprietät der Verschuldbarkeit und Veräußerlichkeit aus dem Ende des 16. Jahrhunderts. Roth meckl. Lehnr. §§. 65, 71 und Anm.) Der Landtagsabschied von Wolgast vom 7. Mai 1606 (bei Hagemeister a. a. O. S. 153—163 und in Engelbrecht introd.

S. 231—240) bestätigte: es bleibe dabei, daß auf dem Nothfall von den Lehnen die Schulden abgezahlt würden; was unter Nothfällen zu verstehen, bleibe der lehnsherrlichen Untersuchung und Entscheidung anheimgestellt; wenn der verschuldete Lehnbesitzer noch lebe, sollten die Agnaten zugezogen werden, wobei jedoch der Bescheid des Lehns- und Landesherrn maßgebend bleibe; wenn der Schuldner gestorben sei, solle dessen Handschrift genügen. Indeß auch ohne solche Untersuchung hat nach Herkommen und Gerichtsgebrauch gemäß dem Zeugnisse von Schweder Anm. 1 zu Tit. 22 §. 1 Hinterp. Lehnconst. und Zettwach S. 87 bis 89 die Existenz von Schulden des Lehnbesitzers genügt, um die Bezahlung aus dem Lehne zu verlangen.

Dabei sollte nach den Lehnsgesetzen (vergl. Zettwach S. 102) ursprünglich der ganze Werth des Lehns zur Tilgung der Schulden verwendet werden. Dieß hätte natürlich dazu geführt, daß das Lehn ebenso wie ein Allode Schulden halber zum vollen Werthe verwerthet würde. Ein solches Mittel, welches allein dem Besitzer vollen Kredit und seinen Gläubigern in Höhe des Lehns sichere Befriedigung garantirte, hätte schon längst die Lehne durch derartige Veräußerungen großentheils beseitigt. Es wurde deshalb bald zu radikal gefunden und das Herkommen schuf für die Agnaten die Befugniß, das Schulden halber zum Verkauf gestellte oder verschuldet vererbte Lehn gegen Entrichtung von dessen, nicht durch einen Meistgebots-Verkaufspreis, sondern durch eine mäßige Taxe festzustellenden, Werth an sich zu bringen und im Lehngange zu erhalten; — beneficium taxae. Das Creditheilmittel der Verschuldbarkeit und Veräußerlichkeit wurde hierdurch um die Hälfte zurückgezogen und wie alle halbe Maßregeln verlor es dann seine Wirkung als Heilmittel. Die Unsicherheit des Gläubigers wurde um so größer, je stärker in neuerer Zeit der Widerspruch zwischen dem objektiven Gutswerthe und der nach veralteten Grundsätzen aufzustellenden Lehntaxe war und je weniger diese noch einen Werthmesser abgeben konnte. Die hierdurch herbeigeführte Kreditlosigkeit des Lehnbesitzers wurde daher das mächtigste agens zur völligen Aufhebung der Lehnseigenschaft. Zettwach §§. 85 ff. 102 ff.

Während die wesentlichen Eigenthümlichkeiten der pommerschen Lehne darin bestehen, daß sie ohne Consens der Agnaten verschuldbar und veräußerlich sind, so ist mit Roth meckl. Lehnr. S. 28 daraus nichts herzuleiten, daß sie auch in der Regel, wie die mecklenburgischen, aufgetragene Lehne feuda oblata sind. Zettwach §. 1.

§. 17. Grundsätze.

Die Lehre von den Schulden hat bei den pommerschen Lehnen auch nach dem Aufhebungsgesetze vom 4. März 1867 noch große praktische Bedeutung, §§. 52, 55 und verdient daher eine eingehende Erörterung. Als Grundsätze des pommerschen Lehnrechts sind anzusehen:

I. Der Lehnbesitzer, für welchen seit der Aufhebung des lehnsherrlichen Obereigenthums der lehnsherrliche Consens zur Verschuldung und Verpfändung des Lehns nicht mehr nöthig ist, bedarf dazu nach pommerschem Lehnrecht auch an sich nicht der Einwilligung der Agnaten. Der Lehnsmann, welcher wegen seiner Schulden verfolgt wird, kann auch den auf Verkauf des Lehns Schulden halber gerichteten Anträgen seiner Gläubiger keinen Einwand aus der Lehnsqualität seines Besitzes entgegensetzen; namentlich weder, daß zunächst das Allodialvermögen anzugreifen sei, noch daß die Lehntaxe durch die Schulden überschritten würde.

II. Auch die Descendenten desjenigen Lehnbesitzers, welcher eine Schuld kontrahirt hat, haben wegen dieser Schuld keine derartigen Einwendungen, wenn sie im Lehne succediren.

III. Wenn dagegen andere Lehnberechtigte — Agnaten — in ein Lehn succediren und Klage- oder Exekutions-Anträge hinsichtlich des Lehns wegen Schulden des Lehnlassers gestellt werden, so können die Gläubiger sich

1) wegen sogenannter gesetzlicher Lehnsschulden auch bei zureichendem Vermögen des Lehnlassers an das Lehn sofort halten;
2) wegen anderer Schulden desselben aber nur dann, wenn dessen Allodialnachlaß zu ihrer Bezahlung unzulänglich ist.

Bei der Erbauseinandersetzung zwischen Lehn- und Allodial-Erben haben jene aus dem Lehnsvermögen für die sogenannten gesetzlichen Lehnsschulden, und die Allodialerben aus dem Allodialnachlasse für die übrigen Schulden (sog. subsidiäre Lehnsschulden) aufzukommen.

IV. Soweit sich der Gläubiger an das Lehn halten kann, — also in den Fällen zu I., II. und III. 1 unbedingt, im Falle zu III. 2 bei unzureichendem Allodialnachlasse — kann er nicht nur die Nutzungen des Lehns, sondern auch dessen Substanz zum Gegenstande seiner Klage- und Execution-Anträge machen und den Verkauf desselben beantragen.

V. Die Lehnsagnaten haben jedoch, wenn sie vermöge ihres Erbfolgerechts in das Lehn succediren, und ebenso, wenn gegen den Besitzer

Schulden halber der Verkauf des Lehns erfolgen soll, die Befugniß, für das Lehn dessen durch Lehntaxe festzustellenden Werth zu erlegen und dafür das Lehn als Lehnbesitzer zu erwerben. Dies Recht (beneficium taxae) hat

1) der zur Lehnsuccession berufene Agnat in dem Falle, wenn wegen Nachlaßschulden des Lehnlassers der Verkauf des Lehns erfolgen soll;
2) dasselbe Recht haben alsdann, wenn gegen einen verschuldeten Besitzer, welcher das Lehn im Lehngange besitzt, wegen seiner Schulden der Verkauf des Lehns erfolgen soll, alle Agnaten; so daß unter ihnen selbst die Nächstberechtigung zur Lehnssuccession auch über das nächste Recht zur Ausübung dieses beneficii taxae entscheidet.

In beiden Fällen (1 und 2) brauchen die Agnaten über die Lehntaxe hinaus nichts zu gewähren; selbst nicht, wenn durch die Lehntaxe sogenannten gesetzlichen Lehnschulden nicht gedeckt werden.

VI. Die Descendenten des Schuldners haben dies beneficium taxae (auch außer dem Erbanfalle an sie II.) niemals. Denjenigen Agnaten, welche die fragliche Schuld konsentirt haben, steht es rücksichtlich solcher konsentirten Schulden nicht zu; auch nicht den Descendenten solcher Agnaten hinsichtlich der von ihren Ascendenten konsentirten Schulden. — Zettwach §§. 75, 100—102, 111, 112, 426, 427. S. 53—58, 85—90, 101—121, 273.

§. 18. Schuldverhaftung des Schuldners und seiner Descendenz.

Die vorstehenden Grundsätze bedürfen mit Rücksicht auf den vielfachen Aberglauben, welchem das pommersche Lehnrecht ausgesetzt ist, einiger Erläuterung. Dem Lehnrecht und zumal dem pommerschen geht es, wie Allem, was den Ruf der Extravaganz erhält und theilweise verdient. Es giebt kaum einen juristischen Blödsinn, den man ihm nicht zutraut; und die Berufung auf die einfachsten Rechtsgrundsätze begegnet für dies Gebiet selbst bei tüchtigen Juristen einem ungläubigen Lächeln. Von der Behauptung an, daß der Lehnbesitzer wegen seiner eigenen Schulden den Gläubiger auf die prinzipale Verhaftung des Allodial-Vermögens verweisen oder sich durch das beneficium taxae von einem Theile seiner Schulden für das Lehn befreien könne, bis zu der Annahme: die sogenannten gesetzlichen Lehnschulden gingen, wenn irgend ein Lehnbesitzer sie schuldig geworden wäre, in perpetuum auf alle Lehnfolger als Schulden über, – Alles ist behauptet und geglaubt. Dazu kommt, daß Zettwach, an die Folgeordnung des L.-R. anschließend, die Lehre von der Verschuldung des Lehns an den verschiedensten Stellen in verschiedenen Beziehungen mit Rücksicht auf das Verhältniß zum Lehnsherrn §. 75 ff., zu den Agnaten §. 100 ff., zum nothwendigen Verkaufe eines Lehngutes §. 111 ff., zum Aufgebote seitens der Besitzer §. 136 ff., zur Nachlaßregulirung §. 426 ff., durch andere Materien unterbrochen, überall fragmentarisch behandelt. Die systematische Verbindung der Folgen verschwindet dabei, wenn der Leser sich der speziellen Beziehungen, für welche Einzelnes vorgetragen wird, nicht stets bewußt bleibt. Die Verpflichtung des Lehnfolgers hinsichtlich der Schulden seines Vorbesitzers, welche den Kern der Lehre über Rechte und Pflichten der Agnaten bildet, kommt an's Ende des Werkes. §§. 426, 427. Die sogenannten gesetzlichen Lehnschulden, welche auch ohne Konsens der Agnaten für sie hinsichtlich des Lehns verbindlich sind (L.-R. I. 18 §§. 230, 317), ohne jedoch ein unbedingt absolutes dingliches Recht im Lehne zu begründen, sind bei Gelegenheit des, jetzt unerheblichen, Verhältnisses zum Lehnsherrn §. 75 behandelt, gewinnen aber als „gesetzliche" den falschen Schein, in jeder Beziehung absolute zu sein. Die Gewöhnung vieler Juristen, sich an die Ansicht von Zettwach zu halten und eingehendes Studium zu vermeiden, hat zu den wunderlichsten Deduktionen und Wortklaubereien geführt, was Zettwach gemeint habe.

Die Sache selbst vereinfacht sich, wenn man davon ausgeht, daß die allgemeinen Rechtsgrundsätze in Geltung bleiben, soweit nicht ausdrückliche Ausnahmen feststehen. Für unser geltendes Recht kann dabei von der Nothwendigkeit des lehnsherrlichen Konsenses und von der Verbindlichkeit rücksichtlich des Lehnsherrn überall abgesehen werden, seit das Obereigenthum des Lehnsherrn aufgehoben ist.

I. Wenn ein Schuldner wegen seiner eigenen Schuld angegriffen wird, so kann er den Anträgen auf Befriedigung aus seinen Vermögensobjekten, soweit er darauf Rechte hat, nicht widersprechen; — er müßte denn ein beneficium competentiae haben. Dasselbe gilt, wenn der Schuldner ein Lehn im Lehnsgange besitzt. Er muß dann seine Rechte am Lehn als Exekutionsobjekt verwerthen lassen, also gestatten, daß das Lehn vorbehaltlich der Rechte der Agnaten zum Verkaufe gestellt wird. Das pommersche Lehnrecht kennt hiervon keine Ausnahme. Der charakteristische pommersche Grundsatz, daß der Lehnbesitzer die Substanz des Lehns ohne Einwilligung der (andern) Lehnberechtigten verschulden kann, Zettwach S. 85, giebt dem Lehnbesitzer folgerichtig nicht das Recht, als Lehnberechtigter rücksichtlich seiner eignen Schulden aufzutreten und Lehnrechte für sich gegenüber seinen Gläubigern geltend zum machen. Das pommersche Lehnrecht bewilligt dem Vasallen auch nicht einmal eine besondere Lehnkompetenz. Zettwach §. 175. Engelbrecht cap. 11 §. 12 fin. Schweder Anm. 11 zu Tit. 22 Nr. 1 hinterp. Lehnconst. Es bleibt also in dieser Beziehung bei den allgemeinen Vorschriften darüber, wann ein Gläubiger seinem Schuldner eine Kompetenz bewilligen muß. Conc.-Ordn. §§. 434—439.

Die Nothwendigkeit, den Consens der Agnaten zu Lehnsschulden einzuholen, kann selbst, soweit sie im gemeinen oder partikulären Lehnrechte besteht, nur die Wirkung haben, den Agnaten einen Einwand gegen die Schulden zu geben, sofern sie interessirt sind; resp. das Lehn nur unbeschadet und unter Berücksichtigung der Agnatenrechte als Exekutionsobjekt dienen zu lassen. Der Besitzer, welcher Schuldner ist, hat aus diesem Rechte der Agnaten keinen Einwand. Vergl. Simon Rechtspr. Bd. 2 S. 161—196, Bd. 4 S. 102 ff. — Duesberg in Simon Zeitschr. Bd. 1 S. 107—144. — Präj. 497. Präj.-Samml. S. 102. — Um so weniger kann daher der Besitzer nach pommerschem Lehnrecht aus den Agnaten-Rechten einen Einwand erheben, da hier selbst die Rechte der nicht konsentirenden Agnaten noch mehr beschränkt sind, als im gem. Recht. Engelbrecht intr. cap. 11 §. 12.

Der Unterschied des pommerschen Rechts zwischen sogenannten gesetzlichen Lehnschulden, welche sich keine Verweisung auf prinzipale Deckung aus dem Allodialvermögen gefallen zu lassen brauchen, und andere, welche nur in Ermangelung des Allodialvermögens aus dem Lehn zu befriedigen sind, betrifft nur die Frage, welche Einwendungen die Agnaten, sofern sie die Schulden aus dem Lehne decken lassen sollen, den Gläubigern und den Allodialerben entgegensetzen können; und nur für dasselbe Verhältniß der Agnaten zu den Gläubigern besteht das Recht der Lehnberechtigten, die Schulden, welche auf dem Lehne haften, nur innerhalb des Lehntaxwerths mit dem Lehne übernehmen zu dürfen. Dies wird sich aus der näheren Prüfung dieser Rechte nachfolgend herausstellen. Hier mag nur vorweg zur Beruhigung wegen der Meinung Zettwach's erinnert werden: die §§. 75, 100 ff., 111 ff. seines Lehnrechts sind Zusätze zu den landrechtlichen Abschnitten I. 18. Abschn. IX. „Verhältnisse zwischen dem Lehnsherrn und Vasallen“ §. 143 ff., Nr. 5 betreffend Verschuldung §. 230; resp. zu X. „Verhältnisse der Agnaten“ u. s. w. §. 261 ff., 288 ff., ad c. Rechte der Agnaten bei Verschuldungen §. 311 ff., 331 ff.

II. Aus dem allgemeinen Grundsatze, daß die Descendenten eines Lehnbesitzers facta patris auch für das Lehn gegen sich gelten lassen müssen §. 12, folgt, daß sie, wenn sie ihm im Lehne succediren, für dessen Schulden ebenso wie der ursprüngliche Schuldner das Lehn als Exekutionsobjekt angreifen lassen müssen. Zettwach S. 120 Nr. 4. Trib.-Gutachten vom 21. Oktober 1768.

§. 19. Schuldverhaftung der Agnaten.

III. Bona non intelliguntur nisi deducto aere alieno. Schulden, welche aus dem Lehne zu befriedigen sind, sind ein passiver, negativer Theil des Lehnvermögens und gehen passiv gegen den über, welcher in das Lehnvermögen succedirt. Gerber §§. 266, 132 ff.

1) Die Agnaten kommen zu den Schulden, welche aus einem Lehne befriedigt werden sollen, nach dem gewöhnlichen Verlaufe der Dinge erst dann in ein Rechtsverhältniß, wenn der Lehnbesitzer, welcher die Schulden kontrahirt oder übernommen hat, nebst seiner Descendenz verstorben ist und die Agnaten durch Lehnerbfolge berufen in den Besitz des Lehns eintreten sollen.
2) Herkommen und Gesetz haben dann dem pommerschen Agnaten das fernere Recht gegeben: wenn für den Schuldner der Besitz des Lehns wegen Verkaufs Schulden halber aufhören soll und der Schuldner das Lehn von Schuldangriffen nicht befreien kann, daß dann die Agnaten in das Lehnvermögen einschließlich der Schulden noch bei Lebzeiten des bisherigen Besitzers oder seiner Descendenz succediren können. §§. 21, 24.

Gerade und nur für den Fall, wenn die Bezahlung der Schulden eines verstorbenen Lehnmanns durch den succedirenden Agnaten in Frage steht, stellt die hinterpommersche Lehnconst. Tit. 22 §. 1 den Unterschied zwischen sogenannten gesetzlichen Lehnschulden, onera feudi, welche aus dem Lehne allein d. h. ohne Verweisung der Betheiligten auf den Allodialnachlaß entrichtet werden sollen, und den andern Schulden, welche nur bei Insolvenz des Allodialvermögens in subsidium abgeführt werden müssen, folgendermaßen auf: „Alle Schuld des Lehnmannes, so derselbe verläßt, muß zuvoderst aus der Baarschaft, Fahrniß und übrigen Erbschaft und wann keins zureicht, alsdann erst ex feudis, falls solche Schulden nicht mere onera feudi sein, bezahlt werden: inmaßen dann nach pommerschen Rechten alle Schulden, sie sein consentirt oder nicht, cum vel sine hypotheca, sine distinctione in subsidium aus den Lehnen und von denen so darin jure agnationis succediren, soweit dieselben reichen, abgeführt werden müssen; wiewohl der Lehnsherr bei Eröffnung der Lehne an unconsentirte Schulden des vasalli unverbunden bleibt. Ad mera feudi onera sollen gerechnet und aus dem Lehne allein entrichtet werden: 1) wenn u. s. w." In gleicher Weise bestätigt die hinterp. Lehnkonst. Tit. 26 §. 3 bei der Abhandlung der Revokation den Grundsatz, daß „die agnati alle Schulden in subsidium zu bezahlen gehalten sein." Der ganze Unterschied betrifft also nur das Rechtsverhältniß des Agnaten zu den Schulden seines Vorbesitzers, und zwar zunächst nach dessen Tode beim Erbanfalle. Dasselbe ergeben für Vorpommern die Landtagsabschiede vom 9. März 1581 und 7. Mai 1606. Engelbrecht intr. cap. 11 u. cap. 10 §. 10 ff. Zettwach S. 85—90 §§. 426, 427. – Zugleich erhellt hieraus, in welcher Weise das pomm. Lehnr. einen Unterschied zwischen subsidiären und reinen (s. g. gesetzlichen oder absoluten) Lehnschulden aufstellt.

Zu den gesetzlichen Lehnschulden, onera feudi, in diesem Sinne, also zu denjenigen Schulden des Lehnlassers, welche der succedirende Agnat aus dem Lehne ohne Verweisung auf das Allodialvermögen decken lassen muß, gehören — gemäß Tit. 22 §. 1 hinterp. Lehnk., desgl. für Vorpommern nach den Projekten der vorpomm. Lehnk. u. Resol. v. 10. April 1669, Engelbrecht introd. cap. 11 §. 2 ff. und nach der näheren Ausführung bei Zettwach §. 75:

1) die zum ersten Ankaufe, zum Vor- oder Wiederkaufe, zur Einlösung oder Rückforderung des Lehns oder dessen Pertinentien aus fremdem Besitze gemachten Schulden,

2) die der Wittwe des verstorbenen Lehnbesitzers zustehende Verbesserung, augmentum dotis,

3) die Abfindung der Brüder, Agnaten und Mitbelehnten wegen des ihnen gebührenden Lehnfolge-Antheils,

4) die Lehnsabfindung der Töchter und Schwestern des Lehnbesitzers,

5) die Schulden, welche zur Vermehrung und Verbesserung des Lehns gemacht sind,

6) die Alimente, welche den Wittwen, Töchtern und Schwestern des Lehnbesitzers gebühren,

7) fremde Gelder, namentlich eingebrachtes Vermögen der Ehefrau des Vasallen, sofern dies zur Zahlung gesetzlicher Lehnschulden verwendet ist.

8) Zettwach S. 58 und ebenso Schweder Anm. 23 zu Tit. 22 §. 1 rechnen hierzu noch Schulden, welche schon nach den Grundsätzen des gemeinen Lehnrechts zu den gesetzlichen Lehnschulden zu rechnen sind. Nach der früher üblichen Theorie würden dazu außer besonderen Singularitäten namentlich alle Ansprüche aus einer für das Lehn erfolgten

in rem versio gehören. Böhmer §. 317 ff. Paetz §§. 157, 159 ff. Eichhorn §. 235. Letztere sind indeß schon unter Nr. 5 vorstehend (gemäß Tit. 22 §. 1 Nr. 2 hinterpom. Lehnr.) enthalten. Außerdem sind für das gemeine Recht die früheren Begriffe über gesetzliche Lehnschulden durch die neuere lehnrechtliche Jurisprudenz als irrig nachgewiesen. Mit v. Gerber müssen wir, soweit nicht das pom. Lehnr. andre Vorschriften aufstellt, zur Klärung des Verhältnisses von Schulden zum Lehn folgende Grundsätze behaupten: Die Schulden des Vasallen werden an sich durch den Besitz des Lehns nicht berührt, und sind von ihm und seinen Erben zu bezahlen. Nur solche Schulden, deren Entstehung durch die Rechtssphäre des Lehnsverhältnisses bedingt ist und welche aus diesem Grunde auf die Successoren im Lehnsvermögen vermöge ihres Lehnerbrechts übergehen, — also weder auf Allodialerben noch ohne besondere Abrede auf Käufer des Lehns — sind begriffsgemäß wahre Lehnschulden. Dahin sind sonach nur solche Schulden zu rechnen, welche der erste Erwerber des Lehns in Verbindung mit der Begründung des Lehns mit der Absicht des Ueberganges auf die Lehnfolger kontrahirte, und solche, welche auf einer Nachstiftung späterer Lehnbesitzer beruhen und zur Erhaltung des Lehns mit gleicher Absicht des Ueberganges auf die Lehnfolger kontrahirt sind; also im Wesentlichen die oben unter Nr. 1 bezeichneten Schulden. Gerber §. 132 ff. Für das pommersche Lehnrecht ist nicht blos nach dieser begrifflichen Bedeutung von Lehnsschulden zu bestimmen, welche Schulden als Theil des Lehnvermögens auf jeden Successor darin übergehen müssen. Außer denselben gehen nach pommerschem Lehnrecht auch alle Schulden des Vorgängers mit dem Lehne über; jedoch unter Berücksichtigung des angegebenen, durch die hinterpomm. Lehnkonst. und anerkanntes Gewohnheitsrecht festgestellten, Unterschiedes zwischen den vermerkten positiven Fällen von mera onera feudi, s. g. gesetzlichen Lehnschulden im Sinne des pommerschen Lehnrechts einerseits und anderen subsidiären Lehnschulden andrerseits.

§. 20. Fortsetzung.

Die Bestimmung, daß die s. g. onera feudi allein aus dem Lehne bezahlt werden sollen, bestimmt das Verhältniß des succedirenden Agnaten einmal gegenüber den Gläubigern und dann auch rücksichtlich der Allodialerben des Erblassers. Bei der Nachlaßauseinandersetzung müssen die Lehnserben für die mera onera feudi aufkommen und die Allodialerben für andere Schulden; jeder Theil hat deshalb andernfalls Regreß gegen den Andern. Andrerseits braucht sich der Gläubiger für die s. g. gesetzlichen Schulden nicht auf das Allodialvermögen verweisen zu lassen, auch wenn dies noch so groß wäre und auch wenn der Debitor den Allodialerben die Bezahlung auferlegt hätte, — was dem Lehnfolger nur einen Regreß gegen die Allodialerben geben kann. — Der Gläubiger kann sich aber für die gesetzlichen Lehnschulden auch an das Allode halten, da dieselben immer Schulden des Erblassers (von ihm kontrahirt oder übernommen) waren, für welche sein Nachlaß haftet. Schweder Anm. 14 zu Tit. 22 §. 1. Zettwach §. 426, 427.

Andern Schulden des Lehnlassers kann der betheiligte Agnat gegen den Antrag auf Befriedigung aus dem Lehne entgegensetzen, daß das Allodialvermögen hinreiche und zuerst angegriffen werden müsse.

Derselbe Unterschied zwischen gesetzlichen Lehnsschulden in jenem Sinne und andern Schulden des bisherigen Besitzers besteht, wenn ein Agnat nicht nach dem Tode des bisherigen Lehnbesitzers succedirt, sondern dessen Lehnfolger wird, indem er ein Lehn übernimmt, welches dem im Lehngange besitzenden Lehnmanne sonst Schulden halber verkauft werden soll, §. 19 Nr. 2 und §§. 24, 25. Er wird dann Lehnfolger mit denselben Rechten und Pflichten, wie wenn er Erbfolger des bisherigen Besitzers geworden wäre. In solchen Fällen hat jedoch jener Unterschied der Schulden für den Agnaten selten ein praktisches Interesse. Wenn der Besitzer verschuldet ist und der Agnat vom s. g. beneficium taxae Gebrauch macht, wird ohnehin die Masse meistens durch irgend welche Schulden absorbirt; der Agnat muß den ganzen Taxbetrag zahlen und es ist dann für ihn gleichgültig, welche Gläubiger sich in denselben theilen.

Immerhin handelt es sich nur um Schulden des letzten Besitzers. Die gesetzlichen Mittel, einer Schuld, sie möge gesetzliche Lehnschuld oder subsidiäre in jenem Sinne sein, die Wirksamkeit auch gegen spätere Besitzer zu verleihen, bestehen

1) in der Hypothek- oder Pfandbestellung des Lehns,

2) in der Ertheilung des Konsenses von Agnaten für eine Schuld.

1) Zur Verschuldungsbefugniß des Lehnbesitzers gehört auch die Befugniß, das Lehn für die Schuld zu verpfänden. Zettwach §. 100, 102. Durch die Hypothekbestellung geht nach der Natur des Hypothekenrechts die Schuld als eine das Lehn belastende, soweit gesetzlich der Lehnswerth für die Schulden haftet, auf den Besitzer über, und wird als solche auch eine Schuld des jedesmaligen Besitzers bez. seines Nachlasses, auch wenn sie nicht von ihm selbst kontrahirt ist. Folge des Hypothekenrechts ist es, daß durch die Hypothekbestellung dem Gläubiger das Lehn un-

bedingt, und nicht blos subsidiär bei Insuffizienz des Allodialvermögens für die Befriedigung der Schuld an der eingetragenen Stelle haftet. Das L. R. (I. 20 §. 46) kennt zwar den Einwand, daß der Gläubiger unter Umständen sich zuerst an das Pfand halten muß und nicht zunächst anderes Vermögen angreifen darf. Dagegen ist bei unbedingter Hypothekbestellung durch diese selbst der Einwand ausgeschlossen, daß sich der Gläubiger nicht zuerst an die Hypothek halten dürfe, sondern erst das Allodialvermögen ausklagen müsse. Für hypothekarische Schulden ist daher der Subsidiär-Charakter und die exceptio excussionis allodii jedenfalls hinsichtlich des Gläubigers ausgeschlossen; und folgerichtig auch wohl für das Regreßverhältniß des Lehnfolgers zu den Allodialerben. Ebenso Roth in eingehender Ausführung für das mecklenb. Lehnr. §. 73 S. 206 208 und §. 84.

Die Einräumung des Pfandbesitzes für eine Schuld giebt durch Besitz und Retentionsrecht der Schuldforderung dingliche Wirkung. Davon §. 26. Hier soll zunächst erörtert werden, wann und wie ein Gläubiger, welcher nicht im Besitze des Lehns ist, aus demselben seine Befriedigung suchen kann.

2) Das zweite Mittel, die Schuld eines früheren Besitzers für spätere Besitzer wirksam zu machen, besteht in der Konsentirung der Schuld seitens der Agnaten. Da der Konsens der Agnaten nach pomm. Lehnrecht an sich zur verbindlichen Verschuldung und Verpfändung des Lehns durch den Besitzer nicht nöthig ist, so kann die dennoch erfolgte Ertheilung des Konsenses nur die Bedeutung haben, daß der Konsentirende die Schuld als auf dem Lehne haftend auch dann anerkennen und befriedigen lassen will, wenn er selbst in den Besitz des Lehns komme. Zettwach S. 113, 114. Entsch. Bd. 10 S. 415. Revid. Entw. v. 1836 §§. 137, 240. Motive dazu S. 47. — Dasselbe ferner, was der Consentirende gestatten muß, müssen auch seine Descendenten gestatten §. 12. — Die Konsentirung macht daher die Schuld eines früheren Besitzers zu einer auch gegen den Konsentirenden und dessen Lehnsdescendenz in das Lehn wirksamen.

Succedirt sonach ein Agnat in das Lehn, so muß er außer den, von seinem Vorbesitzer persönlich kontrahirten, Schulden auch die durch Hypothek oder Pfandbesitz dem Lehne dinglich auferlegten und die von ihm, dem succedirenden Agnaten konsentirten, Schulden als aus dem Lehne zu befriedigen anerkennen. Beides, Hypothekbestellung und Konsens, sind nur scheinbare Ausnahmen von dem Grundsatze, daß der Besitzer das Lehn nur wegen seiner eignen Schulden oder wegen derjenigen seines Lehnlassers zur Deckung zu verstatten hat. Durch die

Hypothek wird die Schuld gegen jeden Besitzer und durch den Konsens wird die konsentirte Schuld gegen den Konsentirenden hinsichtlich der Verhaftung des Lehns zu ihrer eignen gemacht.

Dagegen braucht der Lehnbesitzer, welcher das Lehn als solches erwirbt, mit demselben keinenfalls für alle Lehns- oder Allodialschulden aller früheren Besitzer zu haften. Vielmehr ist dazu immer ein bestimmtes Rechtsverhältniß der angegebenen Kategorieen nachzuweisen, welches den zeitigen Besitzer des Lehns verpflichtet, die Befriedigung der Schuld aus demselben zu gestatten. Um wegen Schulden eine Klage gegen den Lehnbesitzer oder Exekutionsanträge hinsichtlich des Lehns zu begründen, muß daher der Gläubiger entweder nachweisen, daß der zeitige Lehnbesitzer selbst die Schuld kontrahirt hat, oder der Lehnlasser, als dessen Lehnfolger der zeitige Besitzer das Lehn bekommt, Schuldner war, oder daß der Besitzer des Lehns oder dessen Ascendent die Schuld konsentirt hat, oder daß die Schuld auf dem Lehne hypothekarisch haftet. Vgl. Eichhorn §. 234. Strieth. Arch. B. 9 S. 183.

Von den Schulden des Erblassers, welche ein Agnat als Lehnsfolger anzuerkennen hat, sind jedoch diejenigen, welche ihren Ursprung aus einer bloßen Schenkung genommen haben, auszunehmen; da sie gegen alle Natur der Lehne das Recht des Lehnfolgers illusorisch machen könnten. Zettwach §. 101 u. S. 90. Descendenten des Schenkenden müssen indeß nach dem allgemeinen Grundsatze ihrer Kindespflichten §. 12 selbst solche Schulden gegen sich gelten lassen. Dieser, im revid. Entw. v. 1836 §. 122 ausdrücklich hervorgehobene, Gegensatz versteht sich auch bei Zettwach von selbst, da dessen §. 101 und die Motivirung S. 90 als Zusatz zum L. R. I. 18 §. 311 (vgl. §. 288 ff.) nur von Agnaten im Gegensatze von Descendenten handelt.

IV. Im Gegensatze zum preuß. L. R. I. 18 §. 333 und zu den meisten Partikularrechten kann nach pom. Lehnr. wegen aller Schulden, für welche der Besitzer oder Lehnfolger, Descendent oder Agnat, einen Exekutionsangriff auf das Lehn gestatten muß, es mögen gesetzliche oder subsidiäre, konsentirte, eingetragene oder eigene Schulden des Besitzers oder seines Lehnlassers sein, der Gläubiger nicht blos die Revenüen des Lehns zum Exekutionsobjekt machen, sondern den Verkauf des Lehns selbst beantragen; — vorbehaltlich der, beim Verkauf von den Agnaten geltend zu machenden, im §. 21 gleich zu erwähnenden Lehnrechte. Zettwach §. 100 u. S. 85—91. Der Grundsatz ist notorisch und in steter Uebung, seitdem schon der Landtagsabschied v. 9. Mai 1581 den Lehnbesitzern gestattete, ihren Gläubigern das Lehn in solutum zu geben, wenn er sonst nicht bezahlen kann. Ueber das Verkaufsverfahren vgl. §. 24.

§. 21. Beneficium taxae.

V. VI. Nach den Privilegien von 1460 und 1471 soll das Lehn die Schulden tragen „sofern als es werth ist“. Nach den Landesprivilegien von 1560 soll der Lehnfolger die Schulden des Nachlasses tragen, „soweit und fern das eröffnete Lehn sich erstreckt“ und nach Tit. 22 §. 1 hinterpom. Lehnkonst. soll der Lehnfolger die Nachlaßschulden aus den Lehnen „soweit dieselben reichen“ abführen lassen. Damit mag freilich ursprünglich gemeint sein, daß das ganze Lehn, soweit Lehnberechtigte (außer dem Lehnherrn) daran Rechte haben und so hoch es irgend auch an fremde Käufer verwerthet werden kann, zur Deckung der Schulden verwendet werden soll. Nach unzweifelhaftem Herkommen hat jedoch der Agnat, welcher in das Lehn succedirt, in Pommern das Recht, nur den durch mäßige Lehntaxe zu ermittelnden Werth zur Deckung der Schulden zu geben und dafür das Lehn von allen Schulden befreit zu übernehmen. Dies Recht, beneficium taxae, eine Wohlthat durch die Geringfügigkeit der Taxe, kann er sowohl den Allodialerben, als auch den Gläubigern gegenüber geltend machen und kann mit dieser beschränkten Haftungspflicht von ihnen das Lehn vermöge seines Successionsrechts vindiziren, falls sie es in Besitz haben. Ebenso kann er, wenn er selbst als Lehnfolger zum Besitze des Lehns gelangt ist, seine durch die Lehntaxe beschränkte Haftungspflicht den andringenden Gläubigern des Lehnerblassers als Einrede entgegensetzen. Mevius decis. Vismar. p. II. dec. 136. Wenn freilich ein einzelner Gläubiger klagt und zur Zeit der Klage in Ermangelung der Lehntaxe noch nicht zu übersehen ist, ob der Kläger innerhalb der Lehntaxe zur Befriedigung kommt, so würde der Lehnfolger der Verurtheilung vorbehaltlich des Rechts, für alle Gläubiger den Lehntaxwerth zu geben, nicht widersprechen können.

Das Recht der Uebernahme des Lehns für den Lehntaxwerth haben die Agnaten gemäß unzweifelhaften Herkommens auch dann, wenn ein im Lehngange besessenes Lehn dem Besitzer Schulden halber verkauft werden soll. Die Agnaten sind dann zur Auslösung des Lehns von den Schulden zu citiren §. 24 und jeder Agnat kann dann dies Recht geltend machen; selbst bei Lebzeiten des verschuldeten Besitzers und ohne daß für einen der Agnaten die Lehnerbfolge eröffnet ist. Der Agnat, welcher das verschuldete Lehn übernehmen will, steht dabei materiell zu den andern Betheiligten, Besitzern und Gläubigern, in demselben Rechtsverhältnisse, wie wenn er dem Besitzer als Lehnserbe succedirte; so daß auch unter mehreren sich dazu meldenden Agnaten die nächste Successionsberechtigung denjenigen Agnaten bestimmt, welcher im Verhältnisse zu den andern Agnaten auf das Lehn und das beneficium taxae den nächsten Anspruch hat. Zettwach §§. 427, 112, 105 u. S. 273, 102—121, 92—99. — Wenn sich jedoch der zur Succession nächstberechtigte Agnat zur Ausübung des Rechtes nicht meldet, so ist (namentlich auch dem Besitzer und den Gläubigern gegenüber) jeder entferntere Agnat zur Uebernahme des Lehns gegen die Taxe berechtigt. Auch für ihn sind die rechtlichen Folgen dieselben, wie wenn seine Erbfolge in das Lehn fingirt würde. Dies zeigt sich insbesondere auch darin, daß nach dem übernehmenden Agnaten sich demnächst nach seinem Ableben das fernere Successionsrecht im Lehn bestimmt. Es succediren ihm seine Descendenten und dann die ihm nächsten Agnaten. Die präkludirten Agnaten, welche wenngleich zur Zeit der Subhastation näher berechtigt sich zur Uebernahme nicht gemeldet haben, werden erst dann wieder zur Succession berufen, wenn sie mit Rücksicht auf ihre Proximität zu dem Uebernehmenden (Reluenten) die nächsten sind. Zettwach §. 158.

Außer dem beneficium taxae stand im Falle eines Verkaufs Schulden halber den Agnaten nach ihrer Wahl auch das Vorkaufs- und Retraktrecht zu, wie bei jedem Verkaufe. Zettwach §. 112 u. S. 120, 121 zu 5. Dies Vorkaufs- und Retraktrecht ist jedoch durch das Ges. v. 2. März 1850 Nr. 3233 §. 2 Nr. 6 und §. 4 für ganz Vor- und Hinterpommern aufgehoben. Entsch. Bd. 28 S. 301. Vgl. Ed. v. 9. Okt. 1807 u. Entsch. Bd. 16 S. 316. Wenn ein Lehn subhastirt werden soll, welches noch lehnmäßig besessen wird, so steht jetzt den Agnaten immer nur das beneficium taxae zu.

Auf die genannten beiden Fälle reduzirt sich jedoch auch die Anwendbarkeit des beneficium taxae, nämlich 1) wenn der Agnat im Lehne durch Erbfolge succedirt, und 2) wenn dem Besitzer das Lehn wegen Schulden verkauft werden soll, und jeder Agnat zur Erhaltung in der Familie succediren darf. Tribunals-Gutachten v. 21. Oct. 1768, v. Hymmen, Beiträge zur jurist. Liter. Samml. 2 S. 15. Es sind dies eben die Fälle, in welchen für den Agnaten zu entscheiden ist, in wie weit er die Schulden seines Vorgängers, seines wirklichen oder Quasi-Erblassers, mit dem Lehne zu tilgen hat §. 19, und das beneficium taxae charakterisirt sich sonach als Grenze und Maß der Verhaftung des Lehns für die Schulden rücksichtlich der Agnaten. — Im zweiten Falle wird das Recht oft Reluitions- oder Einlösungsrecht genannt. Im engeren und eigentlichen Sinne versteht das pom. Recht unter Reluitionsrecht das Recht, ein verpfändetes oder überhaupt jure crediti besessenes Lehn vom fremden Besitzer einzulösen, betreffs eines durch den Besitz des Gläubigers modifizirten Falles der ersten Kategorie. Das Nähere über das beneficium taxae in diesem Falle s. §§. 26, 27. Ueber die Ausübung des Rechts bei Subhastationen, also in den Fällen der zweiten Kategorie s. §§. 24, 25, 44, 45. Ueber die Folgen einer vom Besitzer veranlaßten Aufforderung an die Lehnberechtigten zur Ausübung ihrer Rechte s. §§. 40 43.

Dagegen ist das beneficium taxae nicht anwendbar, wenn das Lehn unwiderruflich verkauft ist; den einzigen Fall ausgenommen, wenn ein nicht lehnsfähig beerbter Lehnmann an einen Dritten verkauft hat. Nur im letzteren Falle erblichen Verkaufs wird eben der Kauf selbst als rücksichtlich der Agnaten ganz unberechtigt und nicht erfolgt angesehen. Der Käufer und dessen Rechtsnachfolger werden demgemäß nicht als Käufer, sondern als Gläubiger behandelt und es wird daher für die Rechte und Pflichten des annehmenden Agnaten auch hier bestimmend, wie weit er für Schulden mit dem Lehne haften muß. In anderen Fällen hingegen wird die unwiderrufliche Veräußerung als an sich und bis auf Widerruf berechtigt angesehen. Vgl. §§. 35 u. 36.

§. 22. Verhältniß mehrerer Gläubiger.

Bei der Ausübung des beneficii taxae haben sämmtliche Gläubiger zusammen nur den Lehntaxwerth zu beanspruchen, auch wenn derselbe zur Bezahlung aller Schulden nicht ausreicht.

Wenn jedoch der Agnat, welcher das beneficium taxae ausübt, Schulden konsentirt hat, welche durch die Lehntaxe nicht befriedigt werden, so muß er diese konsentirten Schulden noch über den Lehntaxwerth hinaus unbedingt befriedigen oder gestatten, daß in Rücksicht dieser Schulden und soweit seine Rechte auf das Lehn betheiligt sind das Lehngut als freies Allodialgut ausgeboten und verkauft wird; was aus der §. 20 hervorgehobenen Bedeutung des Konsenses folgt. Zettwach §§. 113, 114. Entsch. B. 10 S. 415 ff. Der Agnat braucht jedoch alsdann nicht unter allen Umständen den Lehntaxwerth und außerdem den Betrag der konsentirten Schulden zu geben; hinsichtlich desjenigen Betrags der letzteren, welcher mit Rücksicht auf ihr Vorzugsrecht im Verhältnisse zu anderen Schulden etwa aus dem Lehntaxwerthe zu erlangen ist, kann der Agnat den Gläubiger auf diesen verweisen und braucht dann nur den dadurch nicht gedeckten Theil der konsentirten Schuld außer dem Taxwerthe zu decken.

Sehr kontrovers war es, ob der Agnat beim beneficium taxae die gesetzlichen Lehnschulden nur bis zur Höhe der Lehntaxe zu berichtigen habe, oder bei. deren Insuffizienz die nicht gedeckten s. g. gesetzlichen Lehnschulden zahlen oder sonst deshalb die Subhastation des Lehns geschehen lassen müsse. Engelbrecht introd. cap. 11 §. 13 will das beneficium auf debita feudalia mere talia nicht anwendbar finden. Die sonstigen Autoritäten, die Praxis, das Wesen des beneficii und der Begriff der s. g. gesetzlichen Lehnschulden im Sinne des pom. Lehnr. begründen jedoch die entgegengesetzte Entscheidung. Zettwach will den Agnaten in jedem Falle nur die Lehntaxe entrichten lassen, weil die Bedeutung des Rechtsmittels gerade darin liege, daß die Lehntaxe als dem wahren Werthe des Lehns entsprechend angesehen wurde und daß der Agnat nur diesen Werth den Gläubigern zu gewähren habe. Das Mißverhältniß zwischen Taxe und Werth war freilich wesentlich durch die Beibehaltung der alten Taxgrundsätze für jüngere Zeiten und Verhältnisse verschuldet. Für das Rechtsmittel selbst ist auch in den älteren Gesetzen kein Unterschied zwischen wahren Lehnschulden und anderen Schulden darin gemacht, daß es etwa für jene nicht auf die Höhe der Taxe angekommen wäre. Zettwach S. 113—121. Aus dem Begriffe der s. g. gesetzlichen Lehnschulden, wie ihn das pom. Lehnr. aufstellt, §§. 17, 19 folgt auch nur, daß sich der Gläubiger nicht auf das Allodialvermögen verweisen zu lassen braucht; nicht aber, daß jeder Lehnfolger diese Schulden in voller Höhe zu übernehmen hat. Letzteres kann nur für das gemeine Recht von solchen wahren Lehnschulden gelten, welche unter den von Gerber §§. 132, 133 aufgestellten Begriff als nothwendiger passiver Theil des Lehnvermögens fallen, vgl. §. 19 Nr. 8; auf das beneficium taxae des pom. Lehnr. haben jedoch selbst solche wahre Lehnschulden keinen Einfluß, weil die Grenze der Schuldenverhaftung des Lehns hinsichtlich der Agnaten für alle Schulden soweit geht, „als es werth ist“ und dies nach pom. Rechtsherkommen durch die Lehntaxe ermittelt wird.

Auch Schweder Anm. 11 zu Tit. 22 hinterpom. Lehnr. verlangt in keinem Falle mehr als den Lehntaxwerth vom Agnaten; desgleichen der revid. Entw. v. 1836 §. 129 ff., 137 und die Motive dazu S. 45—47, wo nur die konsentirten Schulden als Ausnahme bemerkt sind. Das Obertribunal ist in einem Erkenntnisse vom 7. März 1845, Entsch. Bd. 10 S. 415 ff. Präj. Nr. 1553 Samml. S. 101, der Ansicht Zettwach's lediglich beigetreten. Vergl. die, in Entsch. B. 10 S. 423, 424 zu Zettwach's Lehnrecht S. 118, 119 gegebene Ergänzung.

Das Vorzugsrecht der einzelnen Gläubiger bei Vertheilung des

Taxwerths, falls dieser nicht für alle Gläubiger ausreicht, entscheidet sich nach den allgemeinen Rechtsregeln. Sonach sind namentlich die eingetragenen Schulden je nach der Zeit ihrer Eintragung mit den an der Stelle des Kapitalwerths anzusetzenden Zinsen und Gläubigerkosten — welche selbstverständlich der Agnat nicht noch außer dem Taxwerthe zu gewähren hat — zu befriedigen; ohne Rücksicht darauf, ob s. g. gesetzliche Lehnschulden in Folge ihrer gar nicht oder erst später erfolgten Eintragung ganz oder theilweise ausfallen, und ob subsidiäre Schulden vor gesetzlichen zur Hebung kommen. Motive zum revid. Entw. v. 1836 S. 46. Entsch. B. 10 S. 421, 422. Engelbrecht cap. 11 §. 11 pag. 188 will zwar (für Neuvorpommern) allen „debita mere talia" auch den nicht hypothekarisch gesicherten, das Vorrecht vor den Allodialschulden einräumen, selbst wenn letztere hypothekarisch gesichert sind. Besondere gesetzliche Bestimmungen existiren aber nicht, das Vorrecht ist also aus dem Wesen der Forderungsarten zu entscheiden. Der Begriff der gesetzlichen Lehnschulden im pom. Sinne bringt nur mit sich, daß sie ohne Rücksicht auf die Allodialmasse aus dem Lehne Befriedigung fordern können, aber nicht, welches Vorrecht sie im Lehnvermögen haben sollen, §. 19. Die anderen subsidiarischen Lehnschulden haben bedingt, d. h. wenn die Allodialmasse für sie nicht ausreicht, ebenfalls ihre Deckung aus dem Lehne zu fordern. Das Vorzugsrecht, welches sich Forderungen einer oder der anderen Kategorie durch Eintragung verschafft haben, wird gegenüber anderen Schulden dadurch überhaupt nicht betroffen, daß die eine Forderung bedingt und die andere unbedingt ist, vgl. Konk.=Ordn. §§. 397, 250; selbst abgesehen davon, daß thatsächlich in den meisten Fällen einer Gutssubhastation die Bedingung erfüllt, sein, nämlich die Allodialmasse zur Deckung der Schulden nicht hinreichen wird. Wenn wirklich die Insolvenz der Allodialmasse nicht feststände, so hätte dies nur den Einfluß, daß der Forderungsbetrag, soweit er nach den bestehenden Gesetzen über Vorzugsrechte zur Hebung käme, nicht unbedingt dem Berechtigten auszuzahlen, sondern für die beiden Fälle des Eintritts und Nichteintritts der Bedingung den darnach verschiedenen Interessenten zu sichern wäre. — Die hypothekarische Eintragung ist andrerseits bei dem Prinzipe der Spezialität und bei dem Fortfalle stillschweigender Hypotheken das Mittel, zugleich den Uebergang der Verbindlichkeit auf jeden Dritten und das Vorzugsrecht an der Stelle der Eintragung zu bewirken. Beides steht den s. g. gesetzlichen Lehnschulden nicht von selbst zu, wenn sie nicht eingetragen sind. Vgl. Striethorst Arch. Bd. 9 S. 153. Bei hypothekarischen Schulden kann aber dem Gläubiger überhaupt nicht der Einwand der Vorauseinklagung des Allodialvermögens entgegengesetzt werden und sind sie nicht blos subsidiäre Schulden, §. 20.

§. 23. Lehntaxe.

Zur Feststellung des Lehntaxwerths stellt das Gesetz vom 4. März 1867 G.=S. S. 362–367 in seinem zweiten Titel §§. 22–24 statt der unzutreffend gefundenen alten Taxgrundsätze für Altvor= und Hinterpommern neue Prinzipien auf. Die Ueberschrift des Gesetzes „betreffend die Auflösung des Lehnsverbandes in Altvor= und Hinterpommern und die Abänderung der Lehntaxe" scheint nur dem ersten Titel §§. 1–21 die Anwendbarkeit für Altpommern zu vindiziren, da der geographische Bezirk nicht am Schlusse der Ueberschrift vermerkt ist; wie auch das Gesetz selbst §. 1 die Auflösung des Lehnsverbandes für Altvor= und Hinterpommern nach Maßgabe des Gesetzes anordnet, während im zweiten Titel §. 22 die Feststellung des Werths „eines Lehnguts" ohne geographische Bezeichnung der Lage normirt ist. Trotz dieser ungenauen Fassung soll auch der zweite Titel nur für Altvor= und Hinterpommern gelten. Dies ergeben die Materialien des Gesetzes. Die Motive zu Titel II S. 30–32 begründen, daß auch nach Annahme des ersten Titels die Lehntaxe noch wichtig bleibt, ohne die Anwendbarkeit für Neuvorpommern zu erwähnen. Sie schließen sich ferner an die frühere Gesetzvorschläge und Berathungen über Lehntaxen an, welche ebenfalls nur für Altpommern projektirt waren. In gleicher Weise ist der zweite Titel in den Kommissionsberichten des Abgeordnetenhauses S. 19, 20 und des Herrenhauses S. 30 ff. erörtert. Außerdem würde sonst der Mangel der geographischen Bezeichnung des Lehnguts im §. 22 zur Konsequenz führen, daß die Werthfeststellung alle Lehngüter der Monarchie beträfe, während offenbar nicht beabsichtigt ist, alle den Grundsätzen der „pommerschen Landschaft" zu unterwerfen. Die „pommersche Landschaft" §. 22, auf deren Reglement vom 26. Oktober 1857 auch die Motive verweisen, ist nur ein, schon 1781 gegründetes, Kreditinstitut für Altvor= und Hinterpommern. Reglem. Einl. u. Taxprinz. §. 1 Ges.=S. S. 898, 946.

Anwendbar ist der zweite Titel des Gesetzes vom 4. März 1867 „bei jeder fortan nöthigen Feststellung des Werthes eines Lehnguts". Der ursprüngliche Regierungsentwurf hatte im entsprechenden §. 17 die Fassung vorgeschlagen: „Ist die Aufnahme einer Lehntaxe nöthig, so sind... „Auf den Antrag der Abg.=Kommission S. 20 wurde mit Genehmigung aller Faktoren die obige Formulirung vorgeschlagen, um anzudeuten, daß eine neue Taxe in Gemäßheit der §§. 22—24 auch da er=

forderlich sein soll, „wo schon eine alte Lehnstaxe nach Schweder existire“ und um die Möglichkeit der Interpretation auszuschließen, daß in solchen Fällen die Aufnahme einer Lehnstaxe nicht nöthig sei.

Bei Aufzählung der Fälle, in denen die Lehnstaxe auch nach den Bestimmungen des ersten Titels des Gesetzes maßgebend ist, ist in den Regierungs-Motiven S. 30 Nr. 3 „bei der noch möglichen Ausübung des beneficii taxae“ der Fall nicht erwähnt, wenn ein bisher lehnmäßig besessenes Gut, — welche Kategorie auch das Gesetz noch konservirt, — wegen Schulden verkauft werden soll. Nach der Redaktion des §. 22 kann es keinem Zweifel unterliegen, daß auch dann die §§. 22—24 anwendbar sind, zumal die Motive selbst an andrer Stelle S. 12 Nr. 1 diesen wichtigsten Fall des beneficii taxae erwähnen. Die Kommission des Herrenhauses drückt sich bei gleicher Aufzählung S. 30 Nr. 3 auch allgemeiner aus.

Bei allen künftigen Lehntaxen sollen nun nach §§. 22, 23 diejenigen landschaftlichen Abschätzungsgrundsätze zum Grunde gelegt werden, nach welchen die pommersche Landschaft die Allodial-Beleihungstaxe anfertigt; wenn das beim Lehngute befindliche Gutsinventarium Allodial-Eigenschaft hat, so wird dessen — bei Pfandbriefs-Bewilligungstaxen mit in Berechnung zu ziehender — Werth, soweit es wirthschaftlich vorhanden sein muß, nach landschaftlichen Taxgrundsätzen festgestellt und vom ermittelten Gutswerthe in Abzug gebracht. Darüber, daß allodiale Theile und Pertinenzstücke zur Ermittelung der Lehntaxe nicht zu taxiren sind, siehe §. 1—3.

Zur Abkürzung von Prozessen über Lehntaxen bestimmt §. 24: „Gegen Lehntaxen, welche nach vorstehenden Grundsätzen durch die landschaftliche Behörde aufgenommen und durch die Generallandschaft bestätigt sind, findet kein prozessualisches Verfahren statt; dem betheiligten Berechtigten steht gegen die Taxe nur der Rekurs an den engern Ausschuß zu, wenn er bestimmte Ausstellungen entweder gegen das Verfahren der Taxkommissarien oder gegen die faktische Grundlage der Taxe oder endlich gegen die zur Anwendung gebrachten Abschätzungsnormen zu erheben hat, und die thatsächlichen Anführungen gehörig bescheinigt sind. Gegen die Entscheidung des engern Ausschusses findet eine weitere Beschwerde nicht statt. Der Rekurs muß bei Verlust dieses Rechtsmittels binnen der, im §. 7 der Verordnung vom 5. Mai 1838 vorgeschriebenen, Frist bei dem die Verhandlung leitenden Gerichte angebracht werden. Der Lauf dieser Frist beginnt mit dem auf die gerichtliche Zustellung der Taxe oder dem auf Vorlegung derselben im Termine folgenden Tage". — Dies Verfahren ist dem §. 155 des Landschafts-Reglements vom 26. Oktober 1857 Ges.-Samml. S. 976 nachgebildet. Regier.-Mot. S. 32.

§. 24. Subhastation von Lehnen, welche im Lehnsgange besessen werden.

a. Ladung der Agnaten.

Aus den materiellen Rechten der Agnaten §§. 19—23 folgt, daß, wenn ein noch im Lehngange befindliches Gut Schulden halber verkauft werden soll, die Agnaten aufzufordern sind, ob sie das beneficium taxae (oder früher nach Wahl das Vorkaufsrecht) ausüben wollen. Dies Anbieten zur Einlösung des Lehns ist schon im ältern pommerschen Lehnrecht vorgeschrieben. Das desfallsige frühere Verfahren, sowie die Folgen und die zum Grunde liegenden materiellen Rechte der Agnaten und Gläubiger erhellen aus dem Atteste des Hofgerichts zu Stettin vom 12. März 1645.*) Später wurde das Verfahren für Altvorpommern

*) Wegen der daraus sich ergebenden Rechte der Agnaten und Gläubiger lassen wir den Wortlaut des Attestes folgen. Dasselbe, abgedruckt in der „Auserlesenen Sammlung von Urkunden zur Kenntniß der Landesverfassung von Vor- und Hinterpommern. II. Ausfert. 1756 S. 428—430, attestirt als „unzweiffelig, daß in Schuld- und Exekution-Sachen ohne Unterschied, ob die Schuld mit fürstlicher oder der Agnaten Consens gemacht sei oder nicht, die Immissiones nicht nur in fructus feudorum, sondern in ipsa feuda verrichtet, die angewiesene Lehne ästimirt, und wenn denn in der zu jedesmal arbitrio judicis bestimmten Zeit keine reluitio erfolget, in solutum addicirt, und dergestalt von dem gemeinen Lehnrechte, auch von den Land-Privilegien, und zwar vermöge gewisser fürstlicher Rescripte und Landtagsrezeß, bis auf fernere Verordnung abgesetzt werden. Es hat auch solche Addictio, wenn sonsten legitime verfahren, effectum dominii irrevocabiliter translati, jedoch nach Lehensart, und zwar also, daß der creditor und novus dominus wider seinen Willen so wenig seinem debitori, dem das Lehn eingezogen worden, als dessen agnatis (welchen die Reluition ebenmäßig auf gewisse Zeit pfleget reservirt, oder ihnen die Güter zu reluiren durch fürstliches Rescript offerirt und aufgetragen, nach deren Verfließung aber sie sowol als der exactus debitor gänzlich davon präkludirt werden) das addicirte Lehngut hinwieder abzutreten nicht schuldig sei, sondern als seine eigne Lehngüter erblich zu behalten, und von dem Lehnherrn, wenn er für seine Persohn lehnsfähig ist zu Lehn empfangen, oder an eine lehnsfähige Persohn, jedoch mittelst Erholung des Lehnsherrn consensus, irrevocabiliter zu alieniren bemächtiget, und hat sowenig wider den Creditoren, dem die addictio legitime geschehen, als denenjenigen, an welchen solches addicirtes Gut cum consensu domini feudi veralienirt worden, einiges jus retractus oder actio revocatoria nicht statt; es ist auch hinführo solches Gut aus des debitoris und desselben Familien Lehnbriefen ganz auszulassen; und weil dieses, wie gesaget, unsres Wissen außer Zweifel, auch täglich dergleichen vorgehet: als haben wir urkundlich diese Attestation . . . ausfertigen lassen."

und Hinterpommern durch das Reskript vom 1. November 1783 (v. Kamptz Jahrb. Bd. 58 S. 231) und die dasselbe ergänzenden Reskripte vom 20. Dezember 1784, 19. März 1785, 3. Oktober 1791, 9. November 1795 und 16. Februar 1801 derartig geordnet, wie Zettwach Lehnrecht §§. 113–124, 139—153 näher angiebt. Vergl. Beiträge zum pomm. Lehnr. Besond. Abdruck aus Heft 111 der Jahrb. 1841. Jahrb. Bd. 56 S. 1–104. Dies Verfahren ist dann durch die Verordnung vom 11. Mai 1839, Ges.-Samml. S. 167 ff., im Anschlusse an die Subhastations-Verordnung vom 4. März 1834 modifizirt; und das Gesetz vom 11. Juli 1845 Gesetz-Sammlung S. 474 hat die fernere Aenderung getroffen, daß vom 1. Januar 1848 ab nur noch die, in die Lehn- und Succeissions-Register eingetragenen, Lehnberechtigten vorzuladen sind und hierzu ein Attest aus diesen Registern zu Grunde zu legen ist (§. 6).

Nach der Verordnung vom 11. Mai 1839 §. 1 soll, wenn der Fall einer nothwendigen Subhastation bei einem pommerschen Lehngute eintritt, vor deren Einleitung (nicht, wie das Reskript vom 1. November 1783 bestimmte, zugleich mit Einleitung der Subhastation) das Aufgebot der Lehnberechtigten zur Ausübung ihrer Rechte veranlaßt werden. Ferner soll, wenn der Antrag auf Subhastation begründet gefunden wird, gleich „bei der Einleitung des Verfahrens“ die Eintragung des Vermerks, daß auf die Subhastation des Gutes angetragen (nicht daß sie eingeleitet) sei, in das Hypothekenbuch veranlaßt werden. Der Antragsteller hat also in gewöhnlicher Weise nach §§. 5 ff. der Subhastations-Ordnung vom 15. März 1869 den Antrag auf Subhastation zu stellen und wird sachgemäß (§§. 6, 7) unter Bezugnahme auf die Hypothekenakten angeben, daß das Gut noch Lehn und im Lehngange besessen ist. Das Verfahren wird nach Konstatirung der Lehnqualität und des noch lehnmäßigen Besitzes (aus dem Antrage des Extrahenten bez. aus den Grundakten) damit beginnen müssen, daß vom Subhastationsrichter die Hypothekenbehörde um Eintragung jenes Vermerks und die Lehnskanzlei für Pommern, das Appellations-Gericht zu Stettin, um Ertheilung eines Attestes über die Lehnberechtigten aus den Lehnregi-

---

Das Hofgericht zu Stargard hat dann unter wörtlicher Aufnahme des vorstehenden Attestes am 3. April 1674 ebenfalls attestirt, daß es bisher auch so observirt worden.

Ueber das damalige auch im mecklenburgischen Lehnrecht früher geltende Verfahren, wornach die Execution in das Lehn darin bestand, daß der Gläubiger immittirt und nach vorgängiger Taxation durch Adjudication des Lehns an ihn selbst befriedigt wurde, vergl. Zettwach S. 80—83 und Roth S. 194, 195.

stern requirirt wird. Falls letzteres ergäbe, daß keine Lehnberechtigten eingetragen sind, so bedarf es natürlich weder eines Ausgebots noch einer Lehnstaxe und es ist sofort die Subhastation einzuleiten und ein Bietungstermin zum öffentlichen Verkauf des Guts als freies Allode zu veranlassen. Wenn sich Lehnberechtigte eingetragen finden, so sind sie zur Ausübung ihrer Rechte vorzuladen und aufzubieten. — In der Praxis ist zweifelhaft geworden, ob nicht noch vor der Vorladung der Lehnberechtigten die Lehntaxe aufzunehmen ist. Das Reskript vom 1. November 1783 bestimmte: wenn das Gut noch als Lehn besessen wird, solle zuerst die Lehntaxe aufgenommen und den Agnaten im Termine, zu welchem sie vorzuladen sind, gleich zur Erklärung vorgelegt werden. Dies ist in der Verordnung vom 11. Mai 1839 nicht ausdrücklich aufgehoben, aber auch nicht ausdrücklich bestätigt. Dieselbe trifft freilich alle ihre Bestimmungen für alle Fälle der beantragten Subhastation eines pommerschen Lehnguts, mag es im Lehnsgange oder von Dritten außer dem Lehngange besessen sein. An der verbindlichen Kraft der Verordnung vom 1. November 1783, soweit sie nicht geändert ist, wird nicht zu zweifeln sein und man wird sich nicht beschweren können, wenn das Gericht bei unzweifelhaftem Antrag auf Subhastation eines, im Lehngange besessenen, Lehns zuerst die Aufnahme der Lehntaxe und erst nach deren Eingang die Vorladung der Lehnberechtigten zur Ausübung ihrer Rechte und zugleich zur Erklärung über die Taxe veranlaßt. Die Taxe hat jedoch keinen Zweck, wenn kein Lehnberechtigter das beneficium taxae ausüben will, was sich erst im Termine herausstellen kann. Aus diesem Grunde ist mehrfach zunächst nur die Vorladung der Lehnberechtigten verfügt und erst dann, wenn ein Agnat das beneficium taxae ausüben zu wollen erklärte, die Taxe veranlaßt. Zur möglichen Ersparung von Zeit und Kosten ist dies zweckmäßiger, und ist es durch §. 1 der Verordnung vom 11. Mai 1839 gerechtfertigt gefunden, weil daraus hervorgehe, daß das Aufgebot dem ganzen Verfahren vorausgehn soll.

Als Lehnberechtigte sind laut Gesetz vom 11. Juli 1845 §. 11 nur die aus den Lehnregistern hervorgehenden, (und zwar die ihrem Aufenthalte nach unbekannten durch das öffentliche Subhastationspatent) zu laden. Verord. vom 11. Mai 1839 §. 4.

Die Frist des Termins und die Form der Bekanntmachung sollten die der Vorladung zum Bietungstermine bei Subhastationen sein. Verord. von 1839 §. 3. An Stelle der, im §. 3 a. a. O. citirten Gesetze treten jetzt §§. 12—19 der Subhastations-Ordnung vom 15. März 1869 gemäß §§. 117, 116 daselbst.

Im Termine müssen die Agnaten, welche das beneficium taxae ausüben wollen, dies anmelden. Sobald die Taxe (vor oder nach dem ersten Termine) aufgenommen ist, ist sie ihnen vorzulegen; gegen die Taxe ist nur der Rekurs gemäß §. 24 des Gesetzes vom 4. März 1867 zulässig. Siehe oben §. 23. Die Agnaten, welche nicht erschienen sind, oder das beneficium nicht ausüben wollen, sind mit ihren Ansprüchen zu präkludiren. Verord. vom 11. Mai 1839 §. 5.

§. 25. b. Beanspruchende Agnaten.

Wenn Agnaten sich zur Uebernahme des Gutes für den Taxwerth melden und wenn sich bei der Verhandlung hierüber Differenzen unter den Interessenten ergeben, etwa ob der Prätendirende zur Ausübung des beneficii berechtigt ist §. 17 oder ob er außer dem Taxwerthe noch andere Schulden als von ihm oder seinem Ascendenten konsentirt übernehmen müsse §. 20; so sind diese Streitigkeiten im gewöhnlichen Prozeßverfahren zur Entscheidung zu bringen.

Schon früher §. 21 ist erwähnt, daß unter mehreren das Lehn beanspruchenden Agnaten die Befugniß dazu durch die nächste Successionsberechtigung entschieden wird. Zettwach §. 157, Reskr. vom 1. Nov. 1783 zu VI. Dem Besitzer und den Gläubigern gegenüber ist jedoch dieser nur unter den Agnaten zu führende Streit gleichgültig. Die mehreren anmeldenden Agnaten können auch im Verhältnisse zu den Gläubigern bez. zum Besitzer als gemeinschaftliche Litiskonsorten auftreten und im Falle gleichzeitiger Streitigkeiten zwischen Agnaten und Gläubigern können auch beiderlei Prozesse getrennt behandelt werden; je nach Umständen gleichzeitig oder nacheinander, wie Zweckmäßigkeit oder die präjudicirende Wirkung der einen oder anderen Entscheidung influiren.

Sobald durch Vereinigung unter den Betheiligten oder durch richterliche Entscheidung feststeht, welcher Lehnberechtigte das Gut und für welchen Preis zu übernehmen hat, so erfolgt nach näherer Bestimmung der §§. 7, 8 der Verordnung vom 11. Mai 1839 und der, an Stelle der Verordnung vom 4. März 1834 getretenen, Subhastations-Ordnung vom 15. März 1869 §§. 60 ff. 117 die Belegung und Vertheilung des Uebernahmepreises.

Dem Agnaten, welcher die Uebernahme des Gutes beanspruchte, gestattete das Reskript vom 1. November 1783 A. Nr. 15, 16 noch nach rechtskräftiger Feststellung des Preises „seinem beneficio zu renunciiren und das Gut den creditoribus zum freien Verkaufe zu überlassen";

da er finden könne, daß durch das Judikat der Preis höher zu stehen komme, als nach seiner früheren Erklärung und Annahme. Zettwach §. 122. — Die Verordnung vom 11. Mai 1839 hat dies beibehalten und für alle Fälle der Subhastation, das Lehngut mag in oder außer dem Lehngange besessen sein, für das Verfahren nach rechtskräftiger Feststellung des übernehmenden Lehnberechtigten und des Preises vorgeschrieben: Wenn dies rechtskräftig bestimmt ist und die Interessenten entweder gehört oder rechtskräftig präkludirt sind, soll das Gericht von Amtswegen einen Termin zur Belegung und Vertheilung des Uebernahmepreises ansetzen. §. 7. Peremtorisch bestimmt dann §. 8 lit. e: „Wird in dem Termine der Uebernahmepreis nach den festgestellten Bedingungen von dem Agnaten nicht belegt, so geht dieser seiner Rechte in Beziehung auf den Extrahenten der Subhastation und die Gläubiger verlustig.“ Hierzu bedarf es sonach weder eines Antrags der Gläubiger, noch kann im Gegentheil ein Antrag derselben den Agnaten zur Zahlung des Preises zwingen. Der Agnat ist mit jener Verwarnung der Präklusion vorzuladen und hat im Falle der Nichterlegung des Preises eo ipso auf sein Recht verzichtet. Es kann sonach nun die Subhastation des früheren Lehnguts erfolgen; da nach Präklusion des berechtigt erklärten Agnaten und nach Beseitigung der etwanigen anderen Agnaten durch rechtskräftige Entscheidungen — wie §. 7 voraussetzt — kein Lehnberechtigter mehr Ansprüche hat.

Bis zu dem im §. 7 hervorgehobenen Zeitpunkte, wo durch Einigung oder Judikat feststeht, wer als Lehnberechtigter übernehmen könne und für welchen Preis, bleibt das Resultat des Verkaufs ebenso suspendirt, wie bei gewöhnlicher Subhastation eines Allodialgutes bis zum Meistgebote. Das Rechtsverhältniß des Gläubigers, welcher den Verkauf beantragt hat, zum Lehnsbesitzer (Subhastaten) und zu den Agnaten (welche Erwerbs- und Bietungslustige, wenngleich gesetzlich bevorrechtete sind) muß daher bis dahin auch das gleiche bleiben. Der Gläubiger hat mithin bis dahin das Recht, den Antrag auf Verkauf zurückzunehmen und wenn er dies thut, wird dadurch das ganze Verfahren beendet. Die Agnaten, welchen das beneficium nur dann zusteht, wenn das Lehn sonst Schulden halber zum Verkauf gestellt werden soll, haben beim Wegfall dieser Voraussetzung kein Recht mehr, das Lehn für die Lehntaxe zu verlangen und können dann hierauf weder gegen die Gläubiger noch gegen den Besitzer Ansprüche erheben. Sie haben vor jener definitiven Feststellung, welche erst einem Meistgebote bez. Zuschlagsbescheide gleichgestellt werden kann, kein jus quaesitum. Aus denselben Gründen hat das Obertribunal, Entsch. Bd. 60 S. 120 – 126, in dem analogen

Falle das Recht der Agnaten auf Revokation eines, im fremden Besitze außer dem Lehngange befindlichen, Lehns für hinfällig erklärt, weil der Subhastationsantrag zurückgenommen war, bevor der Annehmer definitiv bestimmt war. Es darf hierin auch nicht irren, daß nach dem Reskript vom 1. November 1783 A. Nr. 17 die Subhastation, wenn zwischen Agnaten und Kreditoren ein Streit entsteht, „nicht zurückgenommen werden kann". Wie die ferneren anschließenden Bestimmungen zu Nr. 17, sowie zu Nr. 3, 4 ff. ergeben, sollte nach dem Reskript vom 1. November 1783 die Ausbietung zum Verkaufe neben der Vorladung der Agnaten gleichzeitig ihren Fortgang haben und nur die Adjudikation sollte ausgesetzt bleiben. Jener Ausdruck kann im Zusammenhange des Reskripts nur die Bedeutung haben, daß das Gericht die Subhastation nicht zurückstehen lassen soll. Deshalb ist zu Nr. 17 ferner bestimmt, daß, wenn die Agnaten entsagen, sofort die Ausbietung zum Schlusse geführt werden soll. Dagegen kann mit jener Bestimmung den Agnaten nicht das Recht gegeben sein sollen, daß der Extrahent nicht die Subhastation zurücknehmen dürfe. Derselbe ist sogar, wenn er inzwischen befriedigt ist, verpflichtet, dies und hiermit den Wegfall des Antrags auf Verkauf anzuzeigen. Unmöglich kann das Gut noch wegen einer Schuld zum Verkauf gestellt werden sollen, wenn die Schuld vor dem wirklichen Verkauf berichtigt ist. Daß den Agnaten schon der bloße Verkaufsantrag ein jus quaesitum gebe, ist in den Gesetzen um so weniger begründet, als das beneficium taxae nur das Mittel sein soll, den Verkauf außerhalb der Familie zu hindern, das Mittel jedoch unnöthig wird, wenn der Verkauf ohnehin nicht weiter verlangt wird. Vergl. §§. 17, 19, 20.

§. 26. Reluitionsrecht.

Unter dem Reluitionsrechte ist nachstehend im eigentlichen und engeren Sinne das Recht verstanden, ein von Dritten jure crediti besessenes Lehn einzulösen. §. 21. Dies Recht hat noch jetzt ein vorzugsweise praktisches Interesse, weil nach dem Gesetz vom 4. März 1867 §. 16 für die pfandweise oder wiederverkäuflich besessenen Lehne die Lehnseigenschaft und die bisherigen Gesetze und Verträge noch fortwirkende Kraft haben.

Denselben Umfang von Rechten und Pflichten, welche Lehnsinteressenten, Besitzer und Agnaten, gegen die Gläubiger eines Lehnmanns haben, welcher das Lehn noch im Lehnsgange besitzt, haben sie auch gegen Lehnmannsgläubiger, welche als solche vermöge eines antichretischen

Pfandbesitzes, sonstigen Pfandrechts oder überhaupt zur Sicherheit für Forderungen das Lehn in Besitz bekommen haben, so wie gegen deren besitzende Rechtsnachfolger. Nur darin ist im letztern Falle das Recht der Gläubiger und ihrer Nachfolger modifizirt, daß sie ihre Besitzrechte am Lehne behalten, bis sie wegen ihrer Ansprüche befriedigt sind; was zunächst den natürlichen Einfluß haben wird, daß die Gläubiger hier in der Regel als Verklagte auftreten, während sie sonst meistens als Kläger ihre Rechte geltend machen müssen. Abgesehen vom Besitzrechte bestimmen sich jedoch die Grenzen ihrer Ansprüche konsequent nach den Grundsätzen, durch welche die Verhältnisse von Lehnbesitzern, ihren Descendenten und Agnaten zu Gläubigern überhaupt bestimmt sind. Durch diese beiden Momente, die Gläubigerforderung und das Besitzrecht des Gläubigers, ist das Reluitionsrecht der Lehnsinteressenten konstruirt. Diese natürliche, logische und juristische Basis des Rechtsverhältnisses festzuhalten, ist wichtig, wenn man nicht durch das Vermissen positiver Rechtsnormen zu falschen Folgerungen gedrängt werden will, deren Widerlegung die richtige Konstruktion des Verhältnisses ergiebt.

Aus der Natur des Schuldverhältnisses folgt, daß der besitzende Gläubiger, und ebenso sein Rechts- bez. Besitznachfolger, auf welchen nicht mehr Rechte übertragen werden können, als der ursprüngliche Gläubiger selbst hatte, niemals mehr fordern kann, als 1) die Schuldforderung selbst und 2) etwanige Verwendungen in das besessene Lehn. Er kann also „Bezahlung dessen, was nach der Natur des Geschäfts oder vermöge des Vertrags, durch welchen das Lehn auf den fremden Besitzer gekommen ist," fordern; und hat außerdem nur noch aus seinem Besitzrechte wegen der, von ihm oder seinem Rechtsvorgänger in das Lehn gemachten Verwendungen die Rechte des redlichen Besitzers bez. Verwalters (vgl. L.-R. I. 20 §§. 150, 167, 168) auf „Erstattung der erweislichen Verbesserungen, nach Abzug der Verschlimmerungen." Zettwach §. 103. Hinsichtlich der Endschaft des redlichen Besitzes mit einem berechtigten Klagantrage auf Herausgabe bleibt es bei den allgemeinen Vorschriften. L.-R. I. 7 §§. 222, 17. Vgl. jedoch L.-R. I. 18 §§. 295 bis 297. Wegen dieser Ansprüche hat er das Zurückbehaltungsrecht und braucht also erst nach deren Befriedigung das Lehn zurückgeben. Bei der oft langen Zeitdauer des Pfandbesitzes handelt es sich in solchen Fällen häufig nicht um Schulden des letzten oder selbst vorletzten, sondern eines früheren Lehnmannes. Das Recht, diese Schulden aus dem Lehne zu fordern, ist hier aber durch das Retentionsrecht mit dem Lehne juristisch und für den Lehnsfolger verbindlich in Zusammenhang gebracht. Hinterp. Lehnkonst. Tit. 22 §. 2 und Schweder Anm. dazu.

Das Recht, gegen solche Erstattung das Lehn zurückzufordern, das s. g. Relutionsrecht, jus reluendi, hat zunächst nach allgemeinen Rechtsgrundsätzen der Veräußernde selbst, der Lehnmann, von welchem der Gläubiger das Lehn in Besitz erhielt, als Kontraktsklage auf Pfandrückgabe gegen den Gläubiger und gegen dessen Nachfolger. Selbstverständlich ist der Reluent dabei an die, von ihm selbst kontrahirten Bedingungen gebunden und darf nicht vor Ablauf der Frist reluiren, für welche er dem Gläubiger die Dauer des Pfandbesitzes zugesichert hat. Zettwach §§. 103, 104. Pomm. Prov.=R. §§. 141, 142.

Die Descendenten des Veräußerers haben dieselben Rechte wie dieser, und können, weil sie facta patris prästiren müssen, vor der Kontraktszeit auch dann nicht reluiren, wenn ihr parens über seine eigene Besitzzeit hinaus für die Successionszeit der Descendenten disponirt hat. §. 12.

§. 27. Rechte der Agnaten bei Relutionen.

Dem, nach Abgang des Veräußernden und seiner Linie im Lehne succedirenden, Agnaten steht das Recht der Wiedereinlösung auf Grund seines Successionsrechts. zu. Als Lehnsnachfolger kann er den Lehnsnachlaß in Anspruch nehmen, muß dagegen, wenn er dies will, die Ansprüche befriedigen, wegen welcher der Gläubiger oder der als dessen Nachfolger Besitzende ein Besitz= und Retentionsrecht am Lehn haben. Der Agnat hat jedoch in zweifacher Beziehung eine andere Stellung zu den Gläubigern, wie der Veräußerer und dessen Descendenten.

1) Er braucht die Verfügungen, welche der Veräußerer über seine und seiner Descendenten Besitzzeit hinaus unter Schmälerung der Besitzzeit des succedirenden Agnaten getroffen hat, nicht gegen sich gelten zu lassen; mithin nachdem ihm die Succession angefallen ist, nicht noch den Ablauf der, vom Veräußerer dem Gläubiger etwa bewilligten, fernern Jahre abzuwarten. Entsch. Bd. 36 S. 141—147. Engelbrecht intr. cap. 12 §. 3 nota a. — Zwar stellte Zettwach im §. 106 Lehnr. die Ansicht auf, daß die Agnaten den Ablauf dieser Jahre abwarten müßten; erklärte dies jedoch in der Anm. zu §. 141 Pomm. Prov.=R. für zweifelhaft und in den Gesetzen nicht bestimmt; und sagte endlich 1850 Just. Min.=Bl. S. 345: die Verpflichtung der Agnaten, jene Jahre abwarten zu müssen, habe keinen sicheren Boden, sei begründeten Bedenken unterworfen und im Rescr. v. 1. Nov. 1783 zu V nur vorläufig angenommen. — Vgl. dagegen Roth meckl. Lehnr. §. 72 Nr. 9 S. 201 und nachstehend §. 30.

2) Der succedirende Agnat braucht ferner in Gemäßheit des Rechtsverhältnisses, in welchem er bei seiner Lehnssuccession zu den Gläubigern der Nachlaßmasse überhaupt steht, alle Schulden und konsequent auch die Forderungen des besitzenden Gläubigers nur insoweit zu befriedigen, daß er nur den Lehntaxwerth zu geben braucht, um in den Besitz des Lehns zu kommen. Er hat also auch dem pfandbesitzenden Gläubiger gegenüber das beneficium taxae. Zettwach §. 105 drückt dies im Anschlusse an die früheren Gesetzentwürfe S. 93, 94 dahin aus: die Agnaten hätten die Wahl, ob sie das Einlösungsrecht — unter Zahlung der Schuld und Erstattung der Verbesserungen — oder das beneficium taxae ausüben wollten. Diese Ausdrucksweise, welche das Reluitionsrecht und das s. g. beneficium taxae als zwei verschiedene, neben einander fakultativ geltend zu machende, Rechte hinstellt, ist unjuristisch und sachwidrig. Eine solche Auffassung wird auch durch die von ihm S. 95—99 citirten Autoren Schweder und Engelbrecht nicht bestätigt, sondern widerlegt. Schweder „von Anschlagung der Güter" Anm. 9 zu Kap. 1 §. 3 stellt die Frage, in sachgemäßer Verbindung der allgemeinen Schuldhaftungsgrundsätze mit dem Einlösungsrechte, dahin auf: ob ein Lehnfolger bei der Einlösung Alles an Schulden bezahlen müsse, oder ob es genug sei, den ästimirten Werth dafür zu erlegen; und er entscheidet, daß er nur zum ästimirten Werthe gehalten sei, weil die Agnaten in subsidium nicht alle Schulden, sondern nur soweit die Lehne reichen, zu tragen hätten. Auch in der Anm. 11 zu Tit. 22 §. 1 hinterp. Lehnr., wo Schweder ex professo vom s. g. beneficium taxae spricht, bezeichnet er es nicht als besonderes Klagerecht, sondern als Grenze der Bezahlung der Schulden. Sachgemäßer stellt er in Anm. 1 zu Tit. 26 §. 1 das Revokationsrecht, das Reluitionsrecht und das Vorkaufsrecht systematisirend neben einander; — nicht aber das beneficium taxae als besonderes Recht auf gleicher Linie. — Engelbrecht introd. cap. 12 §. 7 drückt in gleicher Weise die Berufung auf das beneficium taxae beim Reluitionsrechte dahin aus: Intuitu quoque meliorationum ... agnatus jus reluendi secundum taxatam feudi aestimationem sibi vindicat... ut ultra praesentem feudi taxam ad refundenda meliorationum impendia non teneatur. In der That ist das beneficium taxae nur der Ausdruck der Grenze, bis zu welcher ein Agnat überhaupt Schulden mit dem Lehne zu übernehmen hat, wenn er in ein nicht unwiderruflich veräußertes Lehn succedirt §. 23. Richtiger ist es daher, für das Reluitionsrecht den Grundsatz dahin aufzustellen, daß auch bei dessen Geltendmachung der Agnat keinenfalls mehr als den Lehntaxwerth zu geben braucht. Die Verkennung des beneficium

taxae als einer Modifikation des Reluitionsrechts hat in Entsch. Bd. 36 S. 147, 148 zu einer, nach dem Obigen nicht gerechtfertigten Abweisung der Berufung auf jenes Recht geführt, weil das Reluitionsrecht und nicht das beneficium taxae gewählt sei.

Daß der Agnat, welcher in den Pfandbesitz und das desfallsige Rechtsgeschäft konsentirt hat, dessen Bedingungen auch für seine Besitzzeit gegen sich gelten lassen und somit den Ablauf der etwa noch bewilligten Pfandbesitzjahre abwarten muß, folgt aus der Bedeutung des Konsenses §§. 19, 20. Gleiche Verpflichtungen haben die Descendenten eines konsentirenden Agnaten. —

Die Geltendmachung des Reluitionsrechtes auf Aufgebot des Besitzers und bei Subhastationen §§. 42, 45 ändert nichts in der Natur des Rechtes selbst; nur kann es bei der Absicht des Besitzers bez. des Gesetzes, die Lehnrechte dann zu beseitigen, unter Umständen früher als sonst ausgeübt werden und braucht insbesondere das Erlöschen näherberechtigter Konsentirender nicht abgewartet zu werden.

§. 28. Verjährung und Legitimation des Reluenten.

Der Pfandbesitzer des Lehns und dessen Nachfolger sind nach Vorstehendem, so lange die bewilligten Besitzjahre noch nicht abgelaufen sind und entweder der Schuldner oder der konsentirende successionsberechtigte Agnat oder deren Descendenten leben, gegen die Reluition gesichert; nachher kann sie erfolgen. Das Recht dazu ist jedoch der Verjährung nicht unterworfen. Zettwach §. 107. Pomm. Prov.-R. §. 144. — Der Verpfänder und dessen Rechtsnachfolger sollen, sobald ihr Recht zur Wiedereinlösung angefangen hat, dasselbe jederzeit geltend machen können und durch Verjährung nicht verlieren, weil Niemand den Titel seines Besitzes ändern könne und weil der Reluent zwar ein Recht, aber nicht eine Pflicht zur Wiedereinlösung habe, mithin durch Warten keine Versäumniß begehe, welche nach altdeutscher Ansicht allein eine Verjährung begründete. Der Grundsatz der Unverjährbarkeit ist für das pomm. Lehnr. durch Jurisprudenz und Praxis stets anerkannt. Schweder Anm. 1 zu Tit. 26 §. 1. S. 259. — Entsch. Bd. 13 S. 393 ff. —

Welchen Einfluß haben auf die Ausübung des Reluitionsrechts die Vorschriften des Gesetzes vom 11. Juli 1845 über Eintragung der Lehnberechtigten in die Lehnsregister? An sich ist die Einlösung eines verschuldeten Lehns aus der Hand des Gläubigers seitens eines Lehnberechtigten noch keine Anfechtung der Verfügung, durch welche der frühere Besitzer das Lehn verschuldete und dessen Besitz übertrug. Wenn die bewilligten Jahre verflossen sind und der Einlösende nur dem Pfand- und Schuldkontrakte gemäß den Pfandbesitzer wegen aller Ansprüche aus dem Fundamente des Verhältnisses befriedigt, so erfüllt er vielmehr die Verfügung, statt sie anzufechten. In solchen Fällen ist zur Reluition, wer immer dazu berechtigt sein mag, nicht nöthig, daß der Reluent im Lehnsregister eingetragen ist. §§. 6, 8. Wenn jedoch der Reluent entweder die, von seinem Vormanne im Lehne dem Gläubiger bewilligten, Besitzjahre oder andere, die Besitzzeit des Verfügenden überschreitende, Bedingungen nicht festhalten will, weil er sie nicht genehmigt habe, oder wenn er Schulden oder Verpflichtungen nicht übernehmen will, weil er in Ausübung des beneficium taxae nur den Lehntaxwerth zu geben brauche; so sind dies allerdings Anfechtungen der früheren Verfügungen, und für solche Befugnisse muß der Reluent nachweisen, daß er zur Zeit der angegriffenen Verfügungen (bez. bis zum 1. Januar 1848 hinsichtlich früherer Dispositionen) eingetragen war. Vgl. Entsch. Bd. 34 S. 102. — Bd. 36 S. 125. — Motive zum Gesetze vom 4. März 1867 S. 14. —

Ueber das Aufgebot und Subhastationen bei widerkäuflichem und Pfand-Besitz vgl. §§. 42, 45.

§. 29. Einwand aus der Proximität bei Reluitionen.

Streitig ist, ob nach dem Abgange der Linie des Veräußerers und der etwa näheren Linien der konsentirenden Agnaten nur der successionsberechtigte oder auch jeder entferntere Agnat reluiren kann. Die Frage verdient eine eingehende Erörterung, weil sie praktisch wichtig ist und weil für das Reluitionsrecht, sowie für das Revokationsrecht aus vermeintlich gemeinem Rechte ein angeblich pommerscher Rechtsgrundsatz: daß der dritte Besitzer dem beanspruchenden Agnaten die mangelnde Successionsberechtigung nicht einwenden könne, mit entschieden hinfälliger Ausdehnung auf jene beiden Rechte konstruirt ist.

Auszusondern ist zunächst der Fall des Aufgebots, wenn alle Lehnberechtigte behufs nothwendiger Subhastation oder auf Antrag des Besitzers aufgefordert werden, um Lehnrechte zur Vermeidung beständiger Präklusion geltend zu machen. Dann ist es Folge der Aufgebotsgesetzgebung und ihres Zweckes, daß jeder Lehnberechtigte als Lehnfolger in das Lehn eintreten kann, vorbehaltlich der Verpflichtung, einem sich ebenfalls meldenden Näherberechtigten zu weichen. §§. 38, 42, 45.

Abgesehen von diesem Falle und an sich beruht aber die Legitimation des Agnaten zur Reluition begriffsgemäß auf seinem Rechte, daß ihm die Succession in das Lehn suo loco et ordine als jus quaesitum gesichert ist und daß ihm deshalb durch des Besitzers Belieben das Recht nicht verschränkt werden kann, das Gut dann, wenn die Lehnfolgeordnung ihn beruft, an sich zu ziehen. Aus demselben Grunde will das Obertribunal Entsch. Bd. 36 S. 141—143 mit Recht den Agnaten nicht an die vom Vorbesitzer bewilligten Pfandjahre gebunden sein lassen. Jedenfalls kann in Folge dieses Fundaments das Reluitionsrecht (außer dem Falle des Aufgebots) von einem Agnaten nicht ausgeübt werden, so lange der Veräußernde oder ein näherberechtigter Konsentirender oder deren Descendenz lebt; weil so lange der entferntere Agnat noch kein gegenwärtiges, sondern nur ein mögliches künftiges Recht hat. Nach Abgang der veräußernden und näheren konsentirenden Linien ist der successionsberechtigte Agnat zur Reluition berechtigt und kann, wenn er reluiren will, die Rechte aller anderen beseitigen.

Falls und solange er zur Reluition sich nicht meldet, wird in der neueren pommerschen lehnrechtlichen Praxis nach Zettwach's Vorgange auch jeder entferntere Agnat als reluitionsberechtigt angesehen. Dies ist zwar für Neuvorpommern Gesetz geworden, für Hinter- und Altvorpommern aber entschieden irrig. In Verbindung hiermit hat Zettwach den allgemeinen Grundsatz aufgestellt, daß einem Agnaten, welcher ein Lehn gegen einen dritten Besitzer desselben in Anspruch nimmt, vom Besitzer nicht eingewendet werden könne: er sei noch nicht successionsberechtigt. Zettwach §§. 104, 165 169. Sowohl in dieser Allgemeinheit als in besonderer Beziehung auf das Reluitionsrecht ist dieser Grundsatz unrichtig und nur durch irrthümliche Folgerung aus allgemeinen gemeinrechtlichen Rechtsprinzipien und aus der Legitimation für das Retraktrecht entstanden. Während wegen der gleichen Frage für das Revokationsrecht auf §. 37 und wegen des allgemeinen Grundsatzes, soweit er begründet ist, auf §. 38 verwiesen werden muß, sollen hier die Gründe beleuchtet werden, welche speziell hinsichtlich des Reluitionsrechts geltend gemacht werden. Weder I. durch das gemeine Recht, noch II. durch die Natur pommerscher Lehne, noch III. durch besondere pommersche Bestimmungen ist außer dem Falle eines Aufgebots für Altvor- und Hinterpommern eine Abweichung von dem Grundsatze, gerechtfertigt, daß das agnatische Reluitionsrecht mit dem im §. 27 bezeichneten Charakter nur von dem Lehnssuccessor ausgeübt werden kann.

I. Die Gründe für die entgegengesetzte Ansicht, welche die für Neuvorpommern erlassene königlich schwedische Resolution vom 19. Dezember 1720*) und der ihr vorangegangene Antrag der Ritterschaft zusammenstellt, sind wesentlich dem gemeinen Rechte entnommen und hinfällig.

1. 2. Der erste Grund stützt sich darauf, daß nach gemeinem Recht dem Gläubiger auch jeder Dritte für den Solutionsberechtigten selbst gegen den Willen des Gläubigers Zahlung leisten und die Cession

*) Bei der praktischen Wichtigkeit und da Zettwach sich für sein allgemeines Prinzip in Anmerkung zu §. 169 hauptsächlich auf diese Resolution von 1720 stützt, lassen wir deren wesentlichen Inhalt folgen. — Daehnert Samml. pomm. u. rüg. Landesurk. Bd. I. 1765 S. 1099 —:

„IV. Da... die getreue Ritterschaft zu erkennen gegeben, welcher Gestalt der Untergang derer adelichen Familien merklichen dadurch verursacht würde, daß die Lehngüter wegen der großen Schuldenlast, worinnen die von Adel, durch die erlittenen Krieges-Ruinen, ohne ihr Verschulden, gesetzt worden, in fremder Creditoren Hände gerathen, und sie dannenhero demüthigst angehalten, daß die Reluition der Lehne denen Lehn-Bettern, ohngeachtet der Creditoren Einwendung, daß jene nicht die nächsten wären, ohnbehindert salvo jure successionis proximioris agnati, verstattet werden möchte, bis ein näherer Lehnsvetter zur Reluition sich angegeben, und die Proximität sofort klärlich erweislich gemachet; und sie dann absonderlich zu solchem Ende angeführt, daß

1) denen allgemeinen Gesetzen und der Natur des Pfandrechts, welches die creditores in denen Lehngütern haben, gemäß wäre, daß, sobald solche Schuld abgetragen worden, des Creditoren Recht getilgt und erloschen wäre und es ihm auch ohnedem für seine Person gleich viel sein könne, ob derjenige, so ihm die Schuld bezahlen wird, der nächste Lehnfolger sei oder nicht; auch daß zum

2) die Reluition der Lehne nicht anders angesehen werden könnte, als eine bloße Bezahlung der Schulden, welche aber in Rechten sogar einem tertio und extraneo freigestellt würde; daß demnächst

3) des creditoris Exception, daß der reluirende Vetter nicht der nächste Lehnfolger sei, eine Exception de jure tertii, welche in Rechten nicht Statt hätte, noch admissible wäre; daß gleichfalls

4) das Interesse domini directi sowohl als der ganzen mitbelehnten adelichen Familien erforderte, daß die Lehne vielmehr in dem Besitze der Mitbelehnten, als derer fremder Creditoren verblieben, die ihres Rechtes gemeiniglich zum großen und unersetzlichen Schaden der Güter mißbrauchten. Sonsten aber

5) durch viele judicata des Tribunals und Hofgerichts bestärkt werden könnte, daß die Reluition der Lehne denen Lehnsvettern ohne Unterschied der Nächstigkeit zu lassen sei, so lange als der nächste Lehnsvetter sich nicht gebührend interveniendo angegeben und die Nächstigkeit rechtlicher Art nach erwiesen; im Uebrigen aber

6) das bloße Angeben eines solchen, der für den nächsten Lehnfolger angesehen sein will, nicht zureichend sei, andern die Reluition zu hindern und aufzuhalten; allermaßen es sich leicht zutragen könnte, daß einer sich des Vorwandes der Nächstigkeit blos allein zum Vortheil und Gefallen des creditoris bediente, ob er gleich sonsten die Proximität nicht gehörig erweisen könnte, auch dazu nicht im Stande und des Vermögens wäre, die wirkliche Reluition zu bestreiten, sondern selbige nur an-

der Klagen und Rechte des Gläubigers verlangen kann. Dies scheint ein, selbst jedem Dritten zustehendes Recht, zu begründen. Vgl. Mühlenbruch Pand. §§. 466, 324 L.=R. I. 16 §§. 46—50. – I. 11 §. 342 ff. Aus solchem Grunde würde indeß der eintretende Dritte ebenfalls nur jure crediti besitzen können und dem gleichen Eintrittsrechte eines Anderen oder wieder des früheren Gläubigers ausgesetzt sein. Das Eintrittsrecht setzt ferner mindestens voraus, daß dem Gläubiger die Schuld erst nach Ablauf der kontraktlichen Solutionszeit und zwar in voller Höhe gezahlt würde. Dieser Grund reicht daher keinenfalls aus, um die Eigenthümlichkeiten des agnatischen Reluitionsrechts §. 27 zu begründen; und dem Agnaten vor seinem Successionsanfalle das Recht zu geben, daß er das Lehn als Lehn besitzt, und daß er deshalb, weil er für seine berechtigte Besitzzeit im Lehne nicht beschränkt werden könne, die Pfand- oder Wiederkaufsjahre nicht abzuwarten brauche, oder daß er das beneficium taxae ausüben könne.

3. Daß ferner der Einwand aus dem Rechte anderer Näherberechtigten ein Einwand de jure tertii sei, ist eine petitio principii. Der Einwand geht richtig aufgestellt nicht dahin, daß andere Näherberechtigte da sind, sondern daß nur der Successionsberechtigte das Recht hat; und ist sonach gerade ein den Kläger und dessen Legitimation treffender Einwand. Im Begriffe des Agnatenrechts liegt es nicht, daß der Agnat — auch ohne zeitiges Successionsrecht — jederzeit ein besseres Recht zu besitzen habe, als der dritte Besitzer, sondern nur, daß er das Recht hat, seiner Zeit tempore devolutae successionis im Lehne zu succediren. Vorher hat er nur die, ihm ausdrücklich bewilligten, Rechte.

4. 6. Das Interesse (zu 4) und die Möglichkeit des Mißbrauchs und der Unannehmlichkeiten (zu 6) begründen noch kein bestehendes

---

deren Lehnvettern schwer und rückgängig zu machen intendirte; So sind J. Königl. Maj. ... veranlaßt geworden, diesem ritterschaftlichen Gesuch ... Beifall zu geben, also und dergestalt: daß hinkünftig die Reluition der verschuldeten Lehne denen zur Reluition sich angebenden Lehnsvettern, ohngeachtet der Creditoren Einwendung, daß selbige nicht die nächsten wären, ohnbehindert verstattet werden sollte, solange als ein anderer Lehnsvetter die Nächstigkeit nicht sofort klärlich darthut, oder auch nicht des kundbaren Vermögens ist, das Lehn selbst zu reluiren. Jedoch damit auch anderentheils derer nächsten Lehnsvettern und derer im Besitz seienden Creditoren Recht ohngekränket verbleiben möge: So wollen J. Kön. Maj. in Gnaden:

1) daß ein reluirender Lehnsvetter dem proximiori, wenn dieser ihm auch sein Geld wiedergeben will, das Lehngut abzutreten gehalten sein soll, und daß auch

2) der pfandhabende Creditor nicht allein die ihm in seinem Pfand-Contrakt erweislich verschriebene Jahre richtig genießen, sondern auch wegen seines Pfandschillings vor Abtretung des Pfandes gänzlich vergnüget werden müsse.

Recht; und sind offenbar nur Gründe de lege ferenda, welche nebst dem Wunsche der Ritterschaft die Resolution von 1720 veranlaßt haben werden.

5. Die Judikatur, welche sich auf derartige unrichtige Anwendung gemeinrechtlicher Rechtsgrundsätze stützt, könnte immer nicht ein pommersches Provinzialrecht schaffen. Die Rechtsprechung muß auch mindestens eine zweifelhafte gewesen sein. Das von der Ritterschaft erbetene legislatorische Einschreiten gegen den Einwand der Gläubiger: „Reluent sei nicht der Nächste" wäre unnöthig gewesen, wenn die Unzulässigkeit dieses Einwandes in judicando festgestanden hätte. Im Gegentheil bestätigt Schwarz pommersche Lehnshistorie S. 1372, daß die Reluition durch die Resolution vom 19. Dezember 1720 deshalb determinirt worden, weil sie bis dahin vielen Streitigkeiten unterworfen war.

Für Neuvorpommern ist nun allerdings die, in der Anmerkung angegebene Resolution Gesetz geworden. Engelbrecht introd. cap. 12 §§. 1—3. Für den geringen Werth jedoch, welchen deren Gründe hinsichtlich einer schon früher bestehenden Geltung ihrer Prinzipien beanspruchen können, ist die Auslegung charakteristisch, welche der Resolution demnächst gegeben wurde. Auf Anlaß eines Prozesses erwirkte Dav. Georg Gerdes schon 1730 von der Ritterschaft eine Deklaration der Absichten ihres, der Resolution vorangegangenen, Antrages dahin: 1) die Resolution solle überhaupt nicht gegen solche Gläubiger gerichtet sein, welche auf Grund eines Kontrakts eines Näherberechtigten (Lehnmanns) das Lehn besäßen; sondern nur gegen solche, welche ohne Kontrakt im Besitze seien, so Wittwen und Töchter, welche für ihre Abfindungen retinirten oder Gläubiger, welche für ihre Ansprüche immittirt wären; — 2) wenn ein creditor ex contractu proximioris agnati ein fremdes Lehn besitze, könne er sich allerdings gegen einen entfernteren Agnaten mit dem Einwande aus der Proximität schützen, bis ordo successionis an ihn komme; 3) ebenso wenn der nähere Agnat für seine und seiner Lehnerben Lebenszeit seine Lehnrechte dem creditor cedirt hat; — 4) in solchem Falle sollten durch die Resolution die gemeinen, auch in Pommern geltenden Lehnrechte circa revocationem feudi oppignorati aut cessi absque consensu remotioris agnati nicht aufgehoben sein. Die Ritterschaft bestätigte nach Wunsch, daß nur dies ihre Intention gewesen sei; und das Tribunal wies in jenem Falle, weil der nächste Agnat das Gut für seine und der Seinigen Lebenszeit überlassen hatte und die Resolution für solche Fälle anwendbar sei, den entfernteren Agnaten mit dem Ausspruche ab: die intendirte Reluition könne nicht eher stattfinden, „bis die Lehnfolge an den Kläger gekommen sein würde.“ Schwartz pom. Lehnshistorie S. 1407—1411. Diese Prinzipien des ritterschaftlichen Gutachtens von 1730 stellt dann auch Engelbrecht intr. cap. 12 §. 4 neben der Resolution von 1720 (Eng. l. c. §§. 1—3) als geltendes schwedisch-pommersches Lehnrecht auf.

§. 30. Fortsetzung.

Da die schwedische Resolution vom 19. Dezember 1720 erst nach dem Stockholmer Frieden vom 21. Januar 1720, also nach der Abtretung von Altvorpommern erlassen ist, so ist sie für Altvorpommern niemals anwendbar gewesen. Für Altvor- und Hinterpommern kann es also, zumal für die jetzt fast allein praktisch wichtigen Fälle eines kontraktlichen Pfandbesitzes, für welche selbst jene Resolution (nach §. 29 Schluß) unanwendbar sein soll, nur darauf ankommen, ob aus anderen Gründen der Einwand mangelnder Proximität gegen entferntere Agnaten ausgeschlossen ist.

II. Ebensowenig aber, wie aus den §. 29 besprochenen allgemeinen Rechtsprinzipien, ist der Einwand durch die Natur der pommerschen Lehne als verschuldbare und veräußerliche Lehne ausgeschlossen. Aus dieser Natur ließe sich vielmehr noch eher folgern, daß der Lehnmann die Schuld — so wie er damit die Substanz des Gutes belasten kann — so auch sonst durch Pfandbesitz für die Successionszeit seiner Nachfolger verbindlich machen könne; sicherlich aber nicht, das die Rechte des besitzenden Gläubigers nach dem Abgange des veräußernden Lehnmanns gegen die Lehninteressenten beschränkter sein sollen, wie im analogen Falle gegenüber den Allodialerben und etwa substituirten Erben eines im Pfandbesitze befindlichen Allods. — Roth findet es für die mecklenburgischen Lehne, welche gleichmäßig verschuldbare und veräußerliche sind, unbedenklich, daß nur dem Verpfänder oder seinen „Lehnssuccessoren“, auf welche sein Recht übergehe, die Reluition zusteht. Roth meckl. Lehnr. S. 201 §. 72 Nr. 9.

Zettwach beruft sich (in Anmerkung zu §. 169) für seinen erwähnten allgemeinen Grundsatz auf die, in der Resolution vom 19. Dezember 1720 geltend gemachten Gründe, weil sie „hauptsächlich aus der Natur der pommerschen Lehne abgeleitet“ seien. Diese Behauptung, ohnehin unter Ignorirung der 1730 veranlaßten Deklarirung aufgestellt, kann bei Zettwach's sonstiger Sorgsamkeit nach unbefangener Erwägung jener Gründe nur als unerklärlich bezeichnet werden.

III. Auch die von Zettwach zu §. 104 citirten spezifisch pommerschen Rechtsquellen des Reluitionsrechts setzen, soweit sie allen Agnaten ohne

Rücksicht auf Proximität das jus reluendi zusprechen, das Anerbieten eines, Schulden halber zu veräußernden, Lehns an die Agnaten zur Auslösung bez. das Aufgebot zur Reluition und das Vorkaufs- oder Retraktrecht voraus, für welche Fälle dies Recht schon zu Anfang dieser Erörterung §. 29, sowie im §. 38 als unbedenklich erwähnt ist. — In der fürstlichen Resolution vom 4. August 1600 (Auserles. Samml. Ausf. II. S. 292. Dähnert Samml. pomm. Landr. Bd. I. S. 771) ist erklärt, nachdem von Veräußerung der Lehngüter und von der addictio in solutum gesprochen war: „Sonsten ist den Agnatis das jus reluitionis allewege gestattet. Ihro fürstlichen Gnaden wollen auch hiemit ausdrücklich statuirt und verordnet haben, daß in dergleichen Alienationen das jus reluitionis zu gewisser Zeit zu thuende vorbehalten sei, sie auch allewege bei Veräußerungen der Lehne für einem extraneo den Vorzug haben." Hierin ist überhaupt nur das §. 24 besprochene Recht, eine Veräußerung an Dritte durch Einlösung auf Aufforderung abzuwenden, bez. das Vorkaufs- und Retraktrecht erwähnt. — Auch die Atteste vom 12. März 1645 und 3. April 1674 erwähnen die Reluition nur in diesem Zusammenhange. §. 24 und Anm. — Der Bescheid des Hofgerichts zu Cöslin vom 19. Februar 1646 (Auserl. Samml. Ausf. II. S. 436, 431) stellt fest: die Vorbesitzer der Verklagten seien in die streitigen Lehne des verschuldeten Marten Kameke immittirt, des Letztern Lehnfolger seien verwarnt worden, in bestimmter Frist die eingezogenen und gehörig ästimirten Lehne mit baarer Zahlung zu redimiren; nachdem dann die Güter addicirt und die, im Erkenntnisse den Lehnfolgern gesetzte dreimonatliche Reluitionsfrist fruchtlos verflossen sei, sei die nunmehrige Revokation der jetzigen Kläger von Kameke unstatthaft. Der Bescheid betrifft ebenfalls nur die Präklusion eines Aufrufs zur Reluition, und könnte noch eher gegen Zettwach's Ansicht citirt werden, da er nur eine Aufforderung der „Lehnsfolger" zur Reluition erwähnt.

Die hinterpommersche Lehnkonst. Tit. 26 §. 1 versagt den Agnaten die Revokation, wenn ihnen zur Reluition ein gewisser Termin gerichtlich bestimmt ist, sie denselben nicht observirt haben und rechtskräftig präkludirt sind, und gestattet andernfalls, daß die Agnaten das Lehn nach Kauf oder Addiktion binnen 30 Jahren revoziren können. Die Vorschrift disponirt nur über die eigentliche Revokation §§. 33, 35, nicht auch (wie Schweder Anm. 4 „auf die Art, als selbe verkauft oder verpfändet sind" annimmt) von der Reluition, welche ohne Aufruf nicht blos in 30 Jahren, sondern immer zuläßig ist §. 28. Ohnehin bestimmt sie über den Anfangstermin der Einlösung und darüber, welche

Agnaten einlösen können, nichts Näheres. Die Reluition in einer gerichtsseitig bestimmten Frist betrifft den mehrgedachten Aufruf.

Das Projekt der vorpommerschen Lehnkonstit. Tit. 1 §§. 6—12 (v. Hymmen Beiträge zur jurist. Liter. I. Zugabe S. 61—64) hat gerade in diesem Abschnitte nicht vorhandenes Recht darstellen, sondern nur Vorschläge de lege ferenda aufstellen wollen, unter Projektirung einer Reluition, wenn das Lehn an einen Bürgerlichen — also damals Nicht-Lehnsfähigen — veräußert war. Vergl. Gutachten vom 21. Okt. 1768. v. Hymmen Beitr. II. S. 56. — Das Gutachten der Regierung zu jenem Projekte will jede Verpfändung über die Besitzzeit des Verpfänders oder über 24 Jahre für ungültig erklärt wissen. v. Hymmen I. Zugabe S. 68 ff. Auch diese Vorschläge sind nicht als geltendes Recht anzusehen, und treffen nicht die vorliegende Frage, ob ohne Aufruf nur der successionsberechtigte Agnat zur Reluition gegen den dritten Besitzer berechtigt ist.

Das Tribunals-Gutachten vom 21. Oktober 1768 stellt zwar schon die Zettwach'sche Ansicht auf, daß der Kreditor die Legitimation des Reluenten als proximior nicht fordern könne. Es giebt dafür aber nur den §. 29 Nr. 3 besprochenen Grund, daß dies seinerseits exceptio de jure tertii sei. Nur wenn noch Konsentirende oder deren Descendenten leben, will es die quaestio proximitatis rücksichtlich des Nachweises, daß dergleichen noch leben, zulassen. Dagegen will es mit derselben Konsequenz, wie die Resolution von 1720, den Pfandinhaber seine stipulirten Pfandjahre genießen lassen. v. Hymmen Beitr. II. S. 32, 33, 36. Das „Gutachten" hat an sich keine Gesetzeskraft und ist in der Judikatur des Obertribunals wiederholt für nicht maßgebend erachtet. Entsch. Bd. 5 S. 95. — Bd. 36 S. 125. Neue Gründe trägt das Gutachten zur Motivirung nicht bei.

Hiernach müssen wir resumiren: Für Altvor- und Hinterpommern steht das agnatische Recht zur Reluition verpfändeter Lehne — außer dem Falle des Aufrufs dazu — mit dem §. 27 bezeichneten Charakter dem Agnaten nur mit seiner Berufung zur Lehnssuccession zu; für eine frühere Zeit dagegen ist es den Agnaten ohne Rücksicht auf Proximität durch pommersches Lehnrecht nicht verliehen. Selbst wenn sie vor dem Lehnsanfalle, wie jeder Dritte, den Gläubiger befriedigen und in seine Stelle eintreten, so haben sie darin keine größern Rechte, wie jeder Dritte, gegen den Gläubiger und haben namentlich nicht das beneficium taxae oder das Einlösungsrecht vor Ablauf der Kontraktsfrist. **Unter allen Umständen** ist es inkonsequent, wenn das Obertribunal Entsch. Bd. 36 S. 141—143 den Agnaten nicht an die bewilligten Pfandbesitzjahre gebunden sein lassen will, weil er durch sein Successionsrecht ein jus quaesitum auf das Lehn hat, und dennoch dem Pfandbesitzer nicht den Einwand mangelnden Successionsrechts einräumen will. Entsch. Bd. 36 S. 146. Bd. 34 S. 112.

§. 31. Cession von Agnatenrechten.

Für alle, den Agnaten und Mitbelehnten auf veräußerte oder verpfändete Lehne zustehenden, Rechte (also nicht blos für das Reluitionsrecht) stellt Zettwach §. 171 den Satz auf, daß sie zu Gunsten eines „Unberechtigten“ nicht ausgeübt, demselben auch nicht abgetreten werden können. Namentlich sollen Fremde, welche nicht Mitglieder der beliehenen Familie sind, von der Zulässigkeit der Cession ausgeschlossen sein und in dieser Beziehung stimmt ihm das Obertribunal bei. Entsch. Bd. 34 S. 102. Wohl mit Recht. Jene agnatischen Rechte sind überhaupt zwar Vermögensrechte, aber doch solche, welche mit Rücksicht auf den favor agnatorum und auf den Zweck, die Lehne in der Familie zu erhalten, als persönliche Rechte der Agnaten und mit ihrer agnatischen Qualität verbunden anzusehen sind. Vergl. L.-R. I. 11 §. 382. Während darnach die Cession an Fremde nicht zulässig ist, so sind doch nicht gegentheils Cessionen aller agnatischen Rechte an alle Mitglieder der lehntragenden Familie unterschiedslos statthaft. Zettwach hat §. 171 den Ausdruck „Unberechtigte“ offenbar absichtlich gebraucht. In der Anmerkung nimmt er auf ein Erkenntniß vom 2. November 1705 Bezug, worin die Ausübung eines Revocationsrechts zu Gunsten eines Descendenten des Veräußerers — welcher also für sich die Veräußerung nicht anfechten konnte — für unstatthaft erklärt ist. Der von Zettwach aufgestellte Grundsatz soll dies bestätigen und mit ausdrücken; und es ist ihm auch hierin, sowie überhaupt hinsichtlich aller Unberechtigten, Recht zu geben. Gerade derartige Fälle, wie die Unmöglichkeit für Descendenten des Veräußerers, Akte ihres parens anzufechten, zeigen, daß die einem Theile der Mitglieder der Lehnsfamilie gegebenen oder erhaltenen Rechte an die Person der Berechtigten gebunden sind. Das Verbot für andere Mitglieder, sie geltend zu machen, würde sonst durch Cessionen fast immer illusorisch gemacht werden können. Schweder meint zwar Anm. 18 zu Tit. 26: es liefe auf eins hinaus, ob der agnatus sein Recht an des venditoris Descendenten cedire, oder es selbst exercire und das Gut hiernächst denselben wieder überlasse, was nicht verwehrt werden könne. Dies trifft aber die Sache nicht. Andernfalls wäre mit gleichem Rechte jede Cession von rein persönlichen Forderungsrechten, welche ein Vermögensobjekt zum Gegenstande haben, für zulässig zu erachten. Auch ist die Cession schon deshalb nicht mit der demnächstigen Uebertragung eines gewonnenen Objekts identisch, weil ein solcher Uebertragungsakt als selbstständige Verfügung ihrer besondern Art angesehn zu werden verdient.

Wenn hiernach einem Unberechtigten nicht cedirt werden kann, so kann aus denselben Gründen auch nicht ein, im Lehnsregister nicht eingetragener, Agnat als Cessionar eines Eingetragenen dessen Anfechtungsrechte geltend machen.

Wohl aber können mehrere gleich nahe Berechtigte ihr Gesammtrecht Einem unter ihnen cediren.

§. 31. Wiederkäufliche Veräußerung.

Der Kauf mit Vorbehalt des Wiederkaufs ist rechtsgeschichtlich nur eine andre Rechtsgeschäftsform für die Einräumung des Pfandbesitzes, so daß der Kaufpreis bez. Wiederkaufspreis materiell die Stelle der Pfandschuld vertritt. Mit Rücksicht hierauf ist die frühere Kontroverse: ob bei einer wiederverkäuflichen Veräußerung eines Lehns die Agnaten dieselben Rechte, wie bei erblicher unwiderruflicher Veräußerung haben, oder dieselben Rechte, wie bei der Einlösung verpfändeter Lehne — mit Zettwach §§. 108 ff. — vom Obertribunal, Entsch. Bd. 13 S. 406 ff. und Bd. 36 S. 138, dahin entschieden, daß bei wiederverkäuflicher Veräußerung Alles Anwendung findet, was bei dem in Pfandbesitz gegebenen Lehne anwendbar ist. Es mag daher genügen auf die Begründung dieses Satzes in den Entsch. Bd. 13 S. 393 ff. zu verweisen, so wie auch schon bei den vorstehenden Erörterungen über verpfändete Lehne die Gründe und Erkenntnisse, welche zunächst wiederkäufliche Veräußerungen betrafen, bezogen und berücksichtigt sind. Demgemäß kann auch hinsichtlich der Fragen, wieweit der Wiederverkaufsberechtigte die vom Vormanne bewilligten Wiederkaufsjahre abwarten oder sonst erschwerende Bedingungen gelten lassen muß; ob er die Schulden nur bis zur Höhe des Lehntaxwerths zu übernehmen braucht; welche Agnaten und wann zum Wiederkaufe berechtigt sind; wiefern sie in den Lehnregistern eingetragen sein müssen; ob eine Cession zulässig ist; sowie hinsichtlich der Unverjährbarkeit auf die Beantwortung in Betreff der verpfändeten Lehne §§. 26—31 verwiesen werden.

IV. Unwiderrufliche Veräußerungen.

§. 33. Grundsätze.

Das äußerste Mittel zur Befriedigung eines Gläubigers ist der Verkauf der Vermögenssubstanz seines Schuldners; und wie die Anomalien des pommerschen Lehnrechts von der Nothwendigkeit freierer Verschuldung des Lehns ihren Ausgangspunkt nahmen, so gingen sie zu Gunsten der Gläubiger bis zur Zulassung des Verkaufs der Lehnssubstanz selbst, nicht blos der Rechte des Lehnmanns daran. Die Konsequenz und das Interesse der Lehnbesitzer mußten auch zur Zulassung freiwilliger Veräußerungen des Besitzers führen, während auch hierbei den anderen Lehnberechtigten nur einzelne Rechte noch vorbehalten blieben.

Auch die, theilweise sehr streitige, Lehre über Veräußerung pommerscher Lehne ist noch praktisch geblieben, da nach dem Gesetz vom 4. März 1867 §§. 14, 15 die Revokation nicht nur für einzelne Kategorien auf 3 Jahre, sondern für andere noch für unbestimmte Zeit statthaft bleibt. §. 55.

Als Grundsätze in Betreff der unwiderruflichen Veräußerungen sind für das pommersche Lehnrecht nach Aufhebung des lehnsherrlichen Eigenthums anzunehmen:

I. Jeder Lehnbesitzer kann mit verbindlicher Kraft für alle Lehnberechtigten und unter Beendigung aller Lehnrechte die Substanz des Lehns unwiderruflich veräußern, wenn der Verkauf zur Tilgung seiner Schulden erfolgen muß; wenn der Besitzer dazu unter Zuziehung der Lehnberechtigten die Nothwendigkeit des Verkaufs feststellt und hierzu seine Schulden angiebt und nachweist; auch, sofern die Schulden nicht zu den gesetzlichen Lehnschulden gehören, den Nachweis führt, daß sie aus seinem Allodialvermögen nicht getilgt werden können. Ist dies nicht der Fall oder nicht erweislich, so bleiben den Agnaten die nachbenannten Rechte.

II. Auch ohne Konsens der Agnaten und ohne Nothwendigkeit wegen Schulden kann ein Lehn aus freier Hand

1) von einem lehnsfähig beerbten Besitzer an Jeden, und
2) von einem Besitzer, welcher keine lehnsfähige Descendenz hat, an ein Mitglied der lehntragenden Familie

verkauft werden; die Agnaten haben dann aber (früher nebst dem, inzwischen aufgehobenen, Vorkaufs- und Retraktrechte) das Recht zur entgeltlichen Revokation (III).

III. In solchem Falle (zu II.) können nach Abgang des Veräußerers und seiner Linie und der nähern Linien, welche in die Veräußerung gewilligt haben, die nicht konsentirenden Agnaten, sobald sie zur Lehnssuccession berufen sind und zwar jeder von ihnen binnen 30 Jahren von seinem Erbanfalle ab, das erblich und unwiderruflich veräußerte Lehn vom zeitigen Besitzer für sich zurückfordern, jedoch gegen Erstattung des Werths, für welchen der Lehnbesitzer das Lehn aus dem Lehngange veräußert hat, und gegen Vergütung der nothwendigen und nützlichen Verbesserungen, nach Abzug der Verschlimmerungen; ohne daß sich die Agnaten hierbei auf Bezahlung des Lehntaxwerths beschränken können. —

Auch gegen einen entferntern Agnaten, welcher das Lehn durch Allodialtitel erworben hat, hat der Näherberechtigte unter jenen Umständen (zu II.) dies Recht.

IV. Wenn ein, nicht mit lehnsfähiger Descendenz versehener Lehnmann das Lehn an einen Fremden ohne Konsens der Agnaten und ohne Nachweis einer Schulden halber eingetretenen Nothwendigkeit verkauft, so sind die Agnaten, welche nicht darin gewilligt haben, und zwar jeder, sobald er zur Lehnssuccession berufen ist und von dann ab binnen der Klageverjährungsfrist (30 Jahre) berechtigt, das Lehn ohne Erstattung des Kaufgeldes zurückzufordern. Sie sind dann aber verpflichtet, diejenigen Schulden zu übernehmen und zu vergüten, welche zur Zeit der Veräußerung erweislich entweder als Lehnsschulden auf dem Lehne gehaftet haben oder bei Unzulänglichkeit des Allodialvermögens des Veräußerers aus dem in seinem Besitze befindlich gewesenen Lehne zu tilgen gewesen sein würden.

Zum Verständnisse der lehnrechtlichen Anordnungen und Autoren ist daran zu erinnern, daß den Agnaten außer den, ihnen noch verbliebenen, Rechten früher noch das Vorkaufs- und Retraktrecht zustand, d. h. das Recht, binnen Jahr und Tag nach Bekanntmachung mit der Veräußerung und mit deren Bedingungen, in den Kauf unter denselben Bedingungen als Käufer einzutreten. Zettwach §§. 89—91. Als persönliches Recht des Agnaten, vom Veräußerer die Gestattung dieses Eintritts und die Uebergabe zu verlangen, wird dies Recht von der jetzigen Jurisprudenz Vorkaufsrecht, jus protimiseos, genannt, und als sogenanntes dingliches Vorkaufsrecht, d. h. als ein, unter Gewährung des (ersten) Verkaufspreises gegen den Käufer und gegen jeden spätern Besitzer auf Rückforderung des Verkaufsobjekts gerichtetes, Expropriationsrecht ist es das Retrakts- oder Näherrecht. Vergl. Eichhorn §§. 100 ff., 229. Entsch. Bd. 54 S. 183. — Laband im Arch. für civil. Praxis Bd. 52

S. 151—191. -- Der Ausdruck: Retrakt ist jedoch im ältern Sprachgebrauche unbestimmter als gleichbedeutend mit andern (namentlich agnatischen) Rückforderungsrechten, daher auch synonym mit Revokation und Reluition gebraucht. Vergl. Entsch. Bd. 36 S. 131—135. Das Vorkaufs- und das Retraktrecht, letzteres in der obenbemerkten eigentlichen Bedeutung, — welche Rechte den pommerschen Agnaten bei erblichen wie auch bei wiederkäuflichen Veräußerungen und antichretischen Verpfändungen zustanden, Zettwach §§. 89, 102 -- sind unzweifelhaft mit dem Gesetz vom 2. März 1850 Nr. 3233 §. 2 Nr. 6 und §. 4 aufgehoben, wenn nicht schon durch das Edikt vom 9. Oktober 1807, Entsch. Bd. 28 S. 301; – wogegen das Revokationsrecht der pommerschen Agnaten unter dieser Aufhebung nicht einbegriffen ist. Entsch. Bd. 36 S. 131—135, — Bd. 34 S. 63. Vorkaufs- und Retraktrecht waren die regelmäßigen Hülfsmittel der Agnaten; das Revokationsrecht dagegen nur ihre außerordentliche Beihülfe. Wenngleich nicht mehr praktisch, ist das Retraktrecht, für dessen Verständniß auf den oben citirten, treffenden lichtvollen, Aufsatz von Laband verwiesen werden muß, zum Begreifen des ganzen Lehnsystems äußerst wichtig. Vgl. unten §. 38 S. 97.

§. 34. Veräußerungen aus Noth wegen Schulden.

Unbestritten war ein Verkauf, welcher wegen Schulden des Lehnmanns nothwendig war, mit der Wirkung des vollen Eigenthumsübergangs auf den Käufer und unter Erlöschung der Rechte der Agnaten zulässig, wenn der Konsens der Agnaten nachgesucht, dieselben berufen und unter Nachweis der Nothwendigkeit letztere festgestellt und entschieden wurde. Die Agnaten konnten bei ihrer Zuziehung ihre Rechte geltend machen: das Vorkaufsrecht unter Eintritt in eine beabsichtigte Veräußerung, oder Bezahlung der Schulden unter Uebernahme des Lehns cum beneficio taxae auf Verkaufsandringen der Gläubiger. Wenn sie aber weder dies thun wollten, wozu ihnen eine Frist bewilligt werden sollte, noch auch in die Veräußerung konsentiren wollten, so sollten sie nach Ablauf der Frist mit allen Rechten präkludirt werden, falls die Nothwendigkeit des Verkaufs als nachgewiesen anzunehmen war; und war die dann erfolgte Veräußerung unanfechtbar. In dieser Weise stellt Engelbrecht introd. cap. 10 §. 11 Formalitäten, Verfahren und Wirkung dar, in Uebereinstimmung und Nachbildung nach dem Zuschlage für den Gläubiger bei Zwangsverkäufen. §. 24. Wollin'scher Landtagsabschied vom 9. März 1581: „daß ein jeder Beschuldigter, wenn er sonsten nicht solvendo, jedoch auf vorgehende unsre gnädigste Bewilligung und Kognition, auch auf rechtliche Aestimation, wie die künftig zu verordnen, vermöge der Landesprivilegien zu Rettung seiner Ehre sein Lehn in solutum seinen Kreditoren geben möge." — Reskr. vom 12. Nov. 1581 und 27. Febr. 1605. Wolgast'scher Landtagsabschied vom 7. Mai 1606. Letzterer stellt unter Bestätigung des Prinzips, daß „von den Lehnen auf'm Nothfall die Schulden abgezahlt" würden, fest, daß das Vorhandensein eines Nothfalls dem arbitrio und der Kognition des Landesfürsten und Lehnsherrn anheimgestellt sein soll. Die Vettern sollen vorgeladen werden. Auch Mevius de jure feud. pomm. cap. 2 bemerkt, daß der Lehnsmann, wann er zur Abhelfung seiner Noth das Lehn zu verkaufen gemüßigt wird, nach pomm. Privilegien seine Lehne veräußern möge, jedoch daß er zuvor . . . seiner Vettern Konsens erfordere. Zettwach §§. 85, 86 und S. 65, 66.

Eine derartige Feststellung bei der Veräußerung selbst ist längst nicht mehr in Uebung gewesen. Zettwach S. 73 zu Nr. 5. Für die Agnaten folgt aus ihrer Nichtzuziehung, daß ihnen gegenüber, sobald sie zur Succession berufen sind, der Verkauf als nothwendiger nachgewiesen werden muß, wenn er als solcher hinsichtlich ihrer verbindlich sein soll, und daß sie andernfalls ihre Rechte behielten.

Welche Schulden des Lehnmannes dabei zu berücksichtigen waren richtete sich natürlich nach den allgemeinen Grundsätzen über Tilgung von Schulden aus den Lehnen. Wie die Citate bestätigen, ist es nicht wesentlich, daß die Schulden für das Lehn nothwendig waren, sondern daß wegen der Schulden des Lehnmanns der Verkauf nothwendig wurde. §. 17 ff.

Daß Agnaten, welche in die Veräußerung konsentirten, ebenso wie die Zugezogenen oder Aufgebotenen und Präkludirten, keine weitern Ansprüche beim Erbanfalle auf das Lehn machen können, folgt aus der im Konsense liegenden Entsagung. §. 20. — Descendenten der Konsentirenden und Präkludirten haben nach §. 12 ebenfalls keine Rechte mehr.

§. 35. Wesen des Revokationsrechts.

Im Gegensatze zur Nothwendigkeit eines Verkaufs verweist Engelbrecht, welcher das schwedisch-pommersche Lehnrecht 1744 behandelt (introd. cap. 10 §. 10), für andere Fälle freiwilligen Verkaufs lediglich auf das gemeine Recht und das, darnach den Agnaten bleibende, salvum jus revocandi feudum se insciis atque invitis alienatum; weil das pommersche Lehnrecht die Befugniß, ohne Rücksicht auf den Konsens der Agnaten zu verkaufen, unice ad casum alienationis necessariae restringit atque in reliquis juri feudali communi locum relinquit. Auch

Mevius de jure feud. pomm. cap. 2 verweist über die Revokation der Lehnsvettern auf „die gemeinen Rechte, welche im Herzogthum Pommern, soweit die Alienation betrifft, nicht derogirt werden außerhalb der Nothfälle“ Schulden halber. Man wird daher für die Gestaltung des Revokationsrechts im pommerschen Lehnrecht — auch hinsichtlich der sich dennoch zeigenden Abweichungen — von dem Revokationsrechte des gemeinen Lehnrechts ausgehen müssen, um so mehr, als der Begriff der Revokation nicht dem pommerschen Lehnrecht eigenthümlich ist, sondern dem gemeinen Lehnrecht entspringt.

Die Revokationsklage, actio feudi revocatoria, ist nach gemeinem Lehnrecht die Vindikationsklage, mittelst welcher die Agnaten (nicht Descendenten), wenn sie zur Succession gelangen, das ohne ihre Einwilligung veräußerte Lehn als nunmehr zu ihrem sogenannten dominium utile gehörig vom fremden Besitzer zurückfordern; die Veräußerung des früheren Lehnbesitzers, woran sie nicht gebunden sind, rücksichtlich ihrer als unverbindlich jure delatae successionis aufrufend. Die Rückgewähr muß unentgeltlich und ohne Erstattung des, vom Besitzer oder seinem autor gegebenen Kaufpreises geschehn. Gerber §§. 126, 127. Eichhorn §. 228. Böhmer §§. 275, 276. Pätz §§. 138, 136.

Die Abweichung des pommerschen Lehnrechts betrifft die vom Revokanten zu gebende Entschädigung. Im Gegensatze zur gemeinrechtlichen Unentgeltlichkeit der Rückgewähr (welche auch das mecklenb. Lehnr. beibehalten hat Roth §. 69 S. 185), bestimmt das pommersche Lehnrecht, daß der Revokant dem Besitzer das, bei der Veräußerung aus dem Lehne gegebene, Kaufgeld erstatten muß; außer wenn ein nicht lehnsfähig beerbter Lehnmann an einen fremden zur beliehenen Familie nicht gehörigen Käufer verkauft. Hinterpomm. Lehnkonst. Tit. 26 §. 3: „Wenn die revocatio statt hat, muß das pretium sammt den nothwendigen und nützlichen Verbesserungen refundirt werden, weil die Agnati alle Schulden in subsidium zu bezahlen gehalten sein.“ Proj. zur vorpomm. Lehnkonst. Tit. 24 §§. 1, 10, 11, 15, 20, 21, Tit. 1 §§. 8—12 und Gutachten der Regierung dazu. — Gutachten vom 21. Oktober 1768. Zettwach §§. 83 ff., 92, 93 und S. 65—70. — Die Pflicht zur Erstattung des Kaufpreises besteht namentlich für die Veräußerungen 1. eines lehnsfähig beerbten Lehnmanns und 2. für die, an ein Mitglied der beliehenen Familie erfolgten, Veräußerungen eines nicht lehnsfähig beerbten Lehnmannes. In diesen Fällen wurde der Lehnmann für berechtigt angesehn, das Lehn vorbehaltlich des, gegen Erstattung des Gegebenen auszuübenden, agnatischen Revokationsrechts zu veräußern. Das Projekt der vorpommerschen Lehnkonstit. formulirte deshalb Tit. 22

§. 1 geradezu den Rechtssatz dahin: der Lehnmann könne das Lehn veräußern; die Agnaten müßten dies salvo jure retractus et salva actione revocatoria gestatten. Auch Zettwach §§. 83, 84 erklärt die Vasallen zu derartigen Veräußerungen geradezu für „befugt". Prov.=R. §§. 126, 127. — Der Besitzer hat daher auch wegen der Meliorationen, Deteriorationen und sonstigen Rückgewährsverpflichtungen die Rechte eines redlichen Besitzers. Ueber die Endschaft des redlichen Besitzes vergl. L.=R. I. 18 §. 295—297. — I. 7 §. 222.

Die Erstattungspflicht des Revokanten ändert im Uebrigen nicht die Natur der Revokationsklage, da auch die Vindikationsklage oft mit der Pflicht zur Erstattung des Gegebenen verbunden ist. L.=R. I. 15 §. 26. Die andern Bedingungen sind daher nach der Natur der gemeinrechtlichen Revokationsklage zu beurtheilen, soweit nicht ausdrückliche Abweichungen des pommerschen Rechts konstiren. Das Obertribunal hat deshalb auch mit Recht für die pommersche Revokation den Charakter der gemeinrechtlichen als einer den Agnaten nach angefallener Lehnfolge zustehenden Vindikation festgehalten. Entsch. Bd. 36 S. 132. In der Eigenthümlichkeit der pommerschen Lehne liegt ebenfalls nichts, was der Revokation einen andern Rechtscharakter gäbe. Die Verschuldungs= und Veräußerungsbefugniß des Vasallen und die Rechte fremder Besitzer und Gläubiger am Lehn haben eben ihre Schranke am Revokationsrechte der Agnaten, welches ihnen neben andern agnatischen Rechten noch belassen ist.

Im Tit. 26 §. 3 hinterpommerscher Lehnkonst. ist für die Erstattung des Kaufpreises als Motiv die subsidiäre Haftung des Lehns für die Schulden angegeben. Indeß findet die sonstige Beschränkung dieser Verhaftung durch das beneficium taxae §. 21 auf das Revokationsrecht nach entschiedener pommerscher Gewohnheit nicht Anwendung; der Revokant muß das pretium nebst Meliorationen, wie auch §. 3 cit. es unbedingt vorschreibt, ohne Rücksicht darauf geben, ob der Lehntaxwerth dadurch überschritten wird. Schweder Anm. 19 zu §. 3 Tit. 26. Engelbrecht cap. 12 §. 1 fin. Letzterer bezeichnet hier zwar die Rückforderung des Lehns gegen Gläubiger, quibus feudum plane in solusum datum, (welche das Lehn also jure dominii, nicht jure crediti besitzen) als jus reluendi; er bemerkt aber ausdrücklich, daß hoc casu onus exsolvendi debita etiam ultra taxam in reluentem devolvi aequum habeatur.

Zettwach hatte in seinem Gutachten von 1850 Justiz=Ministerial=Blatt S. 338 angenommen: das Revokationsrecht sei durch die Aufhebung der „Näher= und Retraktrechte" in §. 2 Nr. 6 und §. 4 Ges.

vom 2. März 1850 bereits aufgehoben. Auch das Tribunalsgutachten vom 21. Oktober 1768, v. Hymmen Beitr. II. S. 22, 51, hatte gemeint: die Revokation sei bis auf die Unterschiede in der Zeit und Verjährung dasselbe Recht, wie das Vorkaufsrecht, weil der Ausübende dasselbe prästiren müsse. Nach der sachgemäßen Ausführung des Obertribunals Entsch. Bd. 35 S. 64 ist jedoch das Revokationsrecht vom Retrakt- und Näherrechte wesentlich verschieden und durch das Gesetz vom 2. März 1850 nicht schon für aufgehoben zu erachten. Vergl. Gerber §. 127 Art. 12 und über die wesentlich andere Natur des Retrakts: Laband im Arch. f. civil. Pr. Bd. 52 S. 151—191.

Zur Vermeidung von Irrthümern, zumal im Verständnisse älterer Quellen und Autoren, ist überhaupt zu beachten, daß früher die Ausdrücke für die einzelnen Rechte sehr schwankend waren. Die eigentliche Revokation ist oft nebst der Reluition eines verpfändeten Lehns mit dem Gesammtnamen: Reluition bezeichnet. Hinterpomm. Lehnk. Tit. 26 §. 1. Schweder Anm. 2, 12 zu Tit. 26. Proj. der vorpomm. Lehnk. Tit. 24 §. 1. Andrerseits wurden die Revokation und das Vorkaufs- und Retraktrecht vielfach als zwei Arten des jus revocandi aufgeführt. Reskr. vom 27. Septbr. 1728 (Schweder S. 319) v. Hymmen Beitr. II. S. 38, 56. Schon Carpzov hatte, das sächsische Lehnrecht behandelnd, beide Rechte zwar Revokation genannt, aber bemerkt: das jus protimiseos — worunter er (wie auch das Gutachten vom 11. Oktober 1768) das Retraktrecht mit begreift — stütze sich auf Lehnsgewohnheit und sei darnach binnen Jahr und Tag nach der Veräußerung auch bei Lebzeiten des Veräußerers zuläßig; das andere eigentliche jus revocandi gründe sich auf das Successionsrecht und sei erst nach dem Erbanfalle vom Agnaten geltend zu machen. Carpzov defin. jurispr. for. rom. sax. sec. ord. const. p. II. const. 49 def. 1. Vergl. auch Zachariae sächs. Lehnr. 2. Ausg. §. 159 u. Anm. 1. Nach dem neuern juristischen Sprachgebrauche haben wir hier konsequent nur das letztere Recht als Revokationsrecht bezeichnet.

Darüber, daß der Revokant zur Zeit der Veräußerung bez. bis zum 1. Januar 1848 im Lehnsregister eingetragen sein muß, vergl. §§. 6, 8.

§. 36. Unentgeltliche Revokation.

Von der Verpflichtung des Revokanten, dem Besitzer den Kaufpreis zu erstatten, statuirt das pommersche Lehnrecht nur eine Ausnahme §. 33 Nr. IV. Wenn ein Vasall, welcher keine lehnsfähige Descendenz hat, nicht aus Nothwendigkeit Schulden halber und nicht an ein Mitglied der lehntragenden Familie, sondern an einen Fremden verkauft, so können die Agnaten diese Veräußerung als hinsichtlich ihrer Rechte unwirksam anfechten und brauchen dann das Kaufgeld dem Besitzer nicht zu erstatten. Dies ist nach Schweder Anm. 7 zu Tit. 26 S. 239, 240 und den von ihm angeführten Erkenntnissen, nach dem conclusum der Gesetzkommission vom 27. Juli 1781 und nach anerkanntem pommerschen Gewohnheitsrechte unbestritten.

Es besteht keine Bestimmung darüber, welche Wirkung die Unzulässigkeit einer solchen Veräußerung hat, ob sie unbedingt nichtig ist und schon während der Lebenszeit des Veräußerers von den Agnaten angefochten werden kann oder ob sie, so lange der Veräußerer lebt, wegen der Zulässigkeit der Uebertragung seiner Rechte wirksam bleibt und von den Agnaten erst nach dem Successionsfalle anzugreifen ist. Zettwach will daher mit Recht in dieser Beziehung das subsidiäre Recht, also für das landrechtliche Gebiet L.=R. I. 18 §§. 295—300, 302, 303, 328—330 anwenden. Zettwach §. 87 und S. 68—72. Pomm. Prov.=R. §. 129 und Anm. Hiernach können die Agnaten die Verfügung erst anfechten, wenn die Succession in das Lehn auf sie gelangt ist. Dies ist auch gemeinrechtlich der Fall. Das gemeine Recht kennt eine unbedingte Nichtigkeit von Veräußerungen des Vasallen nur bei mangelndem Konsense des Lehnherrn und rücksichtlich des Verhältnisses zum Lehnherrn, was hier jetzt unerheblich ist, wogegen die Agnaten nur revociren können, wenn sie zur Succession gelangen. Gerber §. 126. Eichhorn §§. 226—228. Böhmer §§. 275, 276. Die Agnaten können ohnehin prinzipiell Rechte nur aus ihrer eigenen Berechtigung geltend machen, also nur hinsichtlich der Unwirksamkeit gegenüber ihnen selbst und ihren Rechten Anspruch erheben, während bis zum Successionsfall ihr Recht nur ein bedingtes und zukünftiges ist.

In diesem Ausnahmefalle der unentgeltlichen, d. h. ohne Erstattung des Kaufpreises erfolgenden, Revokation bleibt jedoch nach pommerschem Gewohnheitsrecht der Grundsatz anwendbar, daß der Agnat die Schulden des veräußernden Lehnmanns (die sogenannten gesetzlichen pure, andere bei Insuffizienz des Allodialvermögens) aus dem Lehne bezahlen lassen muß. Das pommersche Lehnrecht nimmt an, daß ein nicht lehnsfähig beerbter Lehnmann ohne Noth absolut nicht an einen Fremden veräußern dürfe, dieser also, wenn er solchem Verbote entgegen dennoch in den Besitz des Lehns gekommen ist, dasselbe nicht jure dominii, sondern nur als Gläubiger des Lehnmanns besitzen dürfe und könne, und daß es sich bei der Rückforderung des Lehns dann nur um die Schulden des Lehnbesitzers handeln könne.

Mit dem Grundsatze der subsidiären Haftung des Lehns für alle Schulden ist daher auch dessen gesetzliche Beschränkung anwendbar, daß die Schulden nur bis zum Lehntaxwerthe gefordert werden können. §. 21. Zettwach S. 72.

Der Erwerber des Lehns, gegen welchen es revocirt werden soll, hat wegen der vom Agnaten hinsichtlich des Lehns anzuerkennenden Schulden, welche er bez. sein Autor mit dem Kaufgelde bezahlt hat, das Retentionsrecht. — Natürlich gilt dies Alles nur von den, zur Zeit der Veräußerung vorhandenen, Schulden; wegen derjenigen, welche der Veräußernde kontrahirte, nachdem er das Lehn schon veräußert hatte, kann das Lehn, dessen Besitzer der Schuldner schon nicht mehr war, von ihm nicht mehr belastet sein. Der Besitzer, gegen welchen revocirt wird, hat das Lehnsvermögen, wie es zur Zeit der Veräußerung bestand, also auch nur mit der damaligen auf dem Lehne haftenden Schuldenlast und beziehungsweise gegen Erstattung dieser Schulden herauszugeben.

§. 37. Legitimation des Revokanten.

Kontrovers ist für das pommersche Lehnrecht, welche Agnaten und wann sie revociren können. Das pommersche Lehnrecht kennt hierin keine Abweichung vom gemeinen Rechte; doch ist eine solche durch offenbares Mißverständniß hinein interpretirt worden.

Für das gemeine Recht galt früher die Frage, wann und wie lange den Agnaten die Revokation freistünde, für „inextrikabel und konfus". Carpzov defin. II. const. 48 def. 1. Schweder S. 231 nota a Nr. 4 zur Anm. 1 zu §. 1 Tit. 26. Der heutigen Jurisprudenz ist es längst unzweifelhaft, daß — wie schon Carpzov aufstellt — nach gemeinem Rechte jeder Agnat nur dann revociren kann, wenn er zur Lehnssuccession berufen ist. Das Revokationsrecht ist eben ein Ausfluß seines Successionsrechts und seiner erst durch den Erbanfall existent werdenden Besitzberechtigung. Eichhorn §§. 226—228. Gerber §. 126 not. 12 und §. 127 not. 12. Zachariä sächs. Lehnr. II. Ausg. §. 159 Nr. 1 §. 162a und Anm. 1. Pfeiffer in Weiske Rechtslexikon Bd. 6 S. 588 bis 590. — Dasselbe schreibt auch das L.-R. I. 18 §§. 295 ff. vor, mit der Modifikation, daß ein Agnat schon vorher dem dritten Mitkontrahenten des Veräußerers seinen Protest mittheilen kann, wornächst der Dritte dann nicht als redlicher Besitzer bei der dereinstigen Rückgewähr anzusehn ist; sowie daß der Agnat auch den Beweis zum ewigen Gedächtnisse zur Feststellung des Thatbestandes veranlassen kann.

Die Natur der pommerschen Lehne als verschuldbare und veräußerliche kann eine Abweichung von diesem Grundsatze des gemeinen Rechts um so weniger begründen, als diese Natur eher eine Rechtfertigung dafür sein könnte, den Erwerbern veräußerlicher Lehne mehr Rechte als weniger einzuräumen. Roth stellt auch für die mecklenburgischen Lehne, welche ebenfalls verschuldbare und veräußerliche sind, fest, daß zur Anstellung der Revokationsklage nach mecklenburgischem Lehnrecht Verstammung des Lehns vorausgesetzt wird. Im mecklenburgischen Lehnrecht ist die Kontroverse über den Beginn der, durch Reversale von 1621 bestimmten 30jährigen Verjährungsfrist mit Rücksicht auf die Fassung der Revers. gesetzgeberisch 1768 dahin entschieden, daß sie als Ersitzungsfrist für den Besitzer von der Veräußerung des Lehnguts, nicht vom Lehnsanfalle an beginnt. Dessenungeachtet erklärt Roth nur denjenigen Revokanten legitimirt, welcher im Laufe dieser 30 Jahre revozirend nachweist, „daß das Lehn, wenn es nicht wäre veräußert worden, zur Zeit der Klaganstellung auf den Petenten verstammt gewesen wäre". Roth mecklenb. Lehnr. §§. 65—69 S. 168, 184.

Die hinterpommersche Lehnkonst. Tit. 26 §. 1 disponirt nun: „Die pommerschen Lehne können die Agnaten jederzeit innerhalb 30 Jahren revociren, obgleich ein vasallus, der durch Kauf und Verkauf oder durch gerichtliche Addiction geschehenen Alienation halber, lehnherrlichen Consens erhalten. Wann sie aber darin konsentirt, oder ihnen ein gewisser terminus, welcher jedoch über Jahr und Tag sich nicht erstrecken soll, zur Reluition gerichtlich bestimmt und derselbe von ihnen nicht observirt worden, alsdann mögen sie ad revocatoriam, nachdem sie in dem letztern Falle auf öffentlicher juridica in contumaciam präkludirt sein, nicht weiter verstattet werden."

Die Frage, wann ein Agnat revociren kann, hängt mit der Frage zusammen, von wann ab die Verjährungsfrist der 30 Jahre zu rechnen ist, sofern diese als Klageverjährung erst dann beginnen kann, wenn für die Revokation actio nata ist. Schweder bemerkt dazu (Anm. 3 S. 235): „ob diese 30 Jahre von Zeit der Alienation oder von der Zeit, da nach Absterben des Alienanten und dessen männlichen Descendenten das Lehn Jemanden angefallen, anfange, darüber ist in Pommern lange gestritten .... bis Se. Majestät ... per rescr. vom 24. September 1728 und 5. Mai 1730 deklarirt, daß die 30 Jahre nicht von der Zeit der Alienation, sondern a tempore delatae successionis zu verstehn welches auch nicht nur denen gemeinen Lehnrechten gemäß, sondern auch der Intention derer, so diese Konstitution kompilirt, konform ist, wie aus dem bei der Königlichen Regierung befindlichen ersten Konzept zu sehen, als worin gesetzt war, daß die Agnaten die Lehne jederzeit revoziren könnten; wie aber dabei erinnert war, daß auf solche Art die dominia rerum immer ungewiß bleiben und auch de jure communi gewisse Jahre der Revokation präfigirt wären, so sind die Worte: innerhalb 30 Jahren noch inserirt, welche denn keinen anderen Verstand haben, als wie es nach gemeinen Lehnrechten deßhalb gehalten wird."

Hiernach ist die Verjährungszeit von 30 Jahren für jeden berechtigten Agnaten von dann ab zu rechnen, wenn er zur Lehnssuccession berufen ist, und kann er auch erst von dann ab, wie nach gem. R., revocatorie klagen. Die von Schweder citirten Rescripte v. 24. Sept. 1728 u. 5. Mai 1730, abgedruckt hinter Schweder's Anm. S. 319, 320, entscheiden ohne nähere Erläuterung, daß „die denen agnatis permittirte 30jährige revocatio feudorum a die delatae successionis und nicht a die alienationis an zu rechnen sei." Nach unbefangener Auffassung ist keine andere Auslegung möglich, als daß einem Agnaten die successio erst dann deferirt wird, wenn die näher berechtigten Agnaten und Linien fortgefallen sind und er nach Beseitigung aller Näheren zur Erbfolge in's Lehn berufen ist; wenn er also — vorausgesetzt, daß das Lehn fortdauernd im Lehngange besessen wäre — nach dem Tode seines letzten Lehnvormannes als dessen nächster Agnat und Lehnserbe in den Genuß des Lehns kömmt. Sicherlich ist dies auch für pommersches Lehnrecht allein richtig. Für Neuvorpommern bemerkt Engelbrecht, während er hinsichtlich der Legitimationsfrage für die Reluition auf die früher §. 29 erwähnte Resolution von 1720 bezieht, in Betreff der Revokation ausdrücklich, daß sie außer der besprochenen Zulässigkeit eines Nothverkaufs lediglich nach gemeinem Rechte zu beurtheilen ist und das pommersche Recht keine andere Abweichung kennt. Für Altvor- und Hinterpommern ist nach Schweder's Anm. 3 und den, von ihm citirten Materialien der hinterpommerschen Lehnkonstitution, sowie den Rescripten von 1728 und 1730 ebenfalls das gemeine Recht und der dies delatae successionis entscheidend. Das pommersche Lehnrecht kennt aber auch darin, wann dem einzelnen Agnaten die Erbschaft deferirt wird, keine Abweichung vom gemeinen Lehnerbrechte. In den neueren Entscheidungen des Obertribunals ist dies bei Erörterung der Natur der Revokation vorausgesetzt und wird eben daraus, weil dem Agnaten die Succession suo loco ordine als jus quaesitum gebühre, seine Befugniß hergeleitet, für seine berechtigte Besitzzeit nachtheilige Verfügungen früherer Besitzer anzufechten. Entsch. Bd. 36 S. 142. Ebenso erklären die Regierungs-Motive zum Ges. v. 4. März 1867 S. 11 das Prinzip: vermöge des

Revokationsrechts könnte „der nach der Successionsordnung nächste Agnat nach Abgang der Linie des Veräußernden und der consentirenden Agnaten das Lehn vom Besitzer zurückfordern, wenn die Successionsordnung ihm eröffnet war; die Ausübung dieses Rechts stand ihm von diesem Zeitpunkte an gerechnet 30 Jahre lang zu;“ ferner S. 13 den Grund: die Uebereinstimmung mit der gemeinrechtlichen Revokationsklage und das erst mit der Berufung zum Besitz durch Lehnfolge existent werdende Recht des Agnaten.

Dieser natürlichen Folgerungen ungeachtet ist die Frage zweifelhaft gemacht

I. wegen einer angeblich pommerschen Rechtsgewohnheit, daß nach dem Abgange der veräußernden und konsentirenden Linien jeder Agnat vom dritten Besitzer revoziren könne, und

II. wegen einer hierauf basirten, angeblich für das pommersche Lehnrecht berechtigten, abweichenden Auslegung des tempus delatae successionis.

I. Jene angeblich pommersche Rechtsgewohnheit ist in der That nicht vorhanden und beruht erweislich nur auf unrichtiger Anwendung des gemeinen Rechts und der Bestimmungen über das Retraktrecht. Ihre Quelle hat sie in einer irrthümlichen Ausführung von Schweder, welchem alle späteren Autoren gefolgt sind. In Anm. 2 zu Tit. 26 §. 1 hinterp. Lehnk. S. 232, 233 bemerkt Schweder zunächst: als das in Titel 26 §. 1 behandelte Revokationsrecht den Agnaten zweifelhaft gemacht sei, hätten die Landstände die fürstliche Entscheidung vom 4. August 1600 erwirkt, daß bei Veräußerung der Güter und derselben addictio in solutum das jus reluitionis den Agnaten allewege gestattet sei (vgl. §. 30). Er fährt dann fort: dies jus revocandi gebühre eigentlich nur dem nächsten Agnaten II. feud. 3 §. 1. II. feud. 9 §. 1. „Wenn aber der proximior nicht reluiren kann oder will, so ist der remotior juxta edictum successorium dazu zu admittiren. Carpzov P. 2 c. 49 d. 7“ und nach den Bemerkungen: es komme auf die Proximität zur Zeit der Revokation an und die angestrengte actio revocatoria transmittire das Recht auf die Descendenten, bemerkt Schweder ferner: „Es wird aber auf die Proximität nur alsdann gesehen, wenn verschiedene Vettern konkurriren und de proximitate streiten; wenn dies aber nicht ist, sondern ein Vetter hat mit einem fremden possessore allein zu thun, so ist genug, wenn er agnationem erweist und kann der extraneus ihm nicht exceptionem proximitatis opponiren, Mev. P. 3 dec. 137 n. 3, wie unter anderen auch erkannt worden in Sachen v. Petersdorf c.

v. Flemming's Söhne 1688, 1689 und Rexins Erben c. v. Pirch 1703, 1704."

Dies ist nur für den, hier auszunehmenden, und später §§. 40—45 zu besprechenden Fall, wenn die Agnaten zur Reluition oder Revokation sub poena praeclusionis aufgerufen werden, aus den desfallsigen besonderen Gründen richtig und außerdem noch für das Retraktrecht §. 38; nicht aber für die hier zu erörternden Fälle der Revokationsklage ohne vorgängigen Aufruf. Vorweg mag hinsichtlich des, später öfter geltend gemachten allgemeinen Grundes: daß der Einwand des Vorhandenseins anderer Agnaten ein Einwand de jure tertii sei, auf das in Betreff der Reluition Bemerkte §. 29 Nr. 3 verwiesen werden, da nicht Jeder, der vielleicht ein künftiges Recht haben kann, sondern nur Jemand, der ein jetziges Recht nachweisen kann, dem Besitzer seinen Besitz entziehen darf. Sodann ist zu erinnern, wie sich Schweder in dieser Anmerkung 2 mit seiner oben erwähnten Anmerkung 3 und mit der darin ausgeführten Harmonie mit dem gemeinen Rechte hinsichtlich der Verjährung a tempore delatae successionis in Widerspruch setzt.

Die Citate von Schweder dafür, daß jeder entfernteste Agnat ohne Rücksicht auf seinen Erbanfall revoziren könne und daß der dritte nicht zur beliehenen Familie gehörige Besitzer den Einwand mangelnder Proximität nicht machen könne, sind verfehlt.

1. Carpzov, welcher das sächsische Lehnrecht behandelt, sagt in defin. p. II. const. 49 def. 7 ausdrücklich nur vom jus protimiseos (unter welchem er das Retraktrecht immer einbegreift), daß der entferntere Agnat es ausüben könne, wenn der nähere nicht wolle; — was bei diesem Rechte auch nach gem. u. pom. Lehnr. richtig ist, §. 38. Carpzov nennt dies zwar Nr. 9 auch revocare, läßt aber (Nr. 1, 10) keinen Zweifel darüber, daß er nur vom jus protimiseos spricht. Er unterscheidet schon vorher in def. 1: duplex jus revocandi competit agnatis, sed ex fonte diverso; unum, quo mortuo alienatore, quando via succedendi ipsis aperitur, absque pretio (nach sächsischem Recht) fundum recuperant, quod in specie jus revocandi appellatur, de quo const. 48; idque jure succedendi ex prima investitura quaesito nititur. Alterum est jus protimiseos ... sola consuetudine feudali introductum. Er deduzirt dann im Verlaufe seiner Abhandlung ausführlich, daß — abgesehen von einer ohne Konsens des Lehnherrn erfolgten Veräußerung, welche als Felonie den Verlust des Lehns zur Folge habe und nach gemeinem Recht dem Lehnherrn, nach sächsischem Recht den Agnaten die sofortige Einziehung des Lehns gestattete — der Agnat erst dann das eigentliche Revokationsrecht habe, wenn er zur Succession berufen ist;

von dann aber beginne auch erst die Verjährung dieses Rechts gegen ihn; und wenn dann auch die Verjährung gegen einen näheren Agnaten abgelaufen sei, so könne darum doch der entferntere revoziren, dessen Verjährung von seinem Successionsfalle anfange, P. II. const. 49 def. 1, 2, 10. const. 50 def. 5, 6, const. 48 def. 13. — Das Schweder'sche Citat aus Carpzov kann hiernach nur das Verkaufs- und Näherrecht betreffen, welches übrigens auch von der Resolution vom 4. August 1600 wesentlich gemeint ist, an welche sich die ganze Anmerkung 2 von Schweder anschließt. Vgl. §. 30.

2. Auch die, von Schweder citirte Entscheidung bei Mevius ist offenbar über ihre Bedeutung hinaus interpretirt. Mevius theilt in den decis. wismar. Theil 3, 1665 unter Nr. 135—137 aus einem Erkenntnisse in Sachen Wilh. u. Heinr. v. Plathe wider Hans Jürgen v. Plathe drei Punkte mit. Das Sachverhältniß, in Nr. 135 und 136 erzählt, ist folgendes: Nach dem Tode eines verschuldeten Lehnmanns, welcher in Konkurs verfallen war, nahmen einige Agnaten als dessen Lehnserben das Lehn in Besitz. Ein anderer Agnat erhob als Erbprätendent Einspruch. Darauf wurde entschieden:

Nr. 135: daß der besitzende Erbe im Besitze zu schützen sei, bis das bessere Recht des Prätendenten feststehe;

Nr. 136: daß durch den concursus creditorum die Lehnssuccession nicht gehindert werde, indem der Erbe den Gläubigern nur den Taxwerth zu geben brauche;

Nr. 137: daß der Erbprätendent gegenüber dem besitzenden Agnaten seine Proximität zu beweisen habe. In diesem Zusammenhange giebt Mevius der Entscheidung über den letzten Streitpunkt Nr. 137 die Ueberschrift: Non sufficit in contentione super jure successionis contra alios possessores sola agnatio, sed gradus proximioris probatione opus est. Die Entscheidung dieses Punktes beginnt:

Wenngleich nach pommerschem Privilegium Agnaten zur Lehnssuccession kommen müssen, wenn sie (mit dem Lehnlasser) gleichen Namen und Wappen haben, und es auch sonst gemeinen Rechtens, daß durch den Nachweis der Agnation (Abstammung vom ersten Erwerber) das Successionsrecht erwiesen ist — ut istam (successionem) probet, qui agnationem docet —, obgleich die Proximität nicht feststeht — etsi proximitas non constet —: at ita demum id obtinet, si cum extraneo vel alio ac qui successionem ex sanguine obtendit res est. Secus se habet, quando inter ipsos consanguineos res sit, quorum qua consanguinitatem par est conditio et in eo tantum potior aliorum ratio spectatur, quod sunt proximiores. Dabei sei der Besitzer von der Beweislast frei u. s. w.

In dieser Entscheidung beruht auf speziell pommerschem Recht nur der §. 15 erwähnte Beweisgrundsatz, daß durch Gleichheit von Namen und Wappen die Vermuthung der Abstammung vom ersten Erwerber begründet wird. Alle anderen Sätze sind als allgemeine hingestellt. Sie betreffen überhaupt nur das Beweisthema und die Beweislast. Ueber den Beweis und über das zur Feststellung der Erblegitimation Nöthige entscheiden jedoch nur die jetzigen Vorschriften. Abgesehen davon kann man als richtig zugeben, daß der revozirende Agnat gegen den dritten Besitzer seine Erbberechtigung nachgewiesen habe, wenn er Gleichheit von Namen und Wappen oder sonst seine Abstammung vom ersten Lehnmann nachweist, auch wenn thatsächlich nichts Weiteres konstirt. Dies jedoch — und mehr sagt jenes Erkenntniß nicht — hat auf die Entscheidung unserer Kontroverse keinen Einfluß. Die Frage ist hier nicht, was thatsächlich feststehen muß, um die Erbberechtigung des Revokanten zu beweisen, sondern, ob der Revokant successionsberechtigt sein muß; ob, wenn etwa im Gegentheile feststeht, daß er nicht der nächst- und successionsberechtigte ist, er dennoch revoziren kann, oder ob es dem Dritten gegenüber bei der Revokation (und Reluition) gar nicht auf das Successionsrecht des Agnaten ankommt. Hierüber ist in der Entscheidung von Wismar nichts bestimmt; und wenngleich nach derselben in der Regel agnatione successio probatur, etsi proximitas non constet, so ist es doch damit vereinbar, etwa den Gegenbeweis zuzulassen, daß unter konkreten Umständen das Successionsrecht nicht begründet ist und überhaupt die Einwendungen zu gestatten, welche die Existenz des Successionsrechts betreffen. Die von Schweder aus der Entscheidung gezogene Konsequenz: extraneus könne exceptionem proximitatis nicht opponiren, enthält hiernach keinen besonderen pommerschen Rechtssatz, sondern nur eine unrichtige Folgerung aus dem gemeinen Rechte.

Die von Schweder citirten ferneren Entscheidungen können eine Rechtsgewohnheit nicht feststellen, so lange namentlich nicht konstirt, ob in jenen Fällen in Folge eines Aufrufs revozirt ist, ob sie auf ähnliche Anwendung des gemeinen Rechts oder auf pommersches Gewohnheitsrecht gegründet sind und ob sie das eigentliche Revokationsrecht oder das von Schweder selbst damit verwechselte Retraktrecht oder das der addictio in solutum unter Aufruf der Agnaten vorangehende Reluitionsrecht betreffen. In den von Zettwach S. 68 bezogenen Entscheidungen der Regierung zu Stettin und des Obertribunals vom 1. Mai und 10. Oktober 1754 ist hinsichtlich einer vorpommerschen Veräußerung, welche ein Graf von Eickstedt ohne Söhne zu haben und ohne casum necessitatis nachzuweisen vornahm, erkannt worden, daß das Kaufgeld nach Abzug der aus dem Lehn zu zahlenden Schulden in casum devolutae successionis von seinen Allodialerben erstattet werde.

Die späteren Autoritäten, welche allen Agnaten nach Abgang der veräußernden und näheren konsentirenden Linien die Revokation zugestanden haben, sind lediglich jener Anmerkung von Schweder gefolgt. In dem Bewußtsein, daß sie dadurch mit der Verordnung von 1730 und mit der natürlichen Auslegung des Verjährungsanfangs a tempore devolutae successionis in Konflikt kamen, haben sie diesen Konflikt auf die verschiedensten gezwungensten Arten zu lösen oder zu umgehen gesucht. Das ständische Projekt zur vorpomm. Lehnkonst. von 1750 Tit. 24 §§. 11—21 will alle Agnaten nach Abgang jener Linien zulassen, so daß alsdann für alle actio nata ist; will aber §. 14 das tempus praescriptionis nur dem obstiren lassen, auf den die Succession devolvirt worden, so daß die entfernteren das Lehn noch zur späteren Zeit revoziren können, sobald sie das jus succedendi erlangen. Auf diese Weise würde die juristische Monstrosität entstehen, daß die entfernteren Agnaten ein, in 30 Jahren verjährbares, Recht schon nach dem Abgange jener Linien erhalten; daß aber die Verjährung gegen sie oder ihre Abkömmlinge erst mit dem, vielleicht Jahrhunderte späteren, Momente beginnt, wenn sie successionsberechtigt werden. Dabei erklärt das Projekt §. 16: die actio feudi revocatoria gründet sich in jure et ordine succedendi! v. Hymmen Beitr. z. jur. Lit. I. Zugabe S. 211–218.

Das Tribunals-Gutachten v. 21. Okt. 1768 v. Hymmen Beitr. II. S. 48—50 wiederholt hinsichtlich der Proximität bei der Revokation lediglich die Bemerkungen von Schweder (Anm. 2) und setzt hinzu: es könne also eigentlich nicht gesagt werden, daß die Revokation erst post devolutam successionem, sondern post extinctam lineam alienantis angestellt werden könne. Das Gutachten — ohne Gewicht, da es keine Gründe bringt — will die Verjährung für alle Agnaten nach dem Erlöschen der Linien des Veräußerers und der etwa näheren Konsentirenden beginnen lassen, ohne die Differenz mit der Verordn. v. 1730 weiter zu rechtfertigen.

II. Unter Annahme des Grundsatzes, daß alle Agnaten nach Abgang der veräußernden und konsentirenden Linien revoziren können, ist in der Entscheidung eines Prozesses von 1790 und 1791 dem tempus delatae successionis, welches die Verordnung von 1730 als entscheidend angiebt, noch eine wunderbare Auslegung gegeben. Der Prozeß ist in v. Kamptz Jahrb. Bd. 54 S. 338 ff. vorgetragen:

Phil. Jul. v. Schwerin verkaufte 1719 das Lehngut Mocker an die Stadt Cöslin ohne Konsens der Agnaten. Seine Descendenz starb 1757 aus; seines Bruders Descendenz starb 1787 aus. Ein Descendent seines Vatersbruders, v. Schwerin-Wisbuhr, revozirte dann 1789 als nunmehr zur Succession gelangter Agnat das Gut gegen den Magistrat zu Cöslin. Er wurde in erster Instanz vom Hofgerichte Cöslin abgewiesen, weil seit 1757 über 30 Jahre vergangen seien. In zweiter Instanz erstritt er ein günstiges Erkenntniß der Regierung zu Stettin, aber nur, weil gegen den Kläger während des 7jährigen Krieges 1756 bis 1763 keine Verjährung begonnen habe und seit 1763 noch nicht 30 Jahre verflossen seien. In dritter Instanz erforderte und erhielt das Obertribunal von den beiden Gerichten erster und zweiter Instanz motivirte Gutachten vom 22. und 27. Juni 1791 über die vorliegende Streitfrage. Beide entschieden, daß nach dem Aussterben der veräußernden und konsentirenden Linien jeder Agnat und nicht blos der dann erbberechtigte revoziren könne, und daß von dann ab für alle Agnaten die 30jährige Verjährung beginne. Das Obertribunal stellte dann durch Erkenntniß vom 12. Juli 1791 das erste abweisende Erkenntniß wieder her.

Die Gründe der Gutachten haben meines Erachtens nichts Ueberzeugendes. Die Erbschaft soll darnach durch pommersches Lehnrecht nach dem Absterben jener Linien allen anderen Agnaten behufs Anstellung der Revokationsklage angefallen und dieser Zeitpunkt daher in dieser Beziehung des tempus delatae successionis sein. Für den Rechtssatz, daß dann alle Agnaten revoziren können, ist nur auf Schweder und auf das, ebenfalls nur den Schweder reproduzirende Gutachten von 1768 Bezug genommen. Selbst wenn dieser Rechtssatz richtig wäre, würde der in der Verordnung von 1728 und 1730 gebrauchte Ausdruck: tempus delatae successionis für jenen Zeitmoment nicht passen. Das pommersche Lehnrecht kennt keine andere Zeit des Erbanfalls für den Agnaten, als das gemeine. Da legislatorisch — für Altvor- und Hinterpommern — in der Verordnung von 1730 die Zeit des Erbanfalls als Anfangspunkt der Verjährung angegeben ist, so kann der Gesetzgeber nur angenommen haben, daß mit diesem Zeitpunkte erst die Klage angestrengt werden kann. Daß relativ zur Geltendmachung einzelner Rechte ein Erbanfall an alle Agnaten erfolgt sein sollte, müßte, wenn eine solche Abnormität gemeint wäre, eine ausdrückliche legislatorische Festsetzung statt des gemeinverständlichen tempus delatae successionis erfordert haben.

Der fernere Grund der Gutachten, daß die Konstit. Tit. 26 §. 1

mit der Bezeichnung: innerhalb 30 Jahren nicht ein besonderes spatium von 30 Jahren für jeden Agnaten, sondern nur ein spatium für Alle habe ausdrücken wollen, ist durch Schweders geschichtliche Anm. 3 S. 235 widerlegt. Darnach wollte der erste Entwurf der Lehnkonstitution, daß die Agnaten jederzeit, also unter Ausschließung aller Verjährung revoziren könnten. Erst auf die Erinnerung, daß auch de jure communi gewisse Jahre der Revokation bestimmt seien, wurden die Worte: innerhalb 30 Jahre hinzugesetzt. Mit Recht sagt Schweder, daß es deßhalb damit, wie nach gemeinem Rechte zu halten sei.

Ueber die Sachlage und Gründe der, im Gutachten der Regierung zu Stettin noch erwähnten 2 ferneren Prozesse konstirt nichts Näheres. Entscheidungen auf Grund mißverstandener gemeinrechtlicher Grundsätze können aber überhaupt kein pommersches Gewohnheitsrecht begründet haben.

Zettwach schließt sich ohne nähere Motivirung dem Resultate der Regierung zu Stettin an, deren Bericht vom 27. Juni 1791 er nebst dem §. 1 Tit. 26 hinterpomm. Lehnkonst., dem Reser. v. 1728, Deklar. v. 1730, Gutachten v. 1768 und den Entwürfen als Quellen bezeichnet. Zettwach §§. 95, 96. Von ihm aus ist der Grundsatz von der Zulässigkeit der Revokation für alle Agnaten nach dem Abgange der veräußernden und konsentirenden Linien und von der Verjährung binnen 30 Jahren von dann ab weiter in das pomm. Prov.-R. v. 1835 §. 137 und in dem revidirten Entwurf v. 1836 §. 116 ohne fernere Begründung übergegangen. Wenn die Ansicht von Zettwach richtig wäre, so würde das, dem pommerichen Lehnrecht gewiß nicht entsprechende Resultat herauskommen, daß, wenn ein nicht lehnsfähig beerbter, also in geringerem Maße zur Veräußerung befugter, Lehnbesitzer an einen Fremden veräußert hat, die Agnaten nach dem subsidiarisch anzuwendenden gemeinen Rechte bez. L.-R. I. 18 §. 295 erst dann revoziren können, wenn sie zur Lehnssuccession berufen sind (§. 36 u. Zettwach S. 70, 71 zu §. 87); daß dagegen, wenn ein lehnsfähig beerbter Besitzer veräußert hat, alle Agnaten schon nach Abgang der veräußernden und konsentirenden Linien revoziren können.

Bei der Wichtigkeit der Sache müssen wir im Anschlusse hieran noch im folgenden §. 38 den Zettwach'schen allgemeinen Grundsatz über Einwendungen dritter Besitzer aus der Proximität auf das unseres Erachtens richtige positive Maß reduziren.

§. 38. Legitimationseinwände dritter Besitzer.

Zettwach stellt als allgemeine Grundsätze des pommerschen Lehnrechts auf:

§. 165. Dem Agnaten oder Mitbelehnten, welcher aus dem Besitze eines zur beliehenen Familie nicht gehörigen Fremden ein Lehn in Anspruch nimmt, kann der dritte Besitzer in der Regel nicht den Einwand entgegensetzen, daß Agnaten oder Mitbelehnte vorhanden sind, welche zur Ausübung der Lehnrechte näher oder gleich nahe berechtigt sind.

§. 166. Vielmehr genügt zur Ausübung der Befugnisse des Lehnberechtigten, daß dieser sich als Agnat oder Mitbelehnter ausweist.

§. 167. Eine Ausnahme findet statt, wenn der vermöge Allodialtitel Besitzende selbst zur beliehenen Familie gehöre (— was schon durch die Fassung des §. 165 ausgeschlossen ist —), und

§. 168 „wenn die Ausübung des betreffenden Lehnrechts von dem Abgange der Linie derjenigen, welche die Veräußerung vorgenommen oder in dieselbe gewilligt haben, bedingt ist, und eine gerichtliche Aufforderung zur Ausübung der Lehnrechte von Seiten des fremden Besitzers nicht erfolgt ist."

§. 169. „Außer diesen Fällen kann demjenigen, welcher sich zur Ausübung der Lehnrechte bereit erklärt, der Einwand hinsichtlich der Nächstigkeit nur von denjenigen Agnaten und Mitbelehnten entgegengesetzt werden, welche als näher berechtigt ihn von der Ausübung der Lehnrechte zur Zeit ausschließen können."

In solcher Allgemeinheit aufgestellt, gehören diese Sätze erst Zettwach eigenthümlich an. Vorher hatte dieselben jedoch das Projekt der vorpomm. Lehnkonst. Tit. 24 §. 19 hinsichtlich der Revokationsklage aufgestellt, v. Hymmen Beitr. I Zugabe S. 220; und das Trib.-Gutachten v. 21. Oktober 1768 hatte für das Vorkaufs- und Retraktrecht, für die Revokation und für das Reluitionsrecht geltend gemacht, der dritte Besitzer könne den Einwand der mangelnden Nächstberechtigung nicht opponiren, da dies seinerseits eine exceptio de jure tertii sei. Diese Grundsätze sind weder nach ihrer Entstehung und früheren Geltendmachung besonderes pommersches Recht, noch sind sie in dieser Allgemeinheit richtig. Bereits bei der Erörterung der Legitimation zur Reluition und Revokation §§. 29, 30, 37 ist ausgeführt, daß gerade bei diesen wesentlichsten agnatischen Rechten gemäß ihrer Natur der Einwand mangelnder Nächstigkeit allerdings zulässig ist. Namentlich ist dort auch gezeigt, wie sich die Theorie von der Unzulässigkeit eines solchen Einwandes nicht auf eigenthümliche pommersche Rechte gründet, sondern auf unrichtige Anwendung gemeinen Rechts und allgemeiner Rechtsgrundsätze. — Die Ausnahme, welche Zettwach im §. 168 aufstellt, paßt gemäß §§. 95, 104 seines Lehnrechts gerade auf das Revokations- und das Reluitionsrecht. Man könnte daher, bei wörtlicher Auslegung des §. 168 versucht sein, anzunehmen, daß Zettwach übereinstimmend mit unserer Ansicht der Meinung wäre: die s. g. Regel, daß der dritte Besitzer jenen Einwand nicht aufstellen könne, finde hinsichtlich der Ausübung solcher Lehnrechte, welche vom Abgange der veräußernden und konsentirenden Linien abhängig sind, überhaupt nicht statt, außer wenn der dritte Besitzer zu solcher Ausübung provozire; sie finde also bei der Ausübung des Revokationsrechts und des Reluitionsrechts, welche beide nach Zettwach §§. 95, 104 vom Abgange jener Linien abhängig sind, nicht statt. Indeß erklärt Zettwach §§. 95, 104 zu jenen Rechten ausdrücklich sämmtliche Agnaten nach Abgang jener Linien für berechtigt und beruft sich für seine Theorie der §§. 165—169 ohne weitere Aufklärung auf §. 19 Tit. 24 Proj. z. vorpomm. Lehnkonst. und auf das Gutachten von 1768. Demnach ist anzunehmen, daß Zettwach die Ausnahme des §. 168 nur in demselben Umfange zuzulassen meint, wie jenes Projekt und jenes „Gutachten." Beide gestatten den Einwand der Proximität nicht absolut, sondern nur hinsichtlich der fortdauernden Existenz der Linien des Veräußerers oder näherberechtigter Konsentirender, v. Hymmen Beitr. II. S. 32, 33, 48—50. I. Zugabe S. 220. —

In Betreff dieser beiden Rechte wird es genügen, auf die Widerlegung in den früheren Erörterungen §§. 29, 30, 37 zu verweisen. Zettwach beruft sich für seine Theorie der §§. 165—169 nur auf das Projekt der vorpommerschen Lehnkonstitution, auf das Gutachten v. 1768 und auf die schwedische Resolution von 1720. Alle diese Quellen sind schon dort erörtert und ist nachgewiesen, daß ihr Inhalt nicht pommersches Recht, sondern unrichtig angewendetes gemeines Recht ist. Hiermit fällt auch die Bedeutung der §§. 165—169 als s. g. pommerscher Rechtsgrundsätze.

Wahr ist die s. g. Regel der Unzulässigkeit des Einwandes aus der nicht vorhandenen Nächstigkeit nur

1) für die Fälle des gerichtlichen Aufrufs bei Subhastationen und der, seitens des Besitzers erfolgenden, Provokation der Agnaten zur Ausübung ihrer Lehnrechte. In diesen Fällen folgt die sofortige Zulässigkeit der Ausübung aus dem Zwecke des Aufrufs und der Provokation, nämlich aus der mit Präklusionsandrohung verfolgten Absicht, alle Lehnrechte sofort zur Beseitigung oder zur Ausübung zu bringen §§. 40 ff., 44 ff. Eben deßhalb kommt es dann nicht einmal darauf an, ob von den Linien des Veräußerers oder der Konsentirenden noch Jemand lebt.

2) Außerdem hatten alle Agnaten das, durch das Ges. v. 2. März 1850 aufgehobene, Verkaufs- und Näherrecht (Retrakt) binnen Jahr und Tag nach der Veräußerung. Zur Ausübung dieses Rechts in den

Fällen, wo es überhaupt anwendbar war, war jeder Agnat ohne Rücksicht auf Succession berechtigt, vorbehaltlich der Verpflichtung, dem Näherberechtigten zu weichen. Zettwach §§. 89—91. Roth mecklenb. Lehnr. §. 70 Nr. 5 S. 187. Dies war keine besondere Eigenthümlichkeit des pommerschen Lehnrechts; sondern es fand gemeinrechtlich dasselbe statt. Das agnatische Näherrecht beruhte eben auf dem Vorrechte aller Lehnsgenossen, das Lehn der Familie zu erhalten; sowie die analogen Retraktrechte der Nachbarn, Miteigenthümer, Markgenossen, Familienmitglieder bei Erbgütern u. s. w. auf ähnlichen Motiven beruhten. Nach der interessanten juristischen Konstruktion der Näherrechte von Laband im Arch. f. civil. Pr. Bd. 52 S. 151 ff. ist das Retraktrecht hinsichtlich seiner Ausübung gegen den dritten Besitzer eine Expropriation zu Gunsten socialer Verhältnisse, welche früher als vorwiegend erhaltungsberechtigt angesehen wurden.

Außer diesen Fällen, in welchen überhaupt nicht nur der successionsberechtigte, sondern jeder Agnat sein Recht hatte, hat dagegen die Ausschließung des Einwandes der Berechtigung im pommerschen Lehnrechte keinen Raum und kann noch weniger als eigenthümlich pommersches Recht anerkannt werden. Das beneficium taxae ist, wie §. 27 bemerkt ist, überhaupt kein für sich bestehendes Klagerecht auf Herausgabe des Lehns, sondern ein, mit der Succession oder Reluition verbundener Einwand gegen die Belastung des Lehns über den Lehnstaxwerth hinaus. In Betreff des beneficii taxae kann daher der Einwand fehlender Proximität nur in Verbindung mit dem Anspruche aus der Succession oder Reluition Bedeutung haben.

§. 39. Vererbpachtung. Tausch.

In gleichem Maße wie Verkäufe waren auch erbliche Ueberlassungen von Nutzungsrechten am Lehn, Vererbzinsungen und Vererbpachtungen nach pommerschem Lehnrecht unzulässig. Sie stehen dem Verkaufe rücksichtlich der Rechte der Agnaten ganz gleich und finden also auch dieselben Rechtsmittel der Revokationsklagen darauf Anwendung. Zettwach S. 74.

Vorübergehend hatte indeß §. 5 des Edikts v. 9. Okt. 1807 den Lehnbesitzer berechtigt erklärt, „mit Vorwissen der Landespolizeibehörden nicht blos einzelne Bauerhöfe, Krüge, Mühlen und andere Pertinentien, sondern auch das Vorwerksland ganz oder zum Theil und in beliebigen Theilen zu vererbpachten“ ohne Widerspruchsrecht der Lehnfolger, „wenn nur das Erbstands oder Einkaufsgeld zur Tilgung des zuerst ingrossirten

Kapitals oder in etwaniger Ermangelung ingrossirter Schulden zu Lehn verwendet wird." In Folge der ferneren Agrargesetzgebung konnte dann der Kanon, welcher vom Erbpächter zu zahlen war, nach §. 2 des Cultur-Edikts v. 14. Sept. 1811 und §. 29 der Ablös.-Ordn. v. 7. Juni 1821 durch Kapitalzahlung abgelöst werden und es war hierin die Möglichkeit gegeben, ohne Genehmigung der anderen Lehnberechtigten ein Lehngut durch Vererbpachtung und demnächstige Ablösung des Kanons in ein Geldlehn zu verwandeln. Zur Beseitigung dieser Konsequenz wurde durch Kab.-O. v. 28. Juli 1842 G.-S. S. 242 die vorgedachte Bestimmung des §. 5 des Edikts v. 9. Okt. 1807 suspendirt. Nach §. 91 Ges. v. 2. März 1850 sind Vererbpachtungen überhaupt nicht mehr zuläßsig. Die in der früheren Zwischenzeit 1807—1842 erfolgten Vererbpachtungen bleiben natürlich rechtsverbindlich.

Für Tauschgeschäfte statuirt das pommersche Lehnrecht keine besonderen Bestimmungen und da es Veräußerungen nur für Schulden-Nothfälle gestattet, so sind bei Veräußerungen durch Tausch den Lehnberechtigten dieselben Rechte, wie sie ihnen bei jeder anderen Veräußerung zustanden, zuzubilligen. Zettwach S. 75.

Eine Modifikation für Tausch in geringerem Umfange hat das für die ganze Monarchie unter Beseitigung entgegengesetzter Provinzialrechte erlassene Gesetz v. 27. Juni 1860 G.-S. S. 384 herbeigeführt. Darnach kann jeder Lehnbesitzer ohne Einwilligung der Lehnberechtigten, Hypotheken- und Realgläubiger einzelne Gutsparzellen gegen andere Grundstücke vertauschen, wenn bei landschaftlich beliehenen Gütern die Kreditdirektion, bei anderen die Auseinandersetzungsbehörde bescheinigt, daß der Tausch den Interessenten unschädlich sei. Ein solches Attest soll nur ertheilt werden, wenn die abzutretende Parzelle im Verhältnisse zum Gute, von welchem sie abgetreten werden soll, von geringerem Werthe und Umfange ist und letzteres durch den Tausch nicht verliert. Wenn die gegen einander auszutauschenden Grundstücke ungleiche Werthe haben, so ist eine Ausgleichung durch Kapitalzahlung zuläßsig. Hinsichtlich der Verwendung solcher Kapitalien in das Hauptgut kommen die gesetzlichen Vorschriften über die Verwendung der Ablösungskapitalien zur Anwendung. §. 4.

Vergl. die früheren Gesetze für solche Vertauschungen v. 13. April 1841 G.-S. S. 79 in Verbind. mit Ges. v. 15. Febr. 1840 G.-S. S. 20 (§. 24) u. Ges. v. 3. März 1850 G.-S. S. 145.

V. Aufgebot und Subhastationen bei Lehnen außer dem Lehngange.

A. Aufgebot auf Antrag der Besitzenden.

§. 40. a. Antrag fremder Kauf-Besitzer.

Das pommersche Lehnrecht gestattet den Besitzern von Lehngütern, welche nicht im Lehngange besessen werden, die Lehnberechtigten zur Ausübung ihrer Lehnrechte gerichtlich zu provoziren. Das ältere pommersche Lehnrecht kannte ein solches Aufgebot nur seitens der s. g. extranei, welche nicht zur beliehenen Familie gehörten, und wurde das Verfahren durch das Reskr. v. 1. Nov. 1783 Jahrb. Bd. 29 S. 231 für Alt- und Hinterpommern regulirt. Das Gesetz vom 28. November 1826 gestattete eine gleiche Provokation auch den zur lehntragenden Familie gehörigen Mitgliedern, welche das Lehn durch Kauf oder lästige Verträge oder durch Revokationsklage erwerben oder erworben haben.

Für beide Arten von Provokationen sind die Vorschriften für das Verfahren, wie sie Zettwach §§. 136 - 164, Prov.-R. §§. 170—191 näher angiebt, durch das Ges. v. 11. Juli 1845 darin modifizirt, daß nur die, zur Zeit der Provokation im Lehnregister eingetragenen, Lehnberechtigten zuzuziehen sind.

Das dem extraneus zugestandene Recht zur Provokation auf Aufgebot besteht unzweifelhaft für den Fall, wenn das Lehn erblich und unwiderruflich veräußert ist. Die Agnaten werden sub poena praeclusionis citirt und diejenigen, welche sich zur Ausübung ihrer Lehnrechte nicht melden, werden mit ihren Rechten präkludirt, „ohne Unterschied, ob das Successionsrecht bereits an sie gekommen ist oder nicht". Sie werden dann auch später zur Revokation nicht verstattet. Schweder Anm. 10, 12, 13 zu Tit. 26 §. 1 hinterp. Lehnk. Denjenigen Agnaten, welche sich melden, gesteht Zettwach §. 137 (Prov.-R. §. 171) das Recht zur Revokation zu, auch wenn ohne das Aufgebot Zeit und Umstände sie noch nicht zur Revokation berechtigen würden; also wenn die veräußernden oder konsentirenden Linien noch leben und die anderen Agnaten sonach an sich noch nicht revoziren können. Das Obertribunal hat jedoch in seinem Plenarbeschlusse v. 9. Dezbr. 1839 Entsch. Bd. 5 S. 87—96 den Satz aufgestellt, daß eine solche Provokation für den sich meldenden Agnaten, auf welchen die Succession noch nicht verfallen ist, kein Recht begründet, das Lehn zu revoziren. Zettwach hat dagegen noch 1850 Just.=Min.=Bl. S. 346, 347 seine Ansicht aufrecht gehalten.

Die Begründung des Tribunal=Beschlusses kann auch nicht für ausreichend gehalten werden. Sie beruht darauf, daß die öffentliche Aufforderung nicht im Interesse der Agnaten, sondern des Besitzers zur Sicherstellung seines Besitzes nachgelassen sei, daß für den sich meldenden Agnaten zu seinen Gunsten kein abgeändertes Lehnfolgerecht entstehn, der Provokant durch seinen Antrag nicht die sonst nicht existirende Verbindlichkeit übernehme, das Lehngut jedem sich meldenden Agnaten herauszugeben und daß das, was nach der Absicht des Gesetzes eine Begünstigung des durch Kauf zum Besitze Gelangten sein sollte, sonst zu seinem größten Schaden gereichen würde. Den sich meldenden Agnaten, welche nach den sonstigen gesetzlichen Bestimmungen noch nicht zur Revokation berechtigt sind, will das Obertribunal nur ihre Rechte für den später eintretenden Fall, wenn sie berechtigt würden, vorbehalten wissen.

Diese allgemeinen Erwägungen widerlegen sich dadurch, daß das Gesetz nicht beabsichtigt haben kann, dem Besitzer nur Kenntniß von denjenigen Agnaten zu geben, welchen in Folge ihrer Meldung Rechte vorbehalten bleiben würden, sondern das Recht auf dauernden Besitz definitiv jetzt zu reguliren; wie ja auch die nicht gemeldeten definitiv präkludirt werden, ohne Rücksicht darauf, ob sie ein gegenwärtiges oder nach sonstigen Rechtsgrundsätzen nur ein mögliches zukünftiges Recht haben. Durchgreifend ist, daß seit undenklichen Zeiten bei den pommerschen Gerichtshöfen der Grundsatz befolgt ist, daß, wenn der dritte Besitzer die Agnaten zur Ausübung der Lehnrechte provozirt, dies in der Intention geschieht, die Auflösung des lehnrechtlichen Verhältnisses herbeizuführen, und daß in solchem Falle jeder Agnat die ihm sonst zur Zeit noch nicht zustehenden Lehnrechte jetzt geltend machen kann, sobald sie ihm nur bei fortdauernder Lehnsqualität des Objekts später in Aussicht stehn. Dies wird bestätigt durch die von Zettwach und auch von Schweder bezogenen Atteste der Hofgerichte zu Stettin und Stargard vom 12. März 1645 und 3. April 1674 (vergl. Anm. zu §. 24), durch das Tribunals=Gutachten vom 21. Oktober 1768, welches den usus bestätigt, und das Reskript vom 1. November 1783, welches zu III. und IV. jene Befugniß voraussetzt. Weder durch den Plenarbeschluß von 1839, noch durch 3 frühere vom Obertribunale in gleichem Sinne erlassene Entscheidungen vom 23. November 1805, 17. Dezember 1807 und 12. Januar 1808 (vergl. v. Kamptz Jahrb. Bd. 54 S. 338) kann dieser bis dahin als pommersches Gewohnheitsrecht an=

zusehende Grundsatz beseitigt erachtet werden. Wenn der Besitzer mit seiner Provokation sich nicht den Ansprüchen eines sonst noch nicht berechtigten entfernten Agnaten aussetzen will, so soll er — wie Gener.-Landsch.-Dir. v. Eickstedt bei einer andern Gelegenheit Jahrb. Bd. 56 S. 87 treffend sagt — das Aufgebot unterlassen und es bei der alten Verfassung bewenden lassen, daß er das Lehn als revokables Eigenthum behielt und den Agnaten ihre Rechte für den eintretenden Fall unbeschränkt blieben. — Dieselben Gründe, welche das Obertribunal in spätern Entscheidungen dafür geltend machte, daß beim Subhastationsaufrufe jeder Agnat die entsprechenden Rechte sofort ausüben könne, §. 44, sind im Wesentlichen auch beim Aufgebotsantrage des Besitzers hierfür gültig. —

In einem noch ungedruckten Erkenntnisse des Obertribunals vom 22. März 1867 in Sachen v. Borke wider Müller und Genossen wegen Revokation des Lehnguts Gerdshagen ist bemerkt: wie die eingesehenen Materialien zum Gesetz vom 28. November 1826 ergeben haben, hat im Gutachten der Abtheilungen des Staatsraths für die Justiz und das Innere vom 27. September 1826, welchem der Staatsrath mit Ausnahme einer Stimme beigetreten ist, der Grundsatz Anerkennung gefunden, daß bei der Veräußerung außerhalb der Familie Lehnsvettern, welche noch nicht zur Succession stehn, mithin von der Ordnung zur Revokationsklage noch nicht ergriffen sind, (beim Aufgebote) dennoch dies Recht ausüben müssen oder damit präkludirt werden. Vergl. §. 43.

Wenn mehrere Agnaten sich zur Ausübung melden, so unterscheidet unter ihnen, wie auch beim Retrakt, die nähere Successionsberechtigung über das Vorzugsrecht. §. 38.

§. 41. Beneficium taxae hierbei?

Behauptet ist: wenn ein Lehn unwiderruflich veräußert sei und der fremde Besitzer die Agnaten zur Ausübung ihrer Lehnrechte aufbieten lasse, so könnten diese außer dem Revokationsrechte auch das beneficium taxae ausüben und zwischen dem letztern Rechte und dem Revokationsrechte wählen. Zettwach §. 99. Reskr. v. 1. Nov. 1783 zu IV. resp. I. II. Reskr. v. 21. Mai 1785. Indeß schon zum Prov.-R. §. 139 bemerkt Zettwach: diese Ausnahme sei keineswegs unbedenklich. Sie muß auch als unrichtig bezeichnet werden.

An sich können die Agnaten, welche zur Ausübung ihrer Lehnrechte aufgerufen werden, falls sie sich melden, doch nur diejenigen Rechte geltend machen, welche ihnen nach der Lage des Falles zustehn, und wenn es auch zum Zwecke des Aufgebots nachzugeben ist, daß sie ihre Rechte sofort ausüben können, selbst wenn sie sonst ohne Aufgebot noch warten müßten, so liegt es doch nicht im Wesen oder Zwecke des Aufgebots, daß ihnen dadurch andere Arten von Rechten geschaffen werden sollen, als sie hinsichtlich dieses Lehns haben. Im Falle einer unwiderruflichen Veräußerung haben sie jedoch zwar das Revokationsrecht, aber nicht das Recht der Einlösung cum beneficio taxae §. 35 (den Fall des §. 36 ausgenommen, in welchem das benef. taxae allerdings auch beim Aufgebote zuzugestehn ist).

Das Reskript vom 1. November 1783, welches dennoch zu IV. in Verbindung mit I. und II. beim Aufrufe des fremden Besitzers die allgemeine Anwendbarkeit des beneficii voraussetzt, ist nicht maßgebend. Dasselbe soll nur das Verfahren reguliren und beabsichtigt selbst nicht, neue Rechtsprinzipien aufzustellen. Vergl. Eingang Jahrb. Bd. 56 S. 87 ff. Die im Reskripte vorausgesetzten Rechtsgrundsätze sind schon in mehreren andern Beziehungen als unrichtig nachgewiesen, so Zettwach S. 92 ff. und Just.-Min.-Bl. 1850 S. 345. — Die Regierung zu Stettin hatte am 11. April 1785 entgegengesetzt berichtet: den Agnaten stehe bei freiwilligem Verkaufe nicht das beneficium taxae zu. Jahrb. Bd. 56 S. 79. Auf Anfrage des Kanzlers v. Carmer an den General-Landschafts-Direktor v. Eickstedt, dessen Gutachten vom 25. Oktober 1783 die Grundlage des Reskripts vom 1. November 1783 gebildet hatte (Jahrb. Bd. 56 S. 38—57), rechtfertigte Letzterer durch Bericht vom 15. Mai 1785 die Zulassung des beneficii auch nur durch allgemeine, kaum de lege ferenda zulässige, Gründe: weil sonst die Agnaten das Lehn dem Geschlechte nicht erhalten könnten S. 87 a. a. O.; — was nicht richtig ist, da sie das Revokationsrecht haben. Darauf wurde der „nicht unbedenkliche“ Bescheid vom 21. Mai 1785 an die Regierung zu Stettin erlassen. S. 98—104 a. a. O.

Die Anwendbarkeit des benef. taxae würde in diesem Falle direkt der wissenschaftlichen und durch das pommersche Gewohnheitsrecht bestätigten, Bedeutung des beneficii widersprechen: nur in Fällen, wo das Lehn vom Besitzer verschuldet ist oder von Andern jure crediti besessen wird, die Grenze der Lehnsschuldverhaftung für die Agnaten zu bezeichnen; nicht aber die Grenze der Verpflichtungen der Agnaten, wenn das Lehn unwiderruflich veräußert ist und von Andern jure dominii besessen wird.

§. 42. b. Antrag von Pfand- und Wiederkaufs-Besitzern.

Auch wenn das Lehn aus der Familie nur auf Wiederkauf oder pfandweise veräußert ist, gesteht das Reskript vom 1. November 1783 (zu V. und zu B.) dem Besitzer eines solchen Lehns das Recht zu, ein Aufgebot der Agnaten zur Reluition zu erlassen. Ein solches Recht ist jetzt um so wichtiger, als das Gesetz vom 4. März 1867 gerade die wiederkäuflich und pfandweise besessenen Lehne von der Aufhebung des Lehnsverhältnisses ausgeschlossen hat, für solche Lehne also ein derartiges Aufgebot noch immer das einzige wirksame Mittel ist, den Lehnsnexus für das Gut aufzuheben.

Soweit eine solche Provokation für den Besitzer solcher Lehne zulässig ist, muß sie dieselben Folgen haben, wie die Provokation bei erblich veräußerten Lehnen, d. h. die Präklusion der nicht gemeldeten Agnaten und die Befugniß der Meldenden zur sofortigen Geltendmachung der Lehnrechte bewirken. Nur besteht der sachgemäße Unterschied, daß in diesem Falle den Agnaten nicht das, bei erblicher Veräußerung zulässige Revokations-Recht, sondern das bei wiederkäuflicher oder pfandweiser Ueberlassung zulässige Reluitionsrecht im engern Sinne zusteht.

So lange jedoch die Jahre dauern, für welche das Lehn wiederkäuflich oder pfandweise kontraktlich überlassen ist, soll eine Citation der Agnaten cum effectu praeclusionis nach dem Reskript vom 1. November 1783 zu V. nicht verfügt werden können. Wenngleich die dabei zum Grunde liegende Annahme, daß die Agnaten diese Jahre auch bei schon früherm Erbanfalle abwarten müßten, unrichtig ist §. 27, so wird immerhin vorher eine Provokation nicht für zulässig erachtet werden können, da das Reskript vom 1. November 1783 dies positiv anordnet und die einzige bestimmte Quelle für eine derartige Provokation ist. Zettwach §. 138. Prov.-R. §. 172.

Zettwach hält ferner diese Provokation nur dann für zulässig, wenn der Veräußerer schon gestorben und dessen Linie erloschen ist. Diese könnten nämlich nur zur Erfüllung ihrer vertragsmäßigen Verpflichtungen durch Erkenntniß angehalten werden, und wie bei jeder Verpfändung könne die Angelegenheit nur durch Zwangsverkauf beendet werden; wobei die Lehnberechtigten ihre Rechte geltend zu machen hätten. Es verstehe sich von selbst, daß die Weigerung des Veräußerers und seiner Lehnsdescendenz, den Vertragsansprüchen auf Wiedereinlösung des Lehns und Rückzahlung der Schuld zu genügen, für diese noch nicht den Verlust der Lehnrechte zur Folge habe. Anm. zu §. 138 Lehnr. Ebenso Just.=Min.=Bl. 1850 S. 344. Diese Einschränkung des Provokationsrechts ist m. E. begründet. Wenn es Folge des Vertrages ist, daß der Pfandgläubiger und der wiederkäufliche Besitzer, sowie ihre Rechtsnachfolger gegen den Kontrahenten und dessen Rechtsfolger nur ihre Rechte aus dem Vertrage geltend machen können, so hat ihnen auch das positive Recht nicht größere Rechte gegeben und spricht namentlich das Reskript vom 1. November 1783 zu V. nur von der Citation und Präklusion der Agnaten, nicht des Veräußerers und seiner Linie.

Dagegen wird den Agnaten gegenüber nach Ablauf der vertragsmäßigen Jahre eine Provokation, Aufgebot und Präklusion bei der bestimmten Vorschrift des Reskripts vom 1. November 1783 für zulässig erachtet werden müssen. Im Pomm. Prov.=R. zu §. 172 meint zwar Zettwach: es sei nicht füglich anzunehmen (mit Rücksicht auf die Regel: Niemand könne sich causam possessionis ändern), daß der Pfandbesitz durch den Ausschluß der Einlösungsberechtigten in eigenthümlichen Besitz verwandelt werden könne und daß der Pfandbesitzer durch die Präklusion der Lehnberechtigten das Eigenthum des ihm verpfändeten Lehnguts erlange. Indeß beruhigt er sich durch den Nachsatz: das Reskript vom 1. November 1783 scheine auf der entgegengesetzten Ansicht zu beruhen. Letzteres spricht allerdings positiv die Zulässigkeit der Präklusion der Agnaten mit der erwähnten Beschränkung hinsichtlich der stipulirten Jahre aus. In seinem Gutachten von 1850 Just.=Min.=Bl. S. 345 erklärt Zettwach auch bestimmt: daß dem dritten Besitzer nach der bestehenden Gesetzgebung die Befugniß zusteht, die Agnaten nnd Mitbelehnten zur Ausübung ihrer Rechte bei Verlust derselben zu provoziren. Da zwischen dem Pfand= oder Wiederkaufs=Besitzer und den Agnaten kein Vertragsverhältniß besteht und da Letztere immer nur die ex providentia majorum ihnen überkommenen Einlösungsrechte geltend machen können, so würde, wenn alle Agnaten präkludirt oder ihre Rechte durch Vergleich beseitigt wären, und wenn auch der Veräußerer und dessen Linie ausgestorben oder sonst ihre Rechte ebenfalls durch Vergleich erledigt wären, das Resultat allerdings sein: daß der zeitige Besitzer einen, von Niemandem rechtlich anfechtbaren, ausschließlichen, also Eigenthums=Besitz erlangt hat. Dies Resultat hat auch trotz der Verwandlung von Pfandbesitz in Eigenthum deshalb nichts Unnatürliches, weil kaum ein Fall noch existiren möchte, in welchem der jetzige Besitzer des Lehnguts noch Kontrahent des Verpfändungsgeschäfts ist. In den meisten Fällen werden Generationen seit dem ursprünglichen Pfand= oder Wiederkaufs=

Geschäfte vergangen sein. Die jetzigen Besitzer besitzen wohl durchgehends auf Grund von Kauf oder Ererbung animo domini, sind auch im Hypothekenbuche meistens als titulirte Besitzer eingetragen und sehr oft ohne alle Kenntniß irgend eines Vermerks im Hypothekenbuche oder in den Akten, welcher den Ursprung des Titels der Vorfahren verräth.

§. 43. c. Antrag von Mitgliedern der Lehnfamilie.

Das Gesetz vom 28. November 1826 G.-S. S. 120 normirte für „jedes Mitglied der lehnberechtigten Familie, welches ein pommersches Lehn

1) durch Kauf oder einen andern lästigen Vertrag oder

2) durch eine Revokationsklage

erworben hat oder künftig erwirbt", das Recht, auf öffentliche Vorladung der etwa vorhandenen nähern oder gleich nahen Agnaten, Mitbelehnten und Gesammthänder anzutragen. Vergl. §. 9.

Der Gesetzentwurf, wie er dem ersten pommerschen Provinzial-Landtage 1824 vorgelegt wurde, wollte dies Recht nur denjenigen einräumen, welche durch Kauf oder lästige Verträge ein Lehn erworben hätten, und das Gesetz sollte dann für Mitglieder der lehntragenden Familie, welche ein Lehn aus einem Allodialtitel, folglich präsumtiv nicht als Lehn besaßen, die Analogie des Provokationsrechts bilden, welches den extraneis zukam §. 40. Auf den Antrag der pommerschen Provinzial-Stände (Verh. S. 9) wurden die Revokanten, welche also das Lehn als Lehn besaßen, als gleichberechtigt in das Gesetz aufgenommen.

Das Gesetz stellt den nicht erscheinenden Agnaten die Verwarnung, daß der Extrahent und dessen lehnsfähige Descendenz als nächste Lehnsfolger angenommen und demgemäß für befugt erachtet werden, über das Lehn den Lehngesetzen gemäß zu verfügen, und daß die sich nicht meldenden Agnaten und Mitbelehnten mit ihren etwanigen nähern oder gleich nahen Lehnfolgerechten präkludirt werden. Den Erscheinenden wird das behauptete nähere oder gleich nahe Lehnfolgerecht vorbehalten. Im Präklusions-Urtel soll ihnen eine angemessene Frist bestimmt werden, in welcher sie auf Antrag des Extrahenten, bei Verlust des Rechts, ihr Recht geltend machen sollen. Widrigenfalls werden sie, unter Anwendung des Verfahrens nach G.-O. I. 32 §§. 24—29, ihres nähern oder gleich nahen Rechts für verlustig erklärt. Unzweifelhaft beruht das Gesetz auf der Intention, daß, wenn ein Agnat außer der gewöhnlichen

Lehnfolge und ohne vorangegangenes gerichtliches Aufgebot den Besitz eines Lehns erwirbt, er dem näher berechtigten Agnaten weichen und das Lehn auf Verlangen herausgeben, bez. den gleich nahe Berechtigten als Mitbesitzer aufnehmen muß. Zettwach hat dies auch (im Lehnrecht §. 171) als Grundsatz aufgestellt. Vergl. Zettwach §§. 160—164.

Zu beachten bleibt, daß das Gesetz von 1826 auf einen Agnaten, welcher durch Reluition das Lehn erworben hat, nicht Anwendung findet, da neben Kauf und andern lästigen Verträgen nur die Revokation als Erwerbstitel bezeichnet ist.

So wie die aufgerufenen Agnaten nach dem Gesetz von 1826 verpflichtet sind, bei derartigem Aufgebote ihre näheren oder gleich nahen Rechte, mithin auch auf desfallsige Abtretung, in präklusivischer Frist geltend zu machen, so müssen sie alsdann auch hierzu für berechtigt erachtet werden, selbst wenn sie an sich noch nicht durch die Lehnfolgeordnung zur Succession berufen sind. Vergl. §. 40.

B. Subhastation.

§. 44. a. Bei unwiderruflich veräußerten Lehnen.

Nach den früheren Ausführungen ist die Veräußerung von pommerschen Lehnen an sich zulässig und bleiben den Agnaten nur bestimmte Rechte vorbehalten. Die Erwerber und deren Besitznachfolger können daher bis zur Geltendmachung agnatischer Rechte animo domini besitzen und haben Eigenthum am Lehn, wenngleich ein unter Umständen revokabeles. Selbst nach Veräußerung seitens solcher Besitzer, welche nicht lehnsfähig beerbt sind, haben die Erwerber und ihre Besitznachfolger ein revokables Eigenthum, nur daß die Bedingungen der Revokation, sobald sie erfolgt, durch die Nichterstattung des Kaufpreises für sie ungünstiger sind. Daher ist die Berichtigung des Besitztitels bei derartigen aus dem Lehngange gekommenen Lehnen für die Erwerber und spätern Besitzer im Hypothekenbuche unter dem, schon aus dem Vermerke der Lehnqualität sich ergebenden, Vorbehalte der agnatischen Rechte von jeher unbedenklich gewesen und im L.-R. I. 18 §. 328, 330 gestattet. Ohnehin haben die Hypothekenverfassung und die Vorschriften für die erste Besitztitelberichtigung bei Anlegung eines Hypothekenfolii einerseits und der Umstand, daß in den meisten Fällen die in fremden Händen befindlichen Lehngüter schon seit über 100 Jahren nicht mehr im Lehnsgange sind, andererseits es möglich und zur Regel gemacht, daß selbst bei solchen Lehnen, welche ursprünglich zum Pfandbesitz oder auf Wieverkauf gegeben waren, der Besitztitel für die thatsächlichen Besitzer im Hypothekenbuche berichtigt ist, wie dieselben sich denn auch seit langer Zeit als Eigenthümer vorbehaltlich der agnatischen Rechte geriren. Die Besitzer solcher Lehne sind daher auch in der Lage, sie hypothekarisch mit Schulden zu belasten.

Ihre Rechte am Lehn bilden unzweifelhaft für ihre Gläubiger ein angreifbares Exekutionsobjekt. Sachgemäß müssen bei einem Exekutionsangriffe auf dieselben die agnatischen Rechte zur Erledigung kommen und erfüllt oder beseitigt werden. Wir wollen in dieser Beziehung zunächst die Rechtsverhältnisse bei Lehnen, welche erblich und unwiderruflich veräußert sind, besprechen.

Das Verfahren ist für Altvor- und Hinterpommern durch dieselben Gesetze normirt, welche für die Subhastation von den, noch im Lehngange besessenen, Lehnen maßgebend sind; nämlich durch das Reskript vom 1. November 1783, Ges. vom 11. Mai 1839 und vom 11. Juli 1845. Die Gesetze von 1839 und 1845 machen keinen Unterschied zwischen Subhastationen von Lehnen, welche im Lehnsgange und von solchen, welche auf Grund eines Allodialtitels besessen werden. Alles, was §§. 24, 25 von den Bestimmungen dieser Gesetze bemerkt ist, findet gleichermaßen auf die Subhastation der hier zu besprechenden Kategorie von Lehnen Anwendung. Zu erörtern bleibt, welchen Einfluß die, in unserm Falle verschiedenen, materiellen Rechte der Agnaten üben und erleiden.

Bei Lehnen, welche noch im Lehngange besessen werden, stehn die Agnaten nur dem Lehnbesitzer und dessen Gläubigern gegenüber und es kann sich nur darum handeln, in welcher Höhe die Agnaten für die Schulden des Lehnmanns, das Lehn verhaftet sein lassen müssen (benef. taxae). Dagegen steht bei den unwiderruflich veräußerten Lehnen den Agnaten auch noch und hauptsächlich der zeitige Besitzer gegenüber, welcher das Lehn aus einem Allodialtitel besitzt. Rücksichtlich dieses Besitzers, sowie rücksichtlich seiner Gläubiger, welche nur von ihm ihre Rechte herleiten können, besteht das agnatische Recht im Revokationsrechte. Je nach der Lage des Falles haben die Agnaten, welche sich beim Aufgebote melden, das im §. 33 zu IV. und §. 36 näher erörterte Revokationsrecht, wenn der Veräußerer nicht lehnsfähig beerbt war und an einen Fremden veräußerte; andernfalls das in §. 33 II. III. und §. 35 qualifizirte Recht. Zettwach §. 129 und Anm. Pomm. Prov.-R. §. 163.

An sich kann es keinem Bedenken unterliegen, daß der Agnat, welcher ohnehin zur Lehnssuccession berufen ist und selbst ohne Aufgebot das Lehn revoziren kann, hierzu auch berechtigt ist, wenn er sich in Folge des Aufgebots dazu meldet. Fraglich sind aber die Rechte der Agnaten geworden, welche sich beim Aufgebote melden, ohne noch successionsberechtigt zu sein. Es ist darüber gestritten, ob dann dem Meldenden nur sein Revokationsrecht für den Zeitpunkt, wenn er durch Lehnfolge berufen werden würde, vorbehalten bleiben soll oder ob er berechtigt ist, dasselbe nun sofort auszuüben. Das Obertribunal hat in zwei ungedruckten Entscheidungen vom 22. März 1867 in Sachen v. Borke wider Müller und Gen. und vom 18. Mai 1868 in Sachen v. Zanthier wider v. Zitzewitz dahin entschieden, daß bei solchem Aufgebote jeder Agnat sofort revoziren könne. Die in beiden Fällen gleichlautenden zutreffenden Gründe hierfür sind im Wesentlichen folgende:

Die Verordnung vom 11. Mai 1839 hat, wie ihr Eingang ergiebt, den Zweck, bei dem gerichtlich nothwendigen Verkaufe eines pommerschen Lehnguts das Verfahren beim Aufgebote der Lehnberechtigten zur Ausübung ihrer Rechte genauer festzustellen und die Grundsätze wegen Belegung und Vertheilung des, vom Lehnberechtigten zu erlegenden, Uebernahmepreises mit der Subhastations-Ordnung vom 4. März 1834 in Uebereinstimmung zu bringen. Die Verordnung vom 11. Mai 1839 spricht den Satz, daß der Agnat, welcher sich auf das ergangene Aufgebot zur Ausübung des Revokationsrechts gemeldet hat, dazu verstattet werden müsse, auch wenn die Succession auf ihn noch nicht devolvirt worden, zwar nicht mit dürren Worten aus. Sie hat ihn aber ihrem Zwecke und Inhalte nach zur nothwendigen Voraussetzung und bringt ihn thatsächlich zur Geltung. Der ganze Zweck der Verordnung erzielt, daß durch das Aufgebot aller Lehnberechtigten, also auch der entferntesten noch nicht zur Succession berufenen, das Verhältniß zwischen ihnen und den Realinteressenten durch Präklusion der sich nicht meldenden Agnaten resp. durch Festsetzung des Uebernahmepreises für die sich meldenden Agnaten definitiv geordnet werden soll. Ein Vorbehalt von Rechten ist damit nicht vereinbar. Vielmehr soll noch vor Einleitung der Subhastation das Aufgebot aller Lehnberechtigten und zwar nicht etwa blos zur Anmeldung ihrer möglichen künftigen Berechtigungen, sondern definitiv zur Ausübung ihrer Rechte veranlaßt werden. Die nicht erscheinenden gehn ihrer Berechtigungen verlustig. Diese Präklusion erscheint nach dem Grundsatze, daß in dem Falle, wo das jus revocandi auf die Agnaten noch nicht hat übergehn können, weil die alienirende Linie noch vorhanden ist, actione nondum nata als eine Anomalie. Das Reskript vom 1. November 1783 sub III. bemerkt, daß die pommerschen Lehngesetze und Observanzen nach dem übereinstimmenden Anerkenntnisse der Gerichte und der Stände dergleichen Anomalien annehmen. Gestattet diese Anomalie aber, einen Agnaten mit dem, auf ihn noch nicht übergegangenen, Revokationsrechte zu präkludiren, so erfordert die Konsequenz, daß er in Folge des zu diesem Zwecke erlassenen Aufgebots auch befugt sein muß, sein Revokationsrecht zur Geltung zu bringen. Dazu würde allenfalls die Anmeldung seines Rechts und dessen Vorbehalt genügen. Hiernach läßt sich aber der Zweck der definitiven Ordnung der Verhältnisse zwischen allen, auch den entferntesten Lehnberechtigten und den Realinteressenten, welchen die Verordnung vom 11. Mai 1839 verfolgt, nicht erreichen. Von einer bloßen Anmeldung der Rechte und einem solchen Vorbehalte spricht die Verordnung überhaupt nicht; vielmehr schreibt sie das Aufgebot aller Agnaten zur Ausübung ihrer Rechte vor und dadurch, daß sämmtliche Agnaten zur Ausübung ihrer Rechte vorgeladen werden müssen, spricht die Verordnung die Zulässigkeit dieser Ausübung ohne jede weitere Bedingung aus. Die Geltendmachung des Revokationsrechts kann daher nicht davon abhängig sein, daß der sich meldende Agnat auch schon zur Succession berufen sein müsse.

Diesen Gründen mag nur noch die Bemerkung hinzugefügt werden, daß derselbe Grundsatz beim Aufgebote der Agnaten schon nach dem früheren pommerschen Lehnrecht und nach dem Reskript vom 1. November 1783 offenbar vorausgesetzt und als geltend anzunehmen ist. Das Aufgebot, welches die hinterpommersche Lehnkonstitution Tit. 26 §. 1 voraussetzt (§. 37), sowie das in dem Atteste vom 12. März 1645 erwähnte (§. 24), betrifft zwar offenbar nur Lehne, welche bisher noch im Lehngange besessen sind und den Agnaten behufs der Befreiung von Schulden und Erhaltung des Lehnganges cum poena praeclusionis angeboten werden. Indeß auch die Analogie des Aufgebots bei solchen Lehnen wird bei der Gleichheit des Zwecks nicht abzuweisen sein.

Während hiernach der dritte Besitzer weder einem einzelnen sich meldenden, wenngleich noch nicht lehnfolgeberechtigten Agnaten, noch auch mehreren den Mangel des zeitigen Successionsrecht entgegensetzen kann; so entscheidet unter mehreren Agnaten, welche sich beim Aufgebote melden, die Lehnfolgeordnung über ihre Nächstberechtigung.

In Betreff der formellen Einleitung des Verfahrens, der Terminsfrist zum Aufgebote, der Präklusion der sich nicht meldenden Agnaten, der Prozeßentscheidung über angemeldete Rechte im gewöhnlichen Prozeßverfahren, der Wirkungen einer Zurücknahme der Subhastation und der Wirkungen der Nichtzahlung des bestimmten Uebernahmepreises seitens des Agnaten im Preiszahlungstermine gilt nach den Gesetzen vom 11. Mai 1839 und 11. Juli 1845 bez. Reskript vom 1. November

1783 überall dasselbe, wie im Falle, wenn ein noch im Lehngange besessenes Lehn Schulden halber zum Verkaufe gestellt ist. §§. 24, 25. Nur ist die, in diesem letzteren Falle nöthige, Lehnstaxe zur Subhastation eines, aus einem Allodialtitel besessenen, Lehns nicht nöthig; weil in solchem Falle die materiellen Rechte der Agnaten nicht durch die Lehnstaxe, sondern bei der Revokation durch den Preis, für welchen das Lehn aus dem Lehngange veräußert ist, nebst etwanigen Meliorationen und Deteriorationen bestimmt ist.

§. 45. b. Bei pfandweise oder wiederkäuflich veräußerten Lehnen.

1) Bei Lehnen, welche pfandweise oder wiederkäuflich veräußert sind, kann unzweifelhaft in der Zeit, so lange die kontraktlich bestimmten Pfand- oder Wiederkaufsjahre noch nicht verflossen sind, und zugleich der Veräußerer oder dessen Lehnsdescendenz noch leben, wegen Schulden des Pfand- oder Wiederkaufbesitzers nicht die Subhastation der Lehnssubstanz selbst erfolgen. Nur die Nutzungsrechte des Inhabers für die Zeit seiner Nutzungsberechtigung können für dessen Gläubiger Gegenstand der Exekution bez. Sequestration sein. Vgl. Entsch. Bd. 60 S. 367. Da der Inhaber nicht über die Substanz verfügen darf, so können seine Gläubiger nicht mehr Rechte darauf geltend machen, als er selbst. Reskr. v. 1. Nov. 1783 zu IV. V. Zettwach §§. 125, 126.

2) Wenn die bestimmten Jahre verflossen sind, der Veräußerer oder dessen Lehnsdescenten aber noch leben sollten, so kann der Pfand- oder Wiederkaufs-Besitzer in Geltendmachung seiner kontraktlichen Rechte die Wiedereinlösung und Zurücknahme des Lehns verfolgen und zu diesem Behufe wegen seiner kontraktlichen Ansprüche die Veräußerung des Lehns beantragen. Dieses Recht können die Gläubiger des Inhabers (durch exekutivische Assignation oder Cession der Forderung des Inhabers) zum Gegenstande ihrer Exekution machen und aus diesem Rechte, insoweit darnach der Inhaber als Gläubiger des Lehnmanns Veräußerung des Lehns verlangen kann, — nicht aber direkt wegen ihrer eigenen etwa größeren Forderungen an den Inhaber — können sie dann die Subhastation des Lehns beantragen. Insoweit ist Zettwach in seinem §. 127 zu beschränken, wo er nach Ablauf der festgesetzten Jahre, — dem Reskr. v. 1. Nov. 1783 folgend, — unbedingt das Subhastationsaufgebot für zulässig erklärt. Aus seinen Bemerkungen in seinem Gutachten v. 1850 J.-M.-B. S. 344 folgt auch diese Beschränkung von selbst.

Zettwach hebt in diesem Gutachten ferner hervor, es sei zweifelhaft, ob bei wiederkäuflicher Veräußerung der Käufer nach Ablauf der Wiederkaufsjahre ein Klagrecht auf Rücknahme des Lehns habe. Allerdings wird es auf die konkreten Umstände ankommen, ob der Wiederkauf nur ein einseitiges Recht des Veräußerers oder auch ein beiderseitiges, beiden Kontrahenten gleichmäßig zustehendes Recht, also auch eine Verpflichtung des Verkäufers sein soll. Da jedoch die wiederkäuflichen Veräußerungen, namentlich diejenigen des pommerschen Lehnrechts aus früheren Zeiten nach Ursprung und Wesen den Verpfändungen gleichzustellen sind §. 32, so wird im Zweifel über die Intention der Kontrahenten das Klagerecht des Besitzers auf Wiedereinlösung zu behaupten sein.

Jedenfalls bleibt maßgebend, daß, sofern der Inhaber des Lehns nicht selbst dessen Veräußerung beantragen kann, auch seine Gläubiger dazu nicht berechtigt sind.

3) Sobald indeß die Wiederkaufs- und Pfandjahre verflossen und der Veräußerer und dessen Linie abgegangen sind, steht der Inhaber hinsichtlich der Ansprüche auf das Lehn nur den Agnaten gegenüber; und gegen diese hat er dann das Recht auf Aufgebot behufs der Ausübung ihrer Lehnrechte oder ihrer Präklusion mit denselben. Das gleiche Recht ist alsdann den Gläubigern des Inhabers nicht zu versagen und diese können sonach in solchem Falle die Subhastation des Lehns vorbehaltlich der Rechte der Agnaten, sowie deren Aufgebot beantragen. Die Vorschriften für das Aufgebot und die Subhastation sind für die wiederkäuflich oder pfandweise veräußerten Lehne dieselben, wie für die unwiderruflich veräußerten, mit der Modifikation (wegen der sachlich verschiedenen Rechte der Agnaten), daß dasjenige Recht, welches die meldenden Agnaten in diesem Falle geltend machen können und müssen, das Reluitionsrecht nach §§. 26, 27 ist, sowie es bei Subhastation von unwiderruflich veräußerten Lehnen das Revokationsrecht war. Zettwach §. 129, Pomm. Prov.-R. §. 163. Sonst finden dieselben Formen und Grundsätze nach dem Rescr. v. 1. Nov. 1783, V. v. 11. Mai 1839 und Ges. v. 11. Juli 1845 Anwendung. Zettwach §§. 127—135. Pomm. Prov.-R. §§. 161—169. — Vgl. §§. 26—31, 44.

VI. Aufhebung der Lehnrechte.

A. Einleitung.

§. 46. Geschichtliches.

„In der anomalen und verworrenen Gestalt, wie sich das pommersche Lehnrecht im Laufe der Zeit verbildet, hat es längst schon den Anspruch auf Erhaltung verloren.“ Zettwach Just.-Min.-Bl. 1850 S. 344. Die Menge von Kontroversen, und die Schwierigkeiten, ob bei Anwendung der Gesetze aus den Anomalien oder aus den korrekten Rechtsbegriffen die Konsequenzen zu ziehen sind, führten zu unleidlicher Rechtsunsicherheit. Die Unmöglichkeit selbst für den beerbten Lehnmann, seine Gläubiger gegen das beneficium taxae oder seinen Käufer gegen agnatische Rechte zu schützen, hatten Besitzunsicherheit für die Käufer und Kreditlosigkeit für den Lehnmann zur Folge. Für alle Lehnbesitzer, welche nicht in unbedingt gesicherter Vermögenslage waren, und für alle dritten Besitzer waren von solcher Rechts-, Besitz- und Kredits-Ungewißheit die Unlust, in unsichere Güter Verwendungen zu machen und die Lust, nur möglichst viel daraus zu gewinnen, natürliche Resultate. Die Ueberzeugung der Kulturschädlichkeit solcher Verhältnisse ergriff alle Betheiligten seit dem Anfange dieses Jahrhunderts in stets gesteigertem Verhältnisse und wurde das, von allen Gesetzgebungsfaktoren ausgesprochene, Motiv zur Aufhebung aller Lehnsverhältnisse.

In Neuvorpommern und Rügen wurde die Beseitigung der agnatischen Verhältnisse schon durch die schwedische Verordnung wegen Abfindung der Agnaten u. s. w. vom 11. Oktober 1810 public. 18. Febr. 1811 angebahnt. Während den Descendenten der Besitzer darnach ihre Successionsrechte verblieben, deren Rechte aber auch wegen ihrer Verpflichtung, facta patris genehm zu halten, keiner Disposition der Besitzer und selbst keiner Lehnsaufhebung entgegentraten: so sollten nach jener Verordnung als successionsberechtigte Agnaten nur noch diejenigen angesehen werden, welche binnen Jahresfrist nach Bekanntmachung der Verordnung, mithin bis zum 18. Febr. 1812 geboren wurden. Auch diese Agnaten war der Besitzer zwar nicht verpflichtet, aber berechtigt, durch Zahlung bestimmter Prozente des Gutswerths mit ihren Ansprüchen abzufinden. Nur wenn der Besitzer über 55 Jahre alt und unbeerbt war, brauchten die Agnaten sich nicht abfinden zu lassen. Dagegen konnte der Besitzer, wenn er über 55 Jahre alt war und Descendenten hatte, die Rechte der Agnaten mit einer Abfindung ablösen, welche je nach Zahl und Alter seiner Descendenten von 30 Prozent des Gutswerths (falls er nur einen, über 55 Jahre alten, Sohn hatte) bis auf 4 Prozent (falls er 4 oder mehr Descendenten hatte) sich abstufte. Ein Besitzer, welcher nicht über 55 Jahre alt war, konnte wenn unbeerbt seine Agnaten mit 25 Prozent, und wenn beerbt mit 4 resp. 6 und 10 Prozent je nach der Zahl seiner Descendenten abfinden. Vgl. Entsch. Bd. 29 S. 99 — Bd. 51 S. 148. — Das Provinzial-Recht für Neuvorpommern und Rügen Bd. 2 S. 48, 49 bezeugt, daß dort die Anwendbarkeit des Lehnrechts, zumal da viele Lehngüter nach jenen Grundsätzen auch hinsichtlich der Agnaten vollständig allodifizirt sind, nur noch einen geringen Umfang habe — 1837 — und wurde das Lehnrecht deshalb auch gemäß Reskr. v. 25. Aug. 1835 von der Bearbeitung des neuvorpommerschen Provinzial-Rechts ausgeschlossen.

Wichtiger bleibt für Altvorpommern und Hinterpommern die Auflösung des Lehnsverbandes, soweit er nach Aufhebung der Lehnsherrlichkeit noch besteht. Die Möglichkeit sollte schon die Deklar. v. 11. Juli 1845 Nr. 2594 G.-S. S. 482 erleichtern. Darnach ist „bei Errichtung von Familienschlüssen über altvorpommersche und hinterpommersche Lehne nur die Zuziehung der Häupter der vorhandenen Lehnslinien, nicht auch die ihrer lehnberechtigten Nachkommen erforderlich. Der mit Zustimmung des Hauptes der Lehnslinie errichtete Familienschluß hat auch für die lehnberechtigten Nachkommen desselben, mögen sich diese in der väterlichen Gewalt befinden oder nicht, verpflichtende Kraft, selbst wenn durch einen solchen Familienschluß das, im Besitze des Hauptes der Lehnslinie befindliche, Lehn in ein Allodium verwandelt wird.“ Es ist indeß nicht bekannt geworden, daß durch solche Familienschlüsse Lehne allodifizirt sind. — Die Verfassungsurkunde vom 31. Januar 1850 Art. 40, 41 bestimmte bei Untersagung der ferneren Errichtung von Lehnen und der Stiftung von Familienfideikommissen, daß die bestehenden durch gesetzliche Anordnung in freies Eigenthum umgewandelt werden sollten. Das Gesetz vom 5. Juni 1852 G.-S. S. 319 hob dann das Verbot, Familienfideikommisse zu errichten, auf und bestimmte für Lehne wiederholt: der, in Bezug auf die vorhandenen Lehne noch bestehende Lehnsverband soll durch gesetzliche Anordnung aufgelöst werden. Sodann erleichterte das Gesetz v. 10. Juni 1856 G.-S. S. 554 die Umwandlung von altvor- und hinterpommerschen Lehnen in Familienfideikommisse dadurch, daß

1) nur ein Reinertrag von 2000 Thalern jährlich (statt 2500 Thlr. nach L.-R. II. 4 §. 51) nöthig war und davon dem Besitzer jährlich

1000 Thlr. (statt 1250 Thlr. nach L.-R. II. 4 §. 54) zur freien Verwendung übrig bleiben müßten,

2) daß der Stempel für die Fideikommißerrichtung von 3 Prozent auf 1 Prozent herabgesetzt wurde und

3) hinsichtlich der Zuziehung der Agnaten Erleichterungen gestattet wurden. — Nur in sehr wenigen Fällen haben nach diesem Gesetze Umwandlungen in Fideikommisse stattgefunden.

Nachdem sodann verschiedene Gesetzes-Vorschläge zur Auflösung des agnatischen Verbandes versucht waren, ist von den Gesetzgebungsfaktoren endlich hierzu das Gesetz vom 4. März 1867 Ges.-Samml. S. 362 vereinbart; und bildet dies Gesetz jetzt die Grundlage dafür, wieweit in Altvor- und Hinterpommern noch pommersches Lehnrecht anwendbar ist.

Bei der ferneren Besprechung der Grundsätze dieses Gesetzes sollen der Kürze halber die Paragraphen des Gesetzes ohne weiteren Zusatz citirt werden und die, von der königlichen Regierung dem Gesetzentwurfe (vom 11. Nov. 1866) beigefügten Motive (— Drucksachen Nr. 83 des Abgeordnetenhauses 9. Legislatur-Periode I. Session 1866 —) mit Mot.; der Bericht der 17. Kommission des Abgeordnetenhauses über diesen Entwurf vom 13. Dezember 1866 (Drucks. Nr. 121) mit Abg.; der Bericht der 14. Herrenhaus-Kommission vom 24. Januar 1867 (Drucks. Nr. 124) mit Herr.; sowie die Just. Min. Instruktion vom 8. April 1867 (J. M. Bl. S. 107 112) mit Instr. bezeichnet werden.

§. 47. Gesetz vom 4. März 1867. Allgemeines.

Das Gesetz vom 4. März 1867 läßt die Lehnseigenschaft für einzelne Fälle noch fortdauern, und hebt sie für andere theils ohne Entschädigung, theils gegen eine vom Besitzer zu zahlende Entschädigung sofort auf. Auch in den Fällen, worin die Lehnseigenschaft noch fortdauert, soll sie für einige Kategorieen nach Ablauf bestimmter Jahre aufhören; für andere dagegen (— namentlich für Lehne, welche bei Gesetzeskraft jenes Gesetzes von einem nicht lehnsfähig beerbten Besitzer im Lehngange besessen sind; für Lehne, welche dann von einem nicht lehnsfähig beerbten Lehnmanne an Fremde veräußert waren; und für Lehne, welche dann wiederkäuflich oder pfandweise veräußert waren —) ist die Aufhebung der Lehnseigenschaft nicht nach Jahren bemessen. Für alle Lehne aber hört spätestens dann die Lehnseigenschaft auf, wenn keiner derjenigen Lehnberechtigten mehr lebt, welche bis nach 302 Tagen nach dem Gesetze geboren und bis nach Ablauf von 2 Jahren nach dem Gesetze in die Lehnsregister eingetragen sind.

Mit Rücksicht auf die, für die inzelnen Fällee gleichlautenden, Ausdrücke des Gesetzes: die Lehne verlieren die Lehnseigenschaft, wenn u. s. w. und mit Rücksicht darauf, daß das Gesetz keine Besitzübertragung vorschreibt, soweit sie nicht Folge von der Ausübung vorbehaltener Lehnrechte ist, muß es als unzweifelhaft angesehen werden, daß der Verlust der Lehnseigenschaft, falls er eintritt, stets mit dem Lehngute dem Besitzer zu Statten kommt, welcher es zur Zeit des Verlustes der Lehnsqualität besitzt; nicht aber einem nächstberechtigten Lehninteressenten vor Geltendmachung seiner etwa vorbehaltenen Rechte.

In allen Fällen, worin die Lehnsqualität im Gesetze sofort oder nach dem Ablaufe bestimmter Jahre oder nach Eintritt eines bestimmten Ereignisses aufgehoben wird, ist die Allodifikation durch das Gesetz erklärt, ohne sie von einer Erklärung oder von dem Antrage des Besitzers abhängig zu machen. Nach den Motiven ist dies absichtlich geschehen, weil das Gesetz v. 5. Juni 1852 die Auflösung des Lehnverbandes kategorisch aus Gründen der Landeskulturschädlichkeit vorschreibt. Mot. S. 20, 21. In der Kommission des Herrenhauses wurde ein Vorschlag, im §. 2 den Verlust der Lehnseigenschaft nur „auf Antrag des Besitzers" eintreten zu lassen, abgelehnt. Herr. S. 11. In Konsequenz dieses Grundsatzes erhielten auch die §§. 13, 14 ihre jetzige Fassung. Im Gesetzentwurfe war die Fassung der entsprechenden §§. 9, 10 dahin vorgeschlagen: das Lehn verliere in den dort behandelten Fällen die Lehnseigenschaft, wenn der Besitzer 2 bez. 6 Prozent zahlt. Behufs Beseitigung jedes Hemmnisses zur gänzlichen Auflösung des Lehnsverbandes wurde dies in der Kommission der Abgeordneten mit Beistimmung des Regierungs-Kommissarius, Geh. Ober-Justiz-Rath Herzbruch, in die jetzige Fassung dahin geändert, daß das Lehn die Lehnseigenschaft verliert und der Besitzer 4 bez. 6 Prozent zu zahlen hat. Abg. S. 16. Unbestreitbar ist sonach zur Aufhebung weder eine Erklärung, noch ein Antrag des Besitzers, noch die Zahlung der Entschädigung, wo diese vorgeschrieben ist, nöthig. Die Lehnsqualität hört ohne Rücksicht hierauf auf, wie auch in der unbedingten Bestimmung aller §§. 2—5, 12–14 deutlich gesagt ist. Zur Feststellung des Zeitpunktes kommt es daher nur darauf an, zu welcher Zeit die vom Gesetze hierfür in den einzelnen Fällen vorgeschriebenen anderen Bedingungen vorhanden sind, und ist beim Zusammentreffen dieser Bedingungen das frühere Lehn ipso jure rücksichtlich der Agnaten allodifizirt.

Die Feststellung dieses Zeitpunkts kann unter Umständen wichtig sein, schon weil für einen bis dahin eintretenden Beerbungsfall die Lehnssuccession in den noch nicht allodifizirten Lehnen eintreten muß, für einen späteren dagegen die Allodialsuccession §. 11 Entw. §. 7. — Ebenso hängt es von diesem Zeitpunkte ab, bis wann noch agnatische Rechte, Revokationsrecht oder beneficium taxae vorkommenden Falls geltend gemacht werden können. Der §. 17 disponirt hierüber: „Das beneficium taxae und das Revokationsrecht findet nach dem Eintritt der Gesetzeskraft bei dem nach den Vorschriften desselben allodifizirten Lehne nicht ferner statt.

„Sind vor diesem Zeitpunkte über die Ausübung eines dieser beiden Rechte Prozesse durch Insinuation der Klage anhängig geworden, so wird deren Fortsetzung durch dies Gesetz nicht unterbrochen.

„Ist das Lehn zur nothwendigen Subhastation gestellt, so kann nur derjenige Agnat das beneficium taxae ausüben, welcher, nachdem er zu dem behufs Erklärung der Lehnberechtigten über die Ausübung ihrer Lehnrechte anberaumten Termine vorgeladen ist, sich an demselben nicht versäumt hat.

„Das weitere Verfahren richtet sich nach den bisherigen Gesetzen."

Die Fassung von alinea 1 und 2 ist nur dann ganz korrekt, wenn und soweit schon zur Zeit der Gesetzeskraft des Gesetzes vom 4. März 1867 die gemeinten Lehne in Gemäßheit des Gesetzes allodifizirt sind, und der Zeitpunkt der Gesetzeskraft mit dem Zeitpunkte der, nach den Vorschriften des Gesetzes stattfindenden, Allodifikation zusammentrifft. Dies ist jedoch nur bei den, in den §§. 12--14 erwähnten, außer dem Lehngange besessenen, Lehnen der Fall, und auch nur auf diese hat sich §. 17 nebst dem ganzen Abschnitte von §§. 12—18 beziehen sollen. Jedenfalls hat der §. 17 nicht dahin disponiren sollen, daß bei allen, nach dem Gesetze zu irgend einer späteren Zeit allodifizirten, Lehnen schon von der Gesetzeskraft an beneficium taxae und Revokationsrecht unzuläßsig sein sollen. Einer solchen Auslegung würde es nur entsprechen, wenn es im §. 17 hieße: „bei dem, nach den Vorschriften des Gesetzes allodifizirten oder künftig Allode werdenden Lehne." Noch sachgemäßer hätte sogar der §. 17 dann einfach dahin lauten können und müssen: beneficium taxae und Revokation finden nicht mehr statt, soweit sie nicht schon im Prozesse anhängig gemacht sind. Denn irgendwann werden nach dem Gesetze alle Lehne allodifizirt, wenn nämlich alle, nach §. 1 zu berücksichtigenden, Lehnberechtigten ausgestorben sind. §. 2 Nr. 2. Dagegen setzt §. 17, sowie er lautet, ein schon nach dem Gesetze mit dessen Gesetzeskraft allodifizirtes Lehn voraus. In den Motiven ist auch zum §. 13 Entw. jetzt §. 17 bemerkt: er spreche als Folge der Allodifikation die Aufhebung des beneficium taxae und des Revokationsrechts aus. Mot. S. 29. In der Abgeordneten-Kommission wurde dann erwogen: alinea 1 sei zwar überflüssig und spräche aus, was sich aus den vorhergehenden Paragraphen von selbst ergebe; sei jedoch, wenn auch vielleicht entbehrlich, doch jedenfalls nicht mißverständlich; und erfolgte aus diesem Grunde die Annahme Abg. S. 17. Auch für die Kommission des Herr. S. 26 spricht der §. 17 (13) nur die Folgen der Allodifizirung aus. Immer kann sonach alinea 1 des §. 17 nur auf Lehne, nachdem sie in Gemäßheit des Gesetzes Allode geworden sind, anwendbar sein. Dagegen wird bis zu diesem Zeitpunkte bei Lehnen, welche es noch sind, die Anwendung der agnatischen Rechtsmittel, beneficium taxae und revocatio — letztere, wenn ein Lehn vor seiner Allodifikation noch nach der Zeit des Gesetzes verkauft würde, — auch außer dem Falle des §. 14 nicht versagt werden können. Das Reluitionsrecht ist ohnehin nach §. 16 des Gesetzes den Lehnberechtigten, soweit sie nach §. 1 zu berücksichtigen sind, ohne Beschränkung hinsichtlich der Zeit freigelassen.

§. 48. Geltungsumfang des Gesetzes. Kreis der Lehnberechtigten.

Das Gesetz vom 4. März 1867 stellt an die Spitze des §. 1: „Der noch bestehende Lehnsverband in Altvor- und Hinterpommern wird in Beziehung auf sämmtliche, nach pommerschem Lehnrecht zu beurtheilende Lehne, insbesondere auch auf Kunkellehne, Afterlehne, Geldlehne und Lehnsstämme nach Maßgabe dieses Gesetzes aufgelöst." — Die Beziehung auf alle, nach pommerschem Lehnrecht zu beurtheilende, Lehne ist aufgenommen, weil bei Eintheilung der Provinzen laut V. v. 30. April 1815 Theile von Pommern zu Westpreußen, Neu- und Ukermark und Ortschaften von diesen Landestheilen zu Pommern gelegt sind. „Diese administrative Abgrenzung hat keinen Einfluß auf Privatrechtsverhältnisse üben sollen." Mot. S. 17. Zettwach Vorrede S. XXIV. Dem Gesetze sind also auch die Lehne in den, 1815 von Pommern abgetrennten, Theilen mitunterworfen; andrerseits sind davon die Lehne in den, damals zu Pommern zugelegten Lehnen ausgeschlossen. Instr. Art. 2.

§. 1. „Bei dieser Auflösung werden nur diejenigen Agnaten, Mitbelehnte und andere Successionsberechtigte, welche unter der allgemeinen Bezeichnung „„Lehnberechtigte"" begriffen sein sollen, berücksichtigt, welche bis zum Eintritt der Gesetzeskraft dieses Gesetzes geboren sind, oder bis zum 302. Tage von diesem Zeitpunkte an geboren werden, und welche zugleich in die Lehn- und Successionsregister eingetragen sind oder binnen 2 Jahren, von dem Eintritt der Gesetzeskraft dieses

Gesetzes an gerechnet, zur Eintragung in die Register angemeldet werden. Diese Verpflichtung liegt zur Vermeidung desselben Nachtheils auch denjenigen Lehnberechtigten ob, deren Ascendent in die Lehns- und Successionsregister eingetragen ist, und wird für die unter väterlicher Gewalt Stehenden vom Vater, für die Bevormundeten durch den Vormund erfüllt."

Das Gesetz vom 4. März 1867 ist am 23. März 1867 zu Berlin ausgegeben, hat also gemäß dem Gesetze vom 3. April 1846 G.-S. S. 151 mit dem 1. April 1867 im Regierungsbezirke Stettin und mit dem 3. April 1867 im Regierungsbezirke Coeslin Gesetzeskraft erhalten. Die Lehnberechtigten müssen also, um berücksichtigt zu werden,

I. bis zum 27. Januar 1868 für Lehne des Regierungsbezirkes Stettin und bis zum 29. Januar 1868 für Lehne des Regierungsbezirkes Coeslin geboren sein; und zugleich

II. bis zum 1. April 1869 hinsichtlich der Stettiner Lehne und bis zum 3. April 1869 hinsichtlich der Coesliner Lehne zur Eintragung in die Lehnsregister angemeldet sein.

Nur solche Lehnberechtigte

1) haben durch ihre Existenz Einfluß auf Fortdauer bez. Aufhebung der Lehne nach dem Gesetze §§. 2, 4, 14;

2) haben Disposition über die gesetzliche Lehnsentschädigung §§. 20, 21 und

3) behalten

a. ihre Lehnrechte für den Fall, wenn das Lehn von einem nicht lehnsfähig beerbten Lehnsmanne an einen nicht zur Lehnsfamilie gehörigen Fremden ohne Einwilligung des nächsten Agnaten verkauft ist §. 15,

b. das agnatische Reluitions- und Wiederkaufsrecht hinsichtlich der, auf Wiederkauf oder durch antichretischen Pfandvertrag veräußerten Lehne §. 16.

Dagegen verbleibt allen, auch den nach dem 27—29. Januar 1868 geborenen oder nicht eingetragenen Lehnberechtigten ihr Successionsrecht in diejenigen im Lehngange befessenen Lehne, welche nach dem Gesetze §. 2 noch ihre Lehnseigenschaft behalten §. 4, und in diejenigen, welche nach Wiedergewinnung für die Familie gemäß §§. 14—17 noch im Lehngange bleiben §. 18.

B. Lehne im Lehngange.

§. 49. a. Aufhebung ohne Entschädigung.

Bei der Auflösung des agnatischen Verbandes unterscheidet das Gesetz zwischen Lehnen, welche noch im ordentlichen Lehngange befindlich sind §§. 2—11 und denjenigen, welche außerhalb des Lehnganges besessen werden §§. 12—18. Den im Lehngange befindlichen Lehnen werden hinsichtlich der Wirkungen des Gesetzes vom 4. März 1867 auch solche Lehne gleichgestellt, welche durch einen Allodialtitel an ein Mitglied der lehntragenden Familie übergegangen, aber in den beiden letzten Familientheilungen nach Lehnrecht vererbt sind §. 2. Nach der übereinstimmenden Erklärung aller Gesetzgebungsfaktoren sind für derartige Lehne die von Zettwach aufgestellten Grundsätze in Betreff ihrer Lehn- oder Allodial-Qualität (vgl. §§. 9, 10) als richtig vorausgesetzt; und ist dabei der Wille des Erwerbers zur Fortdauer des lehnmäßigen Besitzes als konstatirt angenommen, wenn das Gut in den letzten zwei Familientheilungen nach Lehnrecht vererbt ist. Falls dagegen nach dem Allodialtitel-Erwerb das Lehn entweder noch gar nicht oder noch nicht zweimal vererbt ist oder in einem der zwei letzten Fälle nicht lehnmäßig vererbt ist, so ist es den außer dem Lehngange befindlichen gleichgestellt. Mot. S. 19. Abg. S. 11. Herr. S. 9, 10.

Lehne, welche zur Zeit des Gesetzes vom 4. März 1867 im Lehngange befindlich waren, verlieren ihre Lehnseigenschaft nach §. 2, ohne daß der Besitzer dafür Entschädigung zu geben brauchte, in folgenden Fällen:

1) wenn bis zum Ablaufe der zweijährigen Frist des §. 1, also bis zum 1. bez. 3. April 1869 (außer etwa dem Besitzer und seiner Descendenz) kein Lehnberechtigter zur Eintragung angemeldet ist;

2) wenn zu dieser Zeit, 1.—3. April 1869, (neben dem Besitzer und seiner Descendenz) keiner der nach §. 1 zu berücksichtigenden Lehnberechtigten mehr lebt;

3) wenn von den außer dem Besitzer (und seiner Descendenz) vorhandenen eingetragenen Lehnberechtigten diejenigen, welche als Häupter abgesonderte Linien bilden, durch Vertrag mit demselben in die Allodifikation gewilligt haben oder noch willigen;

4) falls nach §§. 4, 5 des Gesetzes die Lehnseigenschaft noch über den 1. bez. 3. April 1869 hinaus fortdauert, wenn dann später neben dem Besitzer des Lehns und seiner Descendenz keiner der nach §. 1 zu berücksichtigenden Lehnberechtigten mehr lebt.

Als Zeitpunkt der Allodifizirung ergiebt sich bei diesen Lehnen sachgemäß für die Fälle zu 1 und 2 der Ablauf der zweijährigen Frist, also der 1. bez. 3. April 1869; für den Fall zu 3 die Zeit der Einwilligung, keinenfalls aber vor dem Ablaufe der zweijährigen Eintragungsfrist, weil diese schon deshalb abgewartet werden muß, um den Kreis der Berechtigten nach §. 1 zu konstatiren; und für den Fall zu 4 (§. 2 Nr. 2; Herr. S. 11, 12) die Zeit des Absterbens d.s letzten derjenigen, welche als Lehnberechtigte eingetragen und nach §. 1 zu berücksichtigen sind. Mit dem Absterben aller dieser Berechtigten hört eben (§§. 47, 48) jedenfalls die Lehnseigenschaft jedes Lehns auf, wenn sie nicht schon aus einem andern Grunde früher aufgehört hat.

Auf die Einwilligung der Descendenten des Besitzers und der Descendenten der Agnatenhäupter im Falle zu 3, und ebenso auf die Existenz und Rechte der Descendenz des Besitzers in den Fällen zu 1, 2 und 4 ist absichtlich keine Rücksicht genommen, „weil die Descendenten des Besitzers sowohl als der Agnaten die Dispositionen ihrer Ascendenten über das Lehn anerkennen müssen“ und „in der Erlangung der Allodialqualität seitens ihres parens kaum eine Rechtsverletzung gegen sie gefunden werden könne“. Mot. S. 20. Abg. S. 11 zu §§. 2, 3.

Auch im Falle zu 1 ist gemeint, daß neben dem Besitzer und seiner Descendenz keine andern Lehnberechtigten eingetragen sind, obgleich im §. 2 dies nur für die Fälle zu 2 und 4 ausdrücklich vermerkt ist. Dies erhellt aus dem im §. 1 aufgestellten Begriffe der „Lehnberechtigten“, welcher die Agnaten, Mitbelehnten und andere Successionsberechtigten, also nicht den Besitzer umfaßt und aus den Motiven S. 20 zu §. 2 Nr. 1, wornach in diesem Falle eine Entschädigung nicht zu geben ist, weil keine Agnaten oder Mitbelehnten abzufinden sind, „die Descendenten des Lehnbesitzers aber auf eine solche keinen Anspruch haben“.

§. 50. b. Aufhebung gegen Entschädigung oder Fideikommiß-Verwandlung.

Wenn bei einem, im ordentlichen Lehngange befindlichen, Lehne (vergl. §. 49) keiner dieser Fälle entschädigungsloser Aufhebung vorliegt, — wenn also zeitig angemeldete Lehnberechtigte leben —; wenn aber der besitzende Lehnmann lehnsfähige Descendenz

1) zur Zeit der Gesetzeskraft des Gesetzes vom 4. März 1867, also am 1. bez. 3. April 1867, hat oder

2) bis zum 302. Tage nachher — 27. bez. 29. Januar 1868 — gewinnt: so verliert das Lehn die Lehnseigenschaft „in seiner Hand“ §§. 3, 6. Der Lehnmann hat dann §. 6: „die Wahl, ob er das Lehn entweder

1) gegen eine Abfindung von 4 Prozent des Lehntaxwerths (bei Geldlehnen und Lehnstämmen des Kapitalwerths) in Allode oder
2) nach den Bestimmungen der §§. 1, 3 des Gesetzes vom 10. Juni 1856 in ein Fideikommiß für die zum Lehn berechtigte Familie dergestalt verwandeln will, daß er selber in die Stellung des ersten Fideikommißbesitzers eintritt. Einer Einwilligung der Agnaten und Mitbelehnten bedarf er dazu nicht. Auch findet die beschränkende Vorschrift des §. 56. Th. II. Tit. 4 des A. L.-R. nicht statt."

§. 7. „Steht der Lehnsmann unter Vormundschaft, so erfolgt die Wahl durch den Vormund."

§. 8. „Die getroffene Wahl ist bei dem Lehnshofe — dem Königl. Appellations-Gerichte zu Stettin — binnen 4 Jahren zu erklären. Diese Frist läuft dem, zur Zeit der Gesetzeskraft des Gesetzes im Besitze befindlichen, Lehnsmann von der Zeit der Gesetzeskraft. Der Nachfolger aber hat, sowohl dann, wenn der Vorgänger binnen der Frist ohne Erklärung der Wahl verstirbt, als auch dann, wenn erst unter ihm die Lehnseigenschaft aufhört (§§. 4, 5), vom Tage des Anfalls eine zweijährige Frist."

§. 9. „Innerhalb dieser Fristen ist auch, je nachdem die Allodifikation oder die Verwandlung in Familien-Fideikommiß gewählt wird, die Abfindungssumme an das Depositorium des Gerichts, in welchem das Lehn belegen, zu zahlen, oder bei der Fideikommißbehörde eine solche Stiftungsurkunde einzureichen, welche demnächst auch die Bestätigung erlangt."

§. 10. „Erfolgt innerhalb der im §. 9 bestimmten Fristen überhaupt keine Wahl, oder bei gewählter Fideikommißstiftung doch keine Einreichung der Fideikommißurkunde, so gilt die Verwandlung des Lehns in Allode (§. 6 Nr. 1) für gewählt."

Statt dieser Wahl zwischen Allodifikation und Fideikommißstiftung §§. 6—10 hatte der von der Regierung vorgelegte Entwurf nur die Bestimmung vorgeschlagen: „§. 6. Der Lehnbesitzer, in dessen Hand das Lehn nach §§. 3, 4, 5 die Lehnseigenschaft verliert, ist verpflichtet, 4 Prozent des Lehntaxwerths zum gerichtlichen Depositorium einzuzahlen." Die Kommission des Herrenhauses schlug darauf die, demnächst auch angenommenen, §§. 6—10 des jetzigen Gesetzes vor. Herr. S. 15—21. Durch diese Aenderungen sind einige Ungenauigkeiten in das Gesetz hineingekommen.

Nach dem Entwurfe hörte die Lehnseigenschaft unbedingt mit der Gesetzeskraft des Gesetzes auf, wenn der Lehnbesitzer dann lehnsfähige

Descendenz hatte; oder mit der Geburt eines lehnsfähigen Sohnes, falls er bis zum 302. Tage nachher einen solchen gewann. Der Entwurf konnte daher mit Recht sagen, daß dann „in seiner Hand“ die Lehnseigenschaft aufhöre. Der jetzige §. 6 läßt aber einem solchen Lehnbesitzer noch die Wahl, ob er binnen 4 Jahren das Lehn in Allode oder in Fideikommiß verwandeln will und durfte füglich — ohne zu wissen, ob er die Wahl erlebt bez. trifft — nicht sagen, daß „in seiner Hand die Lehnseigenschaft aufhört“, wie der §. 3 und die Anfangsworte des §. 6 lauten. Der §. 8 erwähnt auch vom Nachfolger, daß „unter ihm“ erst die Lehnsqualität aufhören könne. Jedenfalls dauert nach den jetzigen gesetzlichen Vorschriften die Lehnseigenschaft fort, bis eine Umwandelung in Allode oder Fideikommiß gewählt und dem Lehnshofe angezeigt, auch im letztern Falle eine Fideikommißurkunde eingereicht ist; und falls in der gestellten Frist keine Wahl getroffen ist, bis die Frist verflossen und damit durch das Gesetz die Umwandlung in Allode bestimmt ist. Vorher kann das Lehn nicht allodifizirt sein, da nach der Allodifikation nicht noch von einer Umwandelung des Lehns in Allode oder Fideikommiß die Rede sein kann. Gerade für die Fideikommißstiftung war es die Absicht, aus der Lehnsqualität in Fideikommisse zu verwandeln, und nicht etwa einen allodialen Zwischenzustand zu statuiren; indem das Gesetz vom 10. Juni 1856 nur für solche Umwandlungen und nicht für die Errichtung von Fideikommissen aus Allodialgütern die Erleichterungen des geringern Reinertrages und des geringern Stempels nachließ. Noch deutlicher erhellt dies aus einem, vom Herrenhause vorgeschlagenen, §. 12 seines Entwurfs, welcher demnächst von den andern Faktoren abgelehnt und nicht Theil des Gesetzes wurde. Darnach sollten „auch nach eingetretener Allodifikation“ bisherige Lehngüter nach §§. 1, 3 Ges. vom 10. Juni 1856 in Fideikommisse verwandelt werden können, und hatte hierzu die Kommission des Herrenhauses bemerkt: auf die Befreiung vom §. 56 L.-R. II. 4 — wonach ohne landesherrliche Genehmigung kein Fideikommiß von mehr als 10,000 Thlr. Reinertrag gestiftet werden kann — könne der Besitzer „hier, wo dem Fideikommisse die Allodialeigenschaft vorangeht“, keinen Anspruch haben. Herr. S. 21, 22. Auch in der Abgeordneten-Sitzung vom 2. Februar 1867, worin die jetzigen §§. 6—10 angenommen wurden, gingen alle Redner von der Ansicht aus, daß darnach nicht mehr „die Allodifikation unbedingt nach der Rechtskraft des Gesetzes eintrete, sondern eine vierjährige Frist gelassen werde, in welcher der Interessent zu entscheiden hat, ob er das Lehn in ein freies Eigenthum oder in ein Fideikommiß verwandeln will.“ Stenogr. Ber. S. 1877. — Für die zum Gesetz erhobenen §§. 6—10 bleibt daher nur die Auslegung möglich, daß die Lehnseigenschaft in den Händen desjenigen, welcher das Lehn zur Zeit des Gesetzes besaß, und falls er vor Ablauf der Frist nicht wählte, in den Händen seines Lehnfolgers bis zur Wahl, beziehungsweise bis zum Ablaufe der Frist fortdauerte.*)

Eine andere Ungenauigkeit ist in den §§. 9, 10 stehen geblieben. Die im §. 9 getroffene Vorschrift, daß vor Ablauf der Frist die Abfindungssumme gerichtlich gezahlt sein sollte, ist nicht erzwingbar, weil vor Ablauf der Frist Niemand ein Recht hat, sie zu verlangen. Der Besitzer verliert auch nicht das Recht zur spätern Zahlung und zur Allodifikation, vielmehr ist nach §. 10 diese als gewählt zu erachten, wenn keine Wahl oder keine genügende Fideikommißstiftung erfolgt ist. Jene Vorschrift sollte im Vorschlage des Herrenhauses dadurch Bedeutung gewinnen, daß dasselbe noch (§. 10 des Herrenhaus-Entwurfs) einschalten wollte:

„Eine vor der Einzahlung der Abfindungssumme (§§. 6, 9) von dem Lehnsbesitzer vorgenommene Veräußerung ist in Beziehung auf die berechtigten Lehnfolger ungültig."

Es sollte dadurch der Besitzer verhindert werden, vor Zahlung der Abfindung durch Veräußerung des Gutes der Lehnsfamilie den Ersatz für die entzogene Lehnseigenschaft zu vereiteln. Herr. S. 24 §. 10. Diese Bestimmung wurde jedoch in der Abgeordneten-Sitzung vom 2. Februar 1867 abgelehnt, nachdem der Berichterstatter v. Köller hervorgehoben hatte: die Lehnfamilie sei schon dadurch gesichert, daß der Käufer vor Zahlung der Abfindung nicht den Vermerk der Allodialqualität im Hypothekenbuch erlange. Stenogr. Ber. S. 1875, 1888. (Irrthümlich nennt dabei der Berichterstatter den Moment der Gesetzeskraft des Gesetzes als denjenigen, welcher die Allodialqualität herbeiführe, was nach Obigem für die hier besprochene Kategorie von Lehngütern unrichtig ist, und nur richtig gewesen wäre, wenn der ursprüngliche §. 6 des Entwurfs, nicht die gedachten Aenderungen des Herrenhauses §§. 6—10 angenommen wären.) Jetzt hat die im §. 9 verlangte Zahlung vor Ablauf der Frist nur die Wirkung, daß bei späterer Zahlung die Lehnberechtigten fordern können, daß der Besitzer auch Verzugszinsen der Abfindung von Ablauf der Frist an zahlt.

---

*) Für die neuvorpomm. Lehne hört Lehnseigenschaft und Lehnssuccession nach dem Patente v. 18. Febr. 1811 §. 28 erst dann auf, wenn alle Agnaten nach demselben abgefunden sind oder wenn keine abfindungsberechtigte Agnaten mehr leben. Entsch. Bd. 51, S. 184, 185. — Anschütz: Ueber die Erbfolge in die neuvorpomm. und rügenschen Lehngüter. 1864. S. 21 ff.

§. 51. Rechte der Betheiligten.

Da Lehne im vorliegenden Falle bis zur Wahl oder bis zum Ablaufe der Frist noch als Lehne anzusehen sind, so folgt daraus, daß beim Ableben des Besitzers im Laufe dieser Zeit die Lehnssuccession eintritt. Das Gesetz hebt hiervon eine Konsequenz im §. 11 hervor:

„Geht das Lehn auf einen Agnaten oder Mitbelehnten über, so erfolgt die Auseinandersetzung zwischen dem Lehnsfolger und den Allodialerben, insbesondere die Absonderung des Lehns vom Allodio, sowie die Abfindung der Ehefrau und Töchter des Lehnbesitzers nach den bisher bestehenden Gesetzen. Kommt es dabei auf die Aufnahme einer Lehntaxe an, so gelten die Vorschriften §§. 22—24."

Sowohl die Motive zum §. 7 des Entwurfs, welcher dem jetzigen §. 11 entspricht (S. 25), als auch Abg. S. 14 bemerken, daß jene Sonderung und Abfindung in den Fällen der §§. 4, 5 nach den bisherigen Gesetzen sich bestimme, weil dann das Lehn als Lehn vererbe. Die Fälle der Vererbung in der vierjährigen Zwischenzeit der §§. 6—10 kamen dann durch die Amendirung des Herrenhauses hinzu; und wurde deshalb der §. 7 des Entwurfs als §. 11 an das Ende des Abschnitts über Lehne im Lehnsgange geschoben. Die Hervorhebung jener einen Konsequenz der fortdauernden Lehnseigenschaft hat ihren Grund augenscheinlich in der sich daran anschließenden Aenderung hinsichtlich der neuen Lehntax-Grundsätze gehabt. Offenbar haben aber dadurch, daß nur diese Folgerung erwähnt ist, nicht die andern Folgen fortdauernder Lehnsqualität ausgeschlossen sein sollen. Es muß also auch eintretenden Falls für die Descendenten die Lehnfolge, nicht die Allodialerbfolge eintreten. — Für die Lehnfolge kommt es auf die Zeit der Geburt und auf die Eintragung oder Anmeldung im Lehnsregister nicht an, da dies nach §. 1 nur „bei der Auflösung des Lehnsverbandes" bestimmend ist.

Ebenso können die Gläubiger, so lange die Lehnseigenschaft dauert, das Lehn nur als solches und nicht als Allode angreifen.

Selbstverständlich bleibt auch die Dispositionsbefugniß des Besitzers so lange den gesetzlichen Lehnsbeschränkungen unterworfen.

Desgleichen kann den Agnaten die Geltendmachung der agnatischen Rechte gegen den Besitzer, gegen dessen Gläubiger und gegen etwanige dritte Erwerber vorkommenden Falls nicht verweigert werden. Wenn ein zur Zeit des Gesetzes lehnsfähig beerbter Besitzer in der Zeit nach dem Gesetze und vor dem Aufhören der Lehnseigenschaft das Lehn veräußerte, so ist zwar ein Revokationsrecht der Agnaten vor dem Aussterben seiner Linie ohnehin nicht begründet §. 33 III. Die Agnaten bedürfen dies aber auch nicht. Denn selbst im Falle des Verkaufs können sie nach Ablauf der (vierjährigen) Frist nach §§. 6, 21 des Gesetzes gegen den Lehnsmann oder dessen Descendenten und in Folge des Hypothekenvermerks der Lehnsqualität auch gegen den Käufer und dritten Besitzer die Aufnahme der Taxe und gerichtliche Zahlung der Abfindung von 4 Prozent erzwingen. Sollten jedoch im Falle einer solchen nach Rechtskraft des Gesetzes erfolgenden Veräußerung der Veräußerer und dessen Linie vor dem Aufhören der Lehnseigenschaft aussterben, so können die Agnaten als Lehnserben gegen den dritten Besitzer, sowie gegen die Allodialerben das Lehn beanspruchen.

Wenn in Folge von Angriffen von Gläubigern das Lehn in der Zwischenzeit vor der Allodifikation zum Verkauf gestellt würde, so können die Agnaten beim Aufgebote das beneficium taxae geltend machen. Der §. 17 findet aus den früher angeführten Gründen keine Anwendung, so lange das Lehn nicht allodifizirt ist. §. 47. Freilich würde in der Regel der Besitzer im höchsten Maße das Interesse haben, noch vor Ausführung des Aufgebots seine Wahl nach §. 6 zu treffen und dem Lehnshofe anzuzeigen, und dies dann den Agnaten einzuwenden, da mit diesem Momente die Allodifikation einträte und die agnatischen Rechte bis auf das Recht auf Abfindung mit 4 Prozent beseitigt sein würden.

Falls der Lehnbesitzer die Fideikommiß-Errichtung wählt, muß er nach §. 9 des Gesetzes vor Ablauf der Frist des §. 8 bei der Fideikommiß-Behörde eine solche Stiftungsurkunde einreichen, welche demnächst auch die Bestätigung erlangt. Andernfalls gilt nach Ablauf der Frist die Allodifikation für gewählt und gegen diese praesumtio de jure ist bei der positiven Gesetzesvorschrift kein Gegenbeweis dahin, daß er nicht die Allodifikation gewählt habe, zulässig. Der Inhalt der eingereichten Fideikommiß-Urkunde muß also ein gesetzlich zulässiger sein. Herr. S. 20, 21 zu §. 9. Er muß die wesentlichen Stücke einer Fideikommiß-Urkunde enthalten. Als solche benennt die Instruktion art. 7 die Bezeichnung des Objekts, die Widmung desselben zum Fideikommisse für die ganze lehntragende Familie und die Anordnung einer gesetzlich zulässigen Successionsordnung. Andere Modifikationen der Urkunde und der Nachweis des gesetzlich erforderlichen Reinertrags können (Instr. art. 7) auch nach Ablauf der Frist nachgeholt werden. Denn für andere Modifikationen würden sonst die Gesetze: L.-R. II. 4 Abschn. 3—5 maßgebend bleiben, wenn die Urkunde keine besondern Bestimmungen enthält; deren Mangel kann also kein Grund der Nichtbestätigung sein. Andererseits schreibt §. 9 nur die Bestätigungsfähigkeit der zeitig eingereichten Urkunde vor; verlangt aber nicht innerhalb der Frist auch die Bestätigung selbst oder den dazu nöthigen Ertragsnachweis.

Zu der lehntragenden Familie, für welche §. 6 die Fideikommiß-Stiftung errichtet werden muß, rechnet die Instruktion art. 7 (nach §. 1 des Gesetzes) außer dem Besitzer und dessen Descendenz nur die in die Lehnsregister rechtzeitig eingetragenen Lehnberechtigten und deren Descendenz; was ihrem Anrechte an der sonst zu gewährenden Abfindung (vergl. §§. 59, 60) und den §§. 1, 20 entspricht und worauf dieselben ein klagbares Recht haben §. 57. Die Instruktion art. 7 will dem Lehnbesitzer aber unbenommen sein lassen, die Fideikommiß-Stiftung auch auf die präkludirten Familienglieder zu erstrecken. Ein Recht hierauf würden dieselben nach §§. 1, 6 des Gesetzes nicht haben. Ein Widerspruchsrecht dagegen ist aber andererseits den andern Interessenten im Gesetze nicht eingeräumt.

Ueber die Ausübung der Wahl, wenn das Lehn von Mehreren besessen wird, vergl. §. 56.

§. 52. c. Fortdauernde Lehne.

Wenn der Besitzer eines im Lehngange befindlichen Lehns weder am 1. bez. 3. April 1867 noch bis zum 27. bez. 29. Januar 1868 lehnsfähige Descendenz hatte, und wenn keiner der Fälle entschädigungsloser Aufhebung der Lehnsqualität (§. 49) vorliegt, so bleibt in seiner Besitzzeit das Gut jedenfalls Lehn. Dies setzt voraus, daß Lehnberechtigte zeitig angemeldet und am Leben sind, da sonst der Fall des §. 2 Nr. 1 oder 2 vorläge. Der Besitzer wird alsdann nach Recht und Ordnung der bisherigen Lehnfolge im Lehn beerbt, ohne daß es hierbei auf die Zeit der Geburt oder auf die Eintragung und Anmeldung des Successionsberechtigten ankommt. Der Besitzer wird daher entweder von seiner eigenen später geborenen Descendenz oder von seinen nächsten Agnaten beerbt. Das Lehn verliert in diesem Falle die Lehnseigenschaft,

1) wenn der erste Besitzer (d. h. der Besitzer zur Zeit des Auflösungsgesetzes) von einem später geborenen Descendenten beerbt wird, in der Hand des Letztern; andernfalls
2) in der Hand desjenigen spätern Besitzers, welcher schon beim Anfalle des Lehns lehnsfähige Descendenz hatte, oder
3) wenn ein späterer Besitzer von einer, nach dem Lehnsanfalle ge-

bornen, lehnsfähigen Descendenz im Lehne beerbt wird, in der Hand dieser Descendenz; und zwar je nachdem der eine oder der andere dieser Fälle zu 2 und 3 früher eintritt. §§. 4, 5.

Sobald durch eine derartige lehnsfähige Beerbung das Ende der Lehnseigenschaft feststeht, hat derjenige Lehnsmann, „in dessen Händen die Lehnseigenschaft aufhört" — um mit den Worten des §. 6 zu sprechen — ebenso wie im Falle des §. 50 das Wahlrecht zwischen Allodifikation und Fideikommiß-Verwandlung, und es finden dann ganz dieselben §§. 6—10 Anwendung, welche schon in den §§. 50, 51 erörtert sind. Nur den einen Unterschied macht §. 8, daß der Nachfolger des zur Zeit der Rechtskraft des Gesetzes im Besitze befindlichen Lehnmanns, wenn erst unter ihm die Lehnseigenschaft aufhört, nicht eine vierjährige, sondern nur eine zweijährige Frist, vom Tage seines Lehnanfalles an gerechnet, zur Ausübung seines Wahlrechts hat, und nach fruchtlosem Ablauf dieser Frist schon die Allodifikation gewählt gilt. Mit Ausnahme dieser Friständerung gilt also auch für diese Fälle hinsichtlich des Zeitpunkts der Allodifikation durch Wahl oder Fristablauf, hinsichtlich einer frühern Lehnssuccession, und hinsichtlich der frühern Rechte für Besitzer, Gläubiger und Agnaten Alles, was §§. 50, 51 hierüber bemerkt ist.

Der Grund, weshalb bis zur Konstatirung lehnsfähiger Beerbung des Besitzers in der angegebenen Weise die Lehnseigenschaft fortdauern soll, liegt in folgender Erwägung der Motive S. 21—23: die sofortige Allodifikation für alle Fälle sei ohne Verletzung der Besitzer, welche möglicherweise wegen ihrer Descendenz niemals den Eintritt von Agnaten zu befürchten hätten, gegen Entschädigung nur möglich, wenn die Allodifikation vom Antrage des Besitzers abhängig gemacht werden sollte. Dies soll, um dem Gesetze vom 5. Juni 1852 zu genügen und die unbedingte Aufhebung zu sichern, nicht geschehn. Dann sei aber keine für alle Fälle zutreffende Norm für die Entschädigung der Agnaten zu finden. Der Werth des Lehns für die Zeit, wenn Agnaten in dessen Besitz kämen, sei vorher nicht zu ermessen; auch die größere oder geringere Wahrscheinlichkeit für die Agnaten, zur Succession zu kommen, sei unberechenbar. Es bliebe daher, in Uebereinstimmung mit Zettwach's Vorschlage Just.-Min.-Bl. 1850 S. 342, nur übrig, den Agnaten, falls der Besitzer keine lehnsfähige Descendenz habe, die Succession vorzubehalten, weil sie dann gegründete Hoffnung haben, zur Succession zu gelangen. Falls dagegen lehnsfähige Descendenz vorhanden sei, habe die Descendenz des Besitzers eben so viel Hoffnung fortzuleben, als die

Agnaten. Diesen Gründen sind die Kommissionen des Abgeordnetenhauses S. 12 und des Herrenhauses S. 14 beigetreten.

C. Lehne außer dem Lehngange.

§. 53. a. Aufhebung ohne Entschädigung.

Auch bei Lehnen, welche außerhalb des Lehnganges zur Zeit des Gesetzes vom 4. März 1867 besessen sind, hebt das Gesetz für verschiedene Kategorien theils die Lehnseigenschaft ohne Entschädigung, theils mit Entschädigungspflicht auf und läßt sie theils noch ferner bestehen. Ohne Entschädigung erfolgt die Aufhebung nach

§. 12. „Lehne, welche an dritte, nicht zur lehntragenden Familie gehörende Personen erblich und unwiderruflich veräußert sind, verlieren die Lehnseigenschaft,

1) wenn bei einer vor dem 1. Januar 1848 erfolgten Veräußerung bis zum 1. Januar 1848,
2) bei einer später erfolgten Veräußerung zur Zeit des Vertragsabschlusses

keine Lehnberechtigten in die Lehns- und Successionsregister eingetragen sind."

Die Bestimmung ist an sich keine neue, sondern nur die Sanctionirung des sich schon aus dem Gesetz vom 11. Juli 1845 G.-S. S. 474 §§. 7, 8 ff. ergebenden Grundsatzes. Vgl. oben §. 8. In diesem Falle ist Niemand vorhanden, welcher gesetzlich gegen den Besitzer die Lehnseigenschaft geltend machen kann, weil alle Lehnberechtigte, welche bis zum 1. Januar 1848 bez. bis zur Veräußerung nicht in den Lehnsregistern eingetragen waren, die definitive Veräußerung gegen sich gelten lassen müssen. Das Lehn ist bei den, vor dem Gesetz vom 4. März 1867 erfolgten, Veräußerungen also in den Händen des dritten Besitzers schon mit dem 1. Januar 1848 bez. mit dem etwa spätern Vertragsabschlusse — und nicht erst durch §. 12 des Gesetzes vom 4. März 1867 — Allode geworden, ohne daß der Besitzer eine Entschädigung zu zahlen braucht. Dies heben auch Mot. S. 25 zu §. 8, Abg. S. 14, Herr. S. 22, 23 hervor. In der Kommission der Abgeordneten wurde die Aufstellung desselben Grundsatzes für den Fall, daß nur der Veräußerer oder dessen Descendenz eingetragen seien, mit Recht vom Regierungs-Kommissarius als unnöthig abgelehnt, weil ohnehin gesetzlich der Veräußerer und dessen Descendenz die Veräußerung nicht anfechten und Lehnrechte gegen den dritten Besitzer nicht geltend machen können.

Der Grundsatz, welchen §. 12 ausspricht, ist nach den früheren Erörterungen §§. 9, 10 auch dann richtig, wenn das Lehn erblich und unwiderruflich an ein Mitglied der lehntragenden Familie veräußert ist und dieser das durch Allodialtitel erworbene Lehn nicht als Lehn, sondern als Allode besitzen will. Falls ein solcher Erwerber schon vor dem Gesetze vom 4. März 1867 unter Einreichung eines Attestes des Lehnshofes darüber, daß zur Zeit des Erwerbes keine Lehnberechtigten eingetragen waren, die Löschung der Lehnqualität im Hypothekenbuche bereits erlangt hat, so ist natürlich das Gut nicht mehr Lehn und dem Gesetze vom 4. März 1867 nicht mehr unterworfen. War dies nicht der Fall, so ist jetzt nach dem Gesetze ein solcher Erwerb nicht unter die entschädigungslose Aufhebung des §. 12 subsumirt, sondern entweder — wenn das Lehn nach dem Erwerbe schon zweimal lehnmäßig vererbt ist — als den im Lehngange befindlichen Lehnen gleichstehend nach §§. 2 ff. behandelt, oder andernfalls zur Kategorie der §§. 13, 14 gerechnet. Mot. S. 27. Vgl. §. 49.

§. 54. b. Aufhebung gegen Entschädigung.

§. 13. Wenn das Lehn erblich und unwiderruflich entweder 1) von einem lehnsfähig beerbten Lehnmann an ein Mitglied der Familie oder einen Dritten, oder 2) von einem nicht lehnsfähig beerbten, aber im letztern Falle (2)

a. an ein Mitglied der lehntragenden Familie oder
b. mit Einwilligung des nächsten (resp. bei gleicher Nähe Mehrerer der nächsten) Agnaten

veräußert worden ist; und lebt dann bei Eintritt der Gesetzeskraft des Gesetzes noch Jemand von den Personen des Veräußerers, seiner lehnsfähigen Descendenz oder der einwilligenden nächsten Agnaten und ihrer Descendenz, so hat das Lehn sofort mit der Gesetzeskraft des Gesetzes die Lehnseigenschaft verloren, und hat der Besitzer, welcher durch das Gesetz das bisherige Lehn als Allode erwirbt (nach dem bisherigen Rechte §. 33 aber ohnehin gegen sofortige Geltendmachung des Revokationsrechts geschützt sein würde), 4 Prozent des Lehntarwerths zum gerichtlichen Depositorium zu zahlen.

Auf eine Unterscheidung darüber, ob ein Lehn aus Nothwendigkeit veräußert sei, was nach pommerschem Lehnrecht für die Rechte der Agnaten allerdings einen wesentlichen Unterschied macht §. 34, hat sich das Gesetz absichlich nicht einlassen wollen, weil diese Erörterung in den meisten Fällen schwierig sei und zu weitläufigen Prozessen führen würde. Motive S. 27. Darüber, daß im Falle des §. 13 die Lehnseigenschaft mit der Gesetzeskraft des Gesetzes aufgehört hat, und über die zu diesem Zwecke erfolgte Aenderung des ursprünglichen Entwurfs vgl. oben §. 47.

§. 14. „Ist dagegen bei einer Veräußerung der im §. 13 gedachten Art keine der dort bezeichneten Personen bei Eintritt der Gesetzeskraft dieses Gesetzes am Leben, so bleibt den Lehnberechtigten von diesem Zeitpunkte ab noch 3 Jahre die Revokationsklage vorbehalten. Wird innerhalb dieser Frist diese Klage nicht angemeldet, so verliert das Lehn die Lehnseigenschaft und hat der Besitzer 6 Prozent des Lehntaxwerths zu zahlen."

In einem solchen Falle, wenn von der Linie des Veräußernden und der konsentirenden nähern Agnaten Niemand mehr lebt, sind die nicht konsentirenden Agnaten schon nach dem bisherigen Rechte berechtigt, jetzt die Revokationsklage sofort anzustrengen; und zwar je nach der Entscheidung der desfallsigen Kontroverse entweder alle Agnaten oder mindestens der Successionsberechtigte. §§. 33, 37. Der Regierungsentwurf hatte auch für diesen Fall das sofortige Aufhören der Lehnseigenschaft vorgeschlagen und nur die Entschädigung auf 6 Prozent, also höher wie für andere Fälle, normiren wollen, weil hier die Agnaten Rechte, welche ihnen schon jetzt zuständen, verlören. Mot. S. 28. Die Kommission der Abgeordneten wollte sodann, „weil für die Lehnberechtigten eigentlich actio nata vorhanden ist", denselben noch für ein Jahr die Revokationsklage vorbehalten. Abg. S. 16, 17 zu §. 10. Das Herrenhaus veranlaßte darauf die Verlängerung dieser Frist auf die jetzt bestimmten 3 Jahre, weil die Erwägung der Räthlichkeit der Klage und die Beschaffung der Geldmittel längere Zeit koste. Herr. S. 25.

Praktisch wichtig ist es, welche Lehnberechtigten zu der vorbehaltenen Klage berechtigt sein sollen. Für die Beantwortung ist in erster Linie bestimmend, daß nach §. 14 den Lehnberechtigten die Klage „vorbehalten bleibt"; es soll also nicht ein neues Klagrecht geschaffen werden, welches einem Agnaten oder mehreren Agnaten nicht schon zusteht; sondern sie sollen nur die ihnen zustehenden Rechte noch binnen 3 Jahren geltend machen können. Es kann daher hier nicht, wie beim Aufgebote und beim Gesetz vom 11. Mai 1839, dahin geschlossen werden, daß es Absicht der Gesetzgebung sei, auch solchen Agnaten, welche nach pommerschem Lehnrecht in den 3 Jahren noch kein Klagrecht hätten, ein solches als gegenwärtiges zu geben (vgl. §§. 40, 44). Solcher Interpretation würden außer der Wortfassung des §. 14 auch die Materialien des Gesetzes widersprechen. Zwar nahmen die Kommissionen des Abgeordnetenhauses und des Herrenhauses mit Zettwach an, daß nach Abgang der Linien des Veräußerers und der nähern konsentirenden Agnaten alle andern Agnaten binnen 30 Jahren zur Revokation gegen den Besitzer berechtigt seien. Abg. S. 2, 16, 17; Herr. S. 4, 5, 25. Dagegen gehen die Regierungs-Motive S. 11, 13 ausdrücklich davon aus, daß der Agnat (nach Abgang jener Linien) revoziren könne, „wenn die Succcessions-Ordnung ihm eröffnet war". Man kann sonach nicht sagen, daß die Gesetzgebungsfaktoren darüber einverstanden waren, alle Agnaten hätten ein sofortiges Revokationsrecht. Die Ansicht der Kommissionen des Abgeordnetenhauses und des Herrenhauses hat daher nur den Werth, unrichtige bez. zweifelhafte Voraussetzungen als Motive benutzt zu haben, da dieser Ansicht nicht durch Verleihung des fraglichen Rechts gesetzgeberischer Ausdruck gegeben ist. — Auch eine Folgerung, daß durch die Auflösung des Lehnsverhältnisses die Absicht, für alle Agnaten das Revokationsrechts zum Austrag zu bringen, maßgebend sei, kann nicht hier (wie im Falle der §§. 40, 44) von Einfluß sein. Denn in der That wird das Recht für alle Agnaten zum Austrage gebracht, nur mit dem Unterschiede, daß im Falle des §. 13 alle Agnaten sofort ihre Rechte verlieren und durch die Abfindung dafür entschädigt werden, und daß im Falle des §. 14 in den nächsten 3 Jahren die dann Berechtigten ihre Rechte noch behalten, nachher aber sie und ebenso alle andern Agnaten ebenfalls ihre Rechte (gegen Abfindung) verlieren.

Die weitere Beantwortung der Frage, wer in den 3 Jahren das Revokationsrecht hat, hängt daher von der Entscheidung der früher erwogenen Kontroverse ab, ob nach Abgang der veräußernden und der nähern konsentirenden Linien alle oder nur die dann successionsberechtigten Agnaten revoziren können, worüber auf §. 37 zu verweisen ist; sowie von den im Laufe der 3 Jahre etwa eintretenden Ereignissen, welche auf das Successionsrecht influiren.

Wann §. 14 und wann §. 13 anwendbar sein soll, richtet sich darnach, ob keine der im §. 13 bezeichneten Personen am Leben ist. Andererseits ist die Einwilligung der nächsten Agnaten nur im zweiten Falle des §. 13, beim Verkaufe seitens eines nicht lehnsfähig beerbten Lehnmanns, Voraussetzung der Anwendbarkeit. Die Motive unterscheiden deshalb S. 28: ob die Veräußerung von einem mit lehnsfähiger Descendenz versehenen Lehnsmanne oder mit Konsens der nächsten Agnaten erfolgt und keine dieser Personen oder ihrer Descendenz mehr am Leben ist. Im Falle einer Veräußerung seitens eines lehnsfähig beerbten Lehnmanns wird also der §. 13 nur dann anwenbar sein, wenn zur Zeit des Gesetzes noch einer von der veräußernden

Linie lebt; und der §. 14 (nicht aber §. 13), wenn zwar keiner von dieser Linie, wohl aber noch einer von der Linie der konsentirenden nähern Agnaten lebte. Zu Veräußerungen von lehnsfähig beerbten Besitzern war die Einholung von Konsensen anderer Agnaten nicht üblich. War jedoch ein solcher Konsens ertheilt, so ist die Frage wegen der verschiedenen Höhe der Abfindungen der §§. 13, 14, wegen der 3jährigen Frist und wegen des möglichen Absterbens der konsentirenden Linie vor Ablauf der 3 Jahre von Wichtigkeit.

Wenn der Besitzer keinen Nachweis darüber führen kann, ob eine jener Personen noch lebt oder nicht mehr lebt, kann er nach Ablauf der 3jährigen Frist und unter Uebernahme der höhern Entschädigung des §. 14 unzweifelhaft die letztere anbieten und unter dieser Bedingung das Allodifikationsattest beantragen, indem alsdann keinenfalls ein Interessent benachtheiligt ist.

Ueber die Anwendbarkeit des Lehnrechts für die Zwischenzeit von 3 Jahren gilt das für die gleichen Fälle früher Bemerkte §§. 47, 51.

§. 55. c. Fortdauernde Lehnsqualität.

Lehne, welche zur Zeit des Auflösungsgesetzes außerhalb des Lehnganges besessen sind, behalten noch ferner die Lehnsqualität:

1) Wenn die erbliche und unwiderrufliche Veräußerung von einem nicht lehnsfähig beerbten Lehnmanne an einen nicht zur Lehnsfamilie gehörigen Dritten ohne die §. 13 gedachte agnatische Einwilligung erfolgt ist; dann verbleiben den nach §. 1 zu berücksichtigenden Lehnberechtigten — aber auch nur diesen — ihre lehnrechtlichen Ansprüche. Für andere, entweder darnach nicht zeitig angemeldete oder erst später geborene, Lehnberechtigte sind ihre Rechte durch das Gesetz aufgehoben. §. 15.

2) Wenn Lehne auf Wiederverkauf oder durch antichretischen Pfandvertrag veräußert sind. Der §. 16 disponirt hinsichtlich dieser Lehne: „es bleibt bei den desfallsigen Verträgen und bisherigen Gesetzen. Das agnatische Reluitions- und Wiederkaufsrecht steht jedoch nur den nach §. 1 zu berücksichtigenden Lehnberechtigten zu.“ Auch hier sind also die Rechte unangemeldeter oder später geborener Agnaten durch das Gesetz aufgehoben.

3) Endlich verfügt §. 18:

„Gelangt in Gemäßheit der §§. 14, 15, 16, 17 das Gut wieder in die Hände eines Mitgliedes der lehntragenden Familie, so finden die §§. 2—10 mit der Maßgabe Anwendung, daß die im §. 8 bestimmte vierjährige Frist von der Erlangung des Besitzes an zu rechnen ist."

Auch in allen diesen Fällen hört sonach die Lehnseigenschaft spätestens dann auf, wenn keiner der schon jetzt zeitig eingetragenen Lehnberechtigten mehr lebt. Der Vorschlag, im zweiten Falle den Lehnberechtigten eine Präklusivfrist zu bestimmen, ist absichtlich abgelehnt, weil nicht konstire, ob für diese Maßregel eine Nothwendigkeit vorhanden sei. Mot. S. 29. De lege ferenda bedauern freilich alle im Besitze von Lehnen der Fälle zu 1 und 2 Befindlichen, daß nicht für beide Fälle eine Endfrist von einigen Jahren festgesetzt ist, und sind dafür dieselben Gründe geltend zu machen, wie für die Endschaft der Lehnsqualität nach 3 Jahren, welche Frist im §. 14 hinsichtlich der Offenhaltung anderer schon gegenwärtiger, wenngleich nicht so werthvoll gehaltenen (Mot. S. 28), Rechte bestimmt ist. So wünschenswerth solchen Besitzern eine derartige Beschränkung der agnatischen Rechte sein muß, so ist doch nach der umfassenden Gesetzgebung über die Gesammtmaterie schwerlich noch ein Spezialgesetz zu diesem Zwecke zu erwarten.

Für die dritte Kategorie des §. 18 bemerken die Motive S. 29: wenn das Lehn in Gemäßheit der §§. 11—13 (des Entwurfs gleich §§. 15—17 des Gesetzes) in den Besitz eines zur lehntragenden Familie gehörenden Mitglieds komme, so stehe dasselbe in diesen Fällen (also nach dem Rückerwerbe) einem im Lehngange befindlichen Lehne gleich und sei nach den Bestimmungen der §§. 2—7 (Entw. entsprechend §§. 2—10 Ges.) zu behandeln. Aus gleichem Grunde tritt dem die Kommission des Abgeordnetenhauses S. 17 bei, damit dann nach Rückerwerb solcher Lehne alsbald die Allodifikation erfolge. Unzweifelhaft bleibt daher die Lehnsqualität für solche Lehne bis zur Rückerlangung des Besitzes seitens eines Lehnberechtigten — und je nach den Umständen noch länger — bestehn. Das Lehn wird bis dahin nicht als ein schon jetzt bez. zur Zeit des Gesetzes im Lehngange befindliches Lehn für denjenigen, welcher etwa zur Zeit des Gesetzes der Nächstberechtigte sein würde und lehnsfähig beerbt wäre, als dessen Eigenthum allodifizirt. Im Gegentheil wird das Lehn, wenn ein Rückerwerb nicht erfolgt und alle, nach §. 1 zu berücksichtigenden Lehnberechtigten ausgestorben sind, in der Hand des dritten Besitzers, welcher es titulo allodiali erworben hat, dann Allode. Den Lehnberechtigten bleibt vor dem Rückerwerbe nur während fortdauernder Lehnsqualität und wegen derselben die Ausübung der agnatischen Rechte vorbehalten. Dies würde keiner Erwähnung bedürfen, wenn nicht der Bericht des Herrenhauses zu §. 13 (jetzt §. 17 Ges.) S. 26 von einer offenbar unzulässigen Ansicht ausginge. Derselbe bemerkt: der §. 13 (17) spreche die Folgen der Allodifizirung aus; das beneficium taxae und das Revokationsrecht hörten auf, „während das Reluitionsrecht auch noch nach der Allodifizirung für den ehemaligen Lehnmann, nunmehrigen unbeschränkten Eigenthümer fortdauern kann"!? Jedes Wort in diesem Nachsatze ist ein Irrthum. Das Reluitionsrecht ist im §. 17 (13) gar nicht berührt und zwar mit Recht, weil es nur nach wiederkäuflicher oder pfandweiser Veräußerung eintreten kann. Für solche Fälle soll aber nach §. 16 (früher 12) eine Allodifizirung durch das Gesetz noch gar nicht eintreten; sondern erst nach dem etwanigen Rückerwerbe gemäß §. 18, also erst nach Ausübung des Reluitionsrechts. Ein Reluitionsrecht nach erfolgter Allodifizirung ist ein juristischer Widerspruch und ist im Gesetze auch nicht entfernt angedeutet; es soll vielmehr hinsichtlich solcher Lehne bei den bisherigen Gesetzen bleiben §. 16. Noch weniger soll der ehemalige Lehnmann unbeschränkter Eigenthümer werden und als solcher das Reluitionsrecht gegen den Besitzer haben! Allodialeigenthümer kann er erst nach seinem Reluitionsrückerwerb gemäß §§. 18, 2—10 unter Umständen werden. Der Verlust der Lehnseigenschaft, wenn er eintritt, kann nach dem Gesetze stets nur dem Gute und mit demselben demjenigen zu Statten kommen, welcher es zur Zeit des Aufhörens der Lehnseigenschaft besitzt.

Vielleicht hat zu dieser Entstellung der Auffassung der Umstand beigetragen, daß in den Mot. S. 28 zu IV. für den §. 12 (jetzt 16) bemerkt war: den Agnaten müsse das Einlösungs- und Reluitionsrecht vorbehalten bleiben, weil solche Lehne als noch im Lehngange befindliche angesehen werden müßten. Diese Motivirung hat jedoch nur bedeuten können, daß sie in Beziehung auf den Vorbehalt und die Geltendmachung der agnatischen Rechte für die Agnaten noch fortdauernden Lehnsnexus behalten haben; nicht aber, daß sie durch das Gesetz schon sofort ebenso allodifizirt werden sollen, wie solche Lehne, welche zur Zeit des Gesetzes im Lehngange d. h. im Besitze der lehntragenden Familie sind. Von einer solchen Auffassung sind wenigstens die Motive des Regierungsentwurfs frei. Derselbe behandelt vielmehr in getrennten Abschnitten zu I S. 17, 18 den Kreis der Lehnberechtigten (für §. 1 Ges.), II S. 19—25 die Allodifikation der im Besitze der lehntragenden Familie befindlichen Lehne (für §§. 2—11), III S. 25—28 die unwiderruflich veräußerten Lehne, und sodann erst IV S. 28, 29 die wiederkäuflich oder pfandweise veräußerten Lehne.

D. Allgemeine Grundsätze.

§. 56. Verfahren. Verhältniß mehrerer Besitzer.

§. 19. „Die Lehnseigenschaft des Gutes kann im Hypothekenbuche nur auf Grund eines Zeugnisses des Lehnshofes darüber, daß das Gut Allode geworden oder in ein Fideikommiß verwandelt worden ist, gelöscht werden. Im letzteren Falle muß gleichzeitig mit der Löschung die neue Eigenschaft von Amtswegen vermerkt werden."

Von Amtswegen veranlaßt weder das Gericht als Deposital- oder Hypotheken-Behörde noch der Lehnshof (Appellations-Gericht zu Stettin) irgend etwas zur Herbeiführung oder Konstatirung der Aufhebung der Lehnsqualität. Die Hypotheken-Behörde bedarf zur Löschung eines Attestes des Lehnshofs darüber und das Deposital-Gericht bedarf zur Annahme der zu deponirenden Abfindung ebenfalls eines Attestes des Lehnshofes über Grund und Höhe der Zahlung. Der Besitzer des Lehns, welcher in der Regel am meisten interessirt ist, hat alle Anträge auf Herbeiführung und Feststellung der Lehnsaufhebung zunächst an den Lehnshof zu richten. Instr. Art. 1, 6, 7, 10. Nur wenn die Bildung eines Fideikommisses in den zulässigen Fällen gewählt wird, ist zunächst der Entwurf der Stiftungsurkunde dem, nach §. 1 Ges. v. 5. März 1855 G.-S. S. 175 kompetenten, Fideikommiß-Gerichte zur Bestätigung einzureichen und dem Lehnshofe, wenn dies ein verschiedenes Gericht ist, Anzeige zu machen; worauf Fideikommiß-Gericht und Lehnshof, falls die Urkunde bestätigt wird, die nöthigen Urkunden und Atteste dem Hypotheken-Gerichte zur Löschung der Lehns- und Eintragung der Fideikommiß-Eigenschaft zugehen lassen. Instr. Art. 7.

Die Instr. Art. 1 macht darauf aufmerksam, daß mehrere Mitbesitzer eines Lehns ihre Anträge beim Lehnshofe gemeinschaftlich stellen müssen, und die unter ihnen entstehenden Differenzen vor Stellung der Anträge an den Lehnshof vor dem ordentlichen Prozeßrichter zum Austrage zu bringen sind. Sofern es sich nur um Ausstellung eines Allodifikations-Attestes auf Grund von Thatsachen, welche dem Lehnshofe bereits aktenmäßig vorliegen, handeln würde, dürfte zu einem solchen Antrage auch jeder einzelne von mehreren Mitbesitzern befugt zu erachten sein. Der Antrag, die Lehnseigenschaft auf Grund eines Lehnhof-Attestes zu löschen, kann als ungetheilte Disposition über das ganze Lehn vom Hypothekenrichter nur dann berücksichtigt werden, wenn der Antrag von allen Mitbesitzern gestellt ist. Sollten die Mitbesitzer sich nicht einigen, so müßte eine desfallsige Differenz unter ihnen nach L.=R. I. 17 §. 10 ff. im Prozeßwege entschieden werden.

Wenn beim Lehnshofe nicht blos die Ausstellung des Allodifikations=Attestes zu beantragen ist, sondern die Lehnstaxe erst noch veranlaßt werden muß, und hierüber die mehreren Mitbesitzer nicht einig sind, so muß auch eine Entscheidung dieser Differenz dem Antrage auf Lehntaxe vorangehen. Bei der Entscheidung selbst ist zu berücksichtigen, daß das Gesetz theils sofort bei Eintritt der Gesetzeskraft, theils nach Ablauf der festgesetzten Fristen in den betreffenden Fällen den Besitzer zur Zahlung der, nach Prozenten des Lehntaxwerths normirten, Abfindung verpflichtet und jedem, nach §. 1 zu berücksichtigenden, Lehnberechtigten ein Zwangsrecht darauf gegen den Besitzer einräumt §. 21. Wenn daher von mehreren Mitbesitzern der Eine dieser Verpflichtung genügen will, der Andere dies verweigert, so würde Letzterer auch dem Mitbesitzer gegenüber zur Genehmigung der Schritte zu verurtheilen sein, welche behufs Erfüllung einer Verpflichtung nöthig sind und nicht vom freien Willen des Mitbesitzers abhängen, und welche jedenfalls — als gesetzlich nothwendig — sowohl „dem gemeinsamen Besten der Theilnehmer am zuträglichsten" als auch der Sachlage am gemäßesten zu erachten sind. L.=R. I. 17 §§. 15, 24.

Ist unter mehreren Mitbesitzern streitig, ob im Falle des §. 6 die Verwandlung des Lehns in Allode oder in Fideikommiß vorzuziehen wäre, so würde bei einer solchen Disposition, da sie entschieden die Substanz des Lehns betrifft, die Majorität der Theilnehmer dies Wahlrecht nicht gegen den Widerspruch der Minorität ausüben dürfen. L.=R. I. 17 §§. 10, 11. Selbst der größten Majorität gegenüber würde der Widerspruch eines einzelnen Mitbesitzers die Ausübung dieser Wahl für das Gut hindern; und es könnte schlimmstenfalls nur durch Aufhebung der Gemeinschaft, Theilung des Lehns bez. Verkauf theilungshalber eine Entscheidung gewonnen werden. Jedenfalls läßt sich nicht behaupten, daß die Wahl der Fideikommiß=Errichtung dem gemeinsamen Interesse am meisten entspricht. Auch wenn man gegentheils nicht als feststehend annehmen will, daß die Wahl der Allodifikation dem gemeinschaftlichen Besten am gemäßesten sei, obgleich das Gesetz dies nach Fristablauf als gewählt annimmt; so wird der Umstand, daß ein Zwang zur Fideikommiß=Errichtung gesetzlich gegen keinen Mitbesitzer besteht, in Verbindung mit der, nach Fristablauf eintretenden, Nothwendigkeit der Allodifikation gegen Prozentabfindung thatsächlich zur Allodifizirung führen müssen; — falls nicht noch vor Ablauf der Frist eine Einigung aller Mitbesitzer über eine Fideikommißurkunde stattfindet, oder durch Thei=

lung oder Verkauf theilungshalber den Fideikommiß-Liebhabern die Errichtung eines Fideikommisses für ihren Antheil oder für das Ganze ermöglicht wird.

Im Antrage an den Lehnshof sollen nach Art. 6, 10 Instr. für die Allodifikation

a. von Geldlehnen oder Lehnsstämmen diese selbst genau bezeichnet und das Gericht, bei welchem sie verwaltet oder die betreffenden Urkunden aufbewahrt werden, angegeben werden,

b. von Lehngütern diese selbst und das Gericht, unter dessen Jurisdiktion sie liegen, genannt werden. In den nöthigen Fällen soll der Antrag auf Aufnahme der Taxe gestellt und das Erbieten zur Zahlung des gesetzlichen Prozentsatzes des Lehntaxwerthes erklärt sein. Eine besondere Beglaubigung dieser Erklärungen ist gesetzlich nicht vorgeschrieben und vom Lehnshofe in der Regel nicht verlangt. Indeß ist zu den, von Bevollmächtigten der Besitzer gestellten Anträgen und übernommenen Verpflichtungen zur Zahlung der Abfindung mit Recht eine gerichtlich oder notariell beglaubigte Erklärung des Besitzers verlangt; da das Verfahren jedenfalls nicht ein Prozeßverfahren im gewöhnlichen Sinne ist und eine nur schriftliche Vollmacht für solche materielle Dispositionen nicht ausreicht.

Der Lehnshof hat die pommersche General-Landschaftsdirektion um Aufnahme der Taxe des Lehnguts zu requiriren, nach deren Eingang die Allodifikations-Abfindung festzusetzen und zu deren Zahlung zum gerichtlichen Depositum aufzufordern. Als das, zur Annahme und Verwaltung dieser Abfindungen zuständige, Gericht ist im §. 6 des Gesetzes das Gericht, „in welchem das Lehn gelegen,“ bezeichnet. Die Instr. Art. 6 bestimmt für Geldlehne und Lehnstämme dasjenige Gericht, bei welchem Geldlehn oder Lehnsstamm verwaltet oder die darüber sprechenden Urkunden aufbewahrt werden. Für Geldlehne und Lehnsstämme findet in der Regel zwar weder eine eigentliche Verwaltung noch eine Dokumenten-Aufbewahrung bei Gerichten statt, gewöhnlich bestehen sie in hypothekarisch eingetragenen Forderungen, worüber die Dokumente meistens in den Händen des zeitigen Lehnbesitzers sich befinden. Alsdann wird das Gericht, in dessen Hypothekenbuche das Geldlehn oder der Lehnsstamm eingetragen ist, als das zur Deposition zuständige Gericht, „in welchem das Lehn belegen“ ist, anzusehen sein; sonst in Ermangelung anderer Momente das persönliche Gericht des zeitigen Lehnbesitzers.

Erst auf Grund der einzureichenden Deposital-Quittung über die Zahlung der Abfindung ist nach Art. 6 Instr. vom Lehnshofe das

Allodifikations-Attest auszufertigen, falls eine Abfindung zu zahlen ist; und auf Grund dieses Attestes kann dann der Besitzer die Löschung der Lehnsqualität im Hypothekenbuche beantragen.

„Es versteht sich von selbst, daß ein zwischen den Lehnberechtigten und dem Lehnbesitzer entstehender Streit über die Lehns- oder Allodialqualität der mit dem Lehngute bewirthschafteten Grundstücke vor dem ordentlichen Prozeßrichter zum Austrage gebracht werden muß. Unbedenklich kann aber das Allodifikations-Attest ausgestellt werden, wenn der Lehnbesitzer die Allodifikations-Prozente des Streitobjekts verbehaltlich seiner Rechte ad depositum zahlt." Instr. Art. 6.

Auch in anderen Fällen wird der Lehnshof, wenn es unter den Interessenten (entweder zwischen dem Besitzer und den Lehnberechtigten oder auch unter mehreren Mitbesitzern) streitig wird, ob ein Fall unter die eine oder die andere der Bestimmungen des Gesetzes zu subsumiren ist, die Streitenden zur vorgängigen Prozeß-Entscheidung vor den ordentlichen Prozeßrichter verweisen müssen, sofern Streit oder Widerspruch zu seiner Kenntniß gebracht werden. Bis zu einer Konstatirung der Differenz vor dem Lehnshofe hat jedoch der letztere ohne Rücksicht auf die Folgen, welche daraus für andere Interessen entstehen, auf die einseitigen Anträge des Besitzers die Sachlage zu prüfen und die Anwendbarkeit der einen oder der anderen gesetzlichen Bestimmung festzustellen. Die causae cognitio, welche für ihn immerhin nöthig ist, wird in der Prüfung der ihm vorzulegenden Urkunden bestehen, wodurch der Besitzer nachzuweisen hat, daß er entweder das Lehn im Lehngange besitzt oder daß und wie es aus dem Lehngange veräußert ist, sowie ob für den Besitzer oder den früheren Veräußerer eine lehnsfähige Beerbung zu bestimmter Zeit erweislich ist und welche Interessenten noch leben oder nicht mehr leben.

§. 57. Zwangsrechte.

Nothwendig liegt zwischen dem Zeitpunkte, worin die Lehnseigenschaft gesetzlich aufhört, und der Zeit, worin dieselbe im Hypothekenbuche gelöscht werden kann, ein — oft durch die Nothwendigkeit der Lehntaxe oder durch Streitigkeiten längerer — Zeitraum. Unbedenklich kann in dieser Zwischenzeit jeder Interessent, also auch namentlich jeder Gläubiger eines Lehnguts oder eines Lehnbesitzers, sich darauf berufen und unter Umständen nachweisen, daß die Lehnseigenschaft gesetzlich schon aufgehört hat, selbst wenn sie im Hypothekenbuche noch nicht gelöscht ist. Andererseits kann (und muß unter Umständen) bei noch nicht erfolgter Löschung der Richter zwar in der Prozeßentscheidung feststellen, daß Lehnberechtigte keine Lehnrechte mehr ausüben können, nachdem die Lehnsqualität aufgehört hat. Dagegen kann vor erfolgter Löschung das bisherige Lehn nicht als Allodialbesitz zum Verkaufe ausgeboten werden; falls nicht etwa nach den bisherigen Vorschriften ein Aufgebot der Lehnberechtigten gemäß der Verordnung v. 11. Mai 1839 mit der Wirkung der Präklusion aller Berechtigten stattgefunden hätte. — Wenn der Besitzer, obgleich die Lehnseigenschaft aufgehört hat, keine Schritte thun sollte, um die Löschung im Hypothekenbuche zu veranlassen und die etwanige Abfindung zu konstatiren und zu zahlen, so hat

a. „jeder der nach §. 1 zu berücksichtigenden Lehnberechtigten das Recht, von dem Lehnbesitzer die Aufnahme der Taxe und Zahlung der Allodifikationssumme ad depositum zu fordern, sobald die Verpflichtung zu deren Zahlung nach §§. 6, 13, 14 eingetreten ist." §. 21. Die Berechtigten können hierauf vor dem ordentlichen Prozeßrichter im gewöhnlichen Prozeßwege gegen den Besitzer klagen. Instr. Art. 13. An der Löschung der Lehnsqualität im Hypothekenbuche nehmen die Lehnberechtigten freilich kein Interesse.

b. Im Gegentheile haben die Gläubiger des Besitzers nur das Interesse daran, daß die hypothekarische Löschung herbeigeführt wird, um das bisherige Lehn als Allode zum Exekutionsobjekt zu machen. Hierzu müssen sie auch für berechtigt erachtet werden, obgleich ihnen kein Paragraph expressis verbis dies Recht zuspricht. Es liegt im Rechte des Hypothekengläubigers begründet, daß er die Veräußerung des Pfandes verlangen kann, und zwar, wenn der Besitzer dasselbe als gewesenes Lehn mit dem Rechte zum Allodialbesitze und mit der Verpflichtung zur Zahlung einer Abfindung belastet besitzt, daß der Gläubiger dann dasselbe als ein so geeigenschaftetes Vermögensobjekt seines Schuldners behufs der Exekution verwerthen lassen kann. Auch ein persönlicher Gläubiger hat dies Recht des Exekutions-Angriffs auf ein, seinem Schuldner zustehendes, Vermögensrecht, da ihm dieser mit seinem ganzen Vermögen für die Forderung haftet. Vgl. Entsch. Bd. 60 S. 368—370. L.-R. Einl. §. 89.

Der Weg, um im Exekutionsverfahren die Form zu finden, in welcher der Gläubiger zu seinem Zwecke kommt, ohne den Rechten des Besitzers und der Agnaten zu nahe zu treten, liegt auch offen, wenn man der, für die Subhastation pommerscher Lehne gegebenen, Verordnung v. 11. Mai 1839 folgt und dabei nur die, durch die materiellen Rechtsänderungen und die Sachlage nothwendigen, Modifikationen berücksichtigt. Wenn das Hypothekenbuch die Lehnsqualität als noch vorhanden annehmen läßt, so muß der Subhastationsrichter bei einem Antrage auf Subhastation allerdings zunächst gemäß der Verordnung v. 11. Mai 1839 das Verfahren mit der Vorladung der eingetragenen Lehnberechtigten zur Geltendmachung ihrer Lehnrechte beginnen. Vergl. oben §. 24. Gegen die alsdann etwa versuchte Ausübung bisheriger agnatischer Rechte haben jedoch nicht nur der Besitzer, sondern ebenso die Gläubiger die Einwendung, daß den Lehnberechtigten nach dem Gesetz vom 4. März 1867 nicht mehr die früheren agnatischen Rechte zukommen, sondern nur noch das Recht auf die gesetzliche Prozentabfindung aus dem Lehne. Nach Präklusion oder Abweisung der Lehnberechtigten mit weitergehenden Ansprüchen kann das bisherige Lehn, wie es schon früher nach erfolgter Präklusion bez. Abweisung als Allode ausgeboten werden konnte, so nun als ein, nur mit der Pflicht zur Abfindungszahlung belastetes, Allode zum Verkauf gestellt werden. Auch, wenn ein derartiges Ausgebot des Lehns mit der, ihm anhaftenden, Abfindungsbelastung als unzuläßig erachtet würde oder Anträge darauf nicht rathsam erschienen, so muß den Gläubigern — vorausgesetzt, daß die desfallsigen Vorbedingungen im konkreten Falle erweislich sind — gestattet sein, gegen den ihnen mit seinem ganzen Vermögen haftenden Besitzer dessen Verpflichtung klagbar geltend zu machen, daß er die Konstatirung der rechtlichen Qualifikation dieses Vermögensobjekts behufs der Exekutionsverwerthung geschehen läßt und veranlaßt; daß er also die Aufnahme der Lehntaxe und die Zahlung der Prozentabfindung aus seinem Vermögen oder aus dem Lehne, sowie die Löschung der Lehnseigenschaft beantragt; oder daß dies im Wege der executio ad faciendum ein Dritter für den Besitzer und Schuldner beantragt. Nur zur Wahl, ob Allodifizirung oder Fideikommiß-Verwandlung erfolgen soll, können die Gläubiger oder Dritte selbstverständlich an Stelle des Besitzers nicht verstattet werden, weil dies ein rein persönliches Recht des Besitzers ist. Vorkommenden Falls müßte der Ablauf der Frist hierzu abgewartet werden.

Ob nun das Ausgebot des früheren Lehns als eines, mit der Verpflichtung zur Abfindung belasteten, und mit dieser Verpflichtung auf den Ersteher übergehenden, Allode erfolgt; oder ob die Gläubiger vorher gegen den Besitzer auf Veranlassung der nöthigen Schritte zur Feststellung der Abfindung klagen wollen oder müssen, — in jedem Falle kommen sie so zum Ziele, ohne die Rechte andrer Interessenten zu verletzen. Es hat Niemand ein größeres Recht, als auf Zahlung der Abfindung und es kann Niemand einwenden, daß die Subhastation des Guts unzuläßig sei, weil es noch Lehn wäre. Eben weil es dies nicht mehr ist, können die Gläubiger gegen jeden Widersprechenden erstreiten, daß er die Subhastation des Guts als Allode sich gefallen lasse; sogar ohne eine Bedingung, daß die Verpflichtung zur Zahlung der Abfindung auf den Ersteher übergehe. Die Lehnberechtigten mögen, wie alle Realinteressenten, das Recht zur Depositalzahlung der Abfindung aus den Kaufgeldern liquidiren und die zur Feststellung nöthigen Schritte veranlassen. In jedem Falle muß aber auch die, nach dem Gesetze v. 4. März 1867 zu gebende, Abfindung das hypothekarische Vorrecht vor den Ansprüchen irgend eines Gläubigers hinsichtlich der Befriedigung aus dem Lehne haben; so daß die quantitative Feststellung der Abfindung und deren Berichtigung zum gerichtlichen Depositum von den Interessenten bez. Agnaten aus den Kaufgeldern ante omnes verlangt werden kann, ehe einer der Gläubiger befriedigt würde. Es folgt dies daraus, daß die Lehnsqualität, für deren Ablösung die Abfindung zu gewähren ist, dem Exekutionsobjekte bisher anhaftend und älter ist, als jede Hypothekenschuld und daß nur unter Erledigung der Abfindung das frühere Lehn zum Verkaufe behufs Befriedigung der Gläubiger verwerthet werden kann.

§. 58. Verträge.

Von besonderer Wichtigkeit wird namentlich bei Lehnen, welche nicht mehr im Lehngange besessen werden, das Verhältniß von früher geschlossenen Verträgen zu den nunmehrigen gesetzlichen Bestimmungen über die Aufhebung des Lehnsverbandes. Die Rechtsunsicherheit hat sehr häufig dazu geführt, daß bei Geltendmachung agnatischer Rechte gegen Besitzer veräußerter Lehne die streitenden Theile es vortheilhafter fanden, sich zu vergleichen, als sich auf die zweifelhafte rechtliche Entscheidung zu verlassen. Die Vergleiche zielten zur theilweisen Befriedigung der beiderseitigen Interessen meistens dahin, daß dem Besitzenden der fernere Besitz des Lehns verstattet wurde und derselbe dafür dem Agnaten oder auch dessen Lehns- oder Allodialerben bestimmte Vortheile zusicherte. Insoweit die Abfindung durch einmalige Prästation einer bestimmten Summe erfolgte und der Vergleich nur dahin geschlossen war, daß der Agnat für sich oder auch für seine Descendenten auf die Geltendmachung agnatischer Rechte verzichtete und dafür eine bestimmte Entschädigung erhielt, welche bereits gewährt ist, gehören dergleichen Verträge der Vergangenheit an und sind ohne ferneres Gewicht hinsichtlich der jetzigen Aufhebung des Lehnsverbandes. Ueberhaupt werden Abfindungsverträge, welche mit Rücksicht auf die frühere Gesetzgebung geschlossen und erfüllt sind, durch das Gesetz vom 4. März 1867 nicht berührt; da das Gesetz keine rückwirkende Kraft hat. L.-R. Einl. §. 14.

Wichtiger ist die häufige Kategorie von Verträgen, in welchen die Erfüllung in die, nach der Zeit des Gesetzes jetzt noch fortdauernde, Zukunft gelegt ist. Entweder hat dann der Besitzer sich und seine Nachfolger — größtentheils unter hypothekarischer Eintragung — zu periodischen Abfindungs-Prästationen verpflichtet; oft für die Lebensdauer des kontrahirenden Agnaten und seiner Descendenten. Oder auch der Agnat hat für die Zukunft dem Besitzer Gewähr gegen Lehnsansprüche geleistet. Oder es ist Beides mit einander verbunden und von beiden Theilen sind derartige, noch für die Zukunft zu erfüllende, vertragsmäßige Verbindlichkeiten übernommen. Wie sehr auch hier die Phantasie auf die Ansichten über die Folgen der Lehnsaufhebung gewirkt hat, zeigte ein einschlagender Fall. Mehrere Agnaten verzichteten im vorigen Jahrhundert auf die Reluition eines pommerschen Lehns und übernahmen gegen den Besitzer die Garantie, daß er und seine Erben im freien Besitze des Gutes blieben, so lange bestimmte Linien der lehntragenden Familie leben. Der Besitzer verpflichtete sich zu einer jährlichen Lieferung von 100 Stamm Bauholz an die jedesmaligen Besitzer eines anderen, der lehntragenden Familie gehörigen, Gutes. Diese Verpflichtung ist auch auf dem, damals zu reluirenden, Gute eingetragen und bisher geleistet. Nach dem Erscheinen des Gesetzes vom 4. März 1867 behauptete der Besitzer des letzteren: durch jenen Vergleich sei die frühere wiederverkäufliche Veräußerung in eine unwiderrufliche verwandelt, also nach §. 13 Ges. zu behandeln; er werde jetzt 4 Prozent Abfindung zahlen und die Besitzer des berechtigten Gutes könnten ihr Bauholz aus dieser Abfindungsmasse liquidiren!

Unzweifelhaft können solche Vertrags-Verhältnisse nicht ohne Weiteres schon deshalb von dem Auflösungsgesetze unberührt bleiben, weil dies keine rückwirkende Kraft habe. Vgl. Entsch. Bd. 29 S. 358, Bd. 48 S. 158. Ebensowenig sind sie aber auch durch dies Gesetz unbedingt aufgehoben. Hinsichtlich der pfandweise oder wiederkäuflich veräußerten Lehne bleibt es ohnehin nach §. 16 bei den desfallsigen Verträgen mit der, im §. 55 angegebenen, Beschränkung der Berechtigung. Hinsichtlich der unwiderruflich veräußerten Lehne gilt für die Fälle der Revokation nach §. 14 oder §. 15 des Gesetzes dasselbe. Im Uebrigen aber ist für das Verhältniß solcher Verträge zur jetzigen Gesetzgebung im Wesentlichen der konkrete Inhalt der Verträge bestimmend.

1) In Betreff des gewöhnlichen, oben erwähnten, Inhalts solcher Verträge wird für den Agnaten, welcher gegen künftige Lehnsansprüche

Gewähr geleistet hat, diese Verpflichtung für die Zukunft unnöthig gemacht, indem die Lehnseigenschaft durch das Gesetz aufgehoben wird. Dasselbe hebt sie indeß nur gegen Zahlung der Entschädigung von 4 oder 6 Prozent auf. Der Besitzer muß sich in Folge des Gesetzes dieser ipso jure zu Gunsten der ganzen lehnberechtigten Familie eintretenden Entschädigungs-Verpflichtung unterwerfen. Sie ist auch unzweifelhaft eine durch lehnrechtliche Ansprüche begründete. Sofern also ein Agnat in einem früheren Vergleiche die Garantie für alle lehnrechtlichen Ansprüche übernommen hat, würde er (nebst seinen Erben) gegen seinen damaligen Mitkontrahenten und dessen Erben die Gewährleistungspflicht dadurch erfüllen müssen, daß er diesen die, nun zu gewährende, gesetzliche Entschädigung erstattet. — Dies Vertragsrecht geht jedoch nicht mit dem bisherigen Lehne von selbst auf jeden Singular-Besitznachfolger über, wenn es nicht ausdrücklich für die Besitznachfolger als solche stipulirt ist. Ist letzteres nicht der Fall, und besitzen der damalige Mitkontrahent oder dessen Erben das Lehn nicht mehr, so kann der jetzige Besitzer nur durch Cession des früheren Kontrahenten oder seiner Erben zu einem solchen Gewährleistungs-Anspruche berechtigt werden.

Wenn die Garantie nicht in der erwähnten unbedingten Weise übernommen wäre, sondern nur für die Lebensdauer bestimmter Linien der freie Besitz garantirt ist, so ist zu berücksichtigen, daß der Besitzer für die gesetzliche Prozentabfindung die Befreiung von allen Lehnsansprüchen in alle Zukunft genießt. Bei einer, auf bestimmte Ansprüche oder Linien beschränkten, Garantie kann er also keinenfalls die gesammte Abfindung vergütet verlangen, weil er dieselbe gesetzlich auch dann zahlen muß, wenn keiner von der garantirten Linie mehr lebt. Im Gegentheile hat er eben deshalb gar keine Vergütung zu beanspruchen. Nur wenn alle im Lehnregister noch eingetragenen Lehnberechtigten lediglich zu der garantirten Linie gehörten, müßte der Besitzer gesetzlich nur zu deren Gunsten und wegen deren Existenz die Prozentabfindung geben, und würde er dann mit Recht Gewährleistung aus einem solchen Garantievertrage verlangen können, sobald er als Mitkontrahent oder Cessionar seines kontrahirenden Vorbesitzers überhaupt dazu berechtigt ist.

2) Falls andererseits das Lehn mit einer dauernden periodischen Abfindung aus einem derartigen frühern Vergleiche belastet ist, so ist es für den Fortfall einer solchen Verpflichtung pro futuro wesentlich: für welche Gegenleistung sie stipulirt ist. Ist sie lediglich dafür versprochen, daß der vergleichende Agnat zur Zeit des Vergleichs von seinem agnatischen Rechte keinen Gebrauch gemacht oder darauf verzichtet hat,

so ist diese Gegenleistung durch das damalige Aufgeben seiner Rechte schon vollständig erfüllt; und er sowie seine Erben und Erbeserben können die dafür bedungene Leistung auch jetzt und immer weiter fordern. Es ist dann für ihr Recht gleichgültig, ob diese Leistung zur Zeit des Vergleichs fällig war, oder in einer, theilweise erst nach dem Erscheinen des Gesetzes vom 4. März 1867 fälligen, Rente oder Reallast besteht. Auf das Recht selbst kann dies Gesetz keinen Einfluß mehr haben, weil das Recht ein, in früherer Zeit und unter anderen Verhältnissen wohlerworbenes ist, und nur dessen Fälligkeit vertragsmäßig hinausgeschoben ist.

3) Wenn jedoch die Erfüllung des Vergleichs sich beiderseits in die Zukunft erstrecken soll, wenn also eine noch fortdauernde Garantie für lehnanspruchfreien Besitz übernommen ist und dafür fortdauernde Hebungen stipulirt sind, so wird es in Betreff der bisherigen Zeit, worin der lehnanspruchfreie Besitz gewährt ist, bei der Gegenleistung dafür bewenden müssen. Für die fernere Zeit können der Agnat und seine Rechtsnachfolger die Gegenleistung nicht verlangen, sofern sie nicht mit eigenen Mitteln ohne Kosten und Aufwendung des Besitzers bez. Mitkontrahenten dessen Befreiung von der, nach §§. 13, 14 gesetzlichen, Abfindung bewirken; vorausgesetzt, daß eben solche Lehnberechtigte eingetragen sind, gegen deren Ansprüche der Agnat zu garantiren sich verpflichtet hat. — Andrerseits können der Mitkontrahent und dessen legitimirter Rechtsnachfolger vom vergleichenden Agnaten bez. dessen Rechtsnachfolgern auch nur diese Befreiung fordern; und müssen sie, falls ihnen dieselbe gewährt wird, ihrerseits auf Grund des, hiermit gegnerischerseits vollständig erfüllten, Garantie-Vertrages die, für die Garantie stipulirte, Gegenleistung prästiren. Letztere wird wohl in der Regel an Werth mehr betragen, als die Abfindung; indeß soll sie zugleich und wesentlich das Aequivalent dafür sein, daß der vergleichende Agnat nicht schon längst zur Zeit des Vergleichs seine Lehnsansprüche geltend gemacht und seinem Gegner das Lehn entzogen hat. — Selbstverständlich ist auch hier der konkrete Umfang der kontraktlichen Garante von bestimmendem Einfluß auf die beiderseitigen Rechte.

E. **Entschädigung.**

§. 59. Einleitung.

§. 20: „Die, nach §§. 6, 13, 14 zu zahlenden Allodifikationssummen dienen zum Besten einer, für die bisherige lehntragende Familie bestimmten Stiftung. Der zur Bildung dieser Stiftung und Feststellung des Statuts erforderliche Beschluß wird in einer für die Familie bindenden Weise durch die, in die Lehns- und Successionsregister eingetragenen, Häupter der Linien gefaßt."

„Bis zur Bestätigung der Stiftung durch das zuständige Gericht werden die auflaufenden Zinsen zum Kapital geschlagen."

„Eine Stempelabgabe wird für die Bildung resp. Verstärkung der Stiftung nicht erhoben."

Das unbekannte Neue, was die Schöpfung einer Familienstiftung — dem pommerschen Lehnrecht bisher fremd — in Aussicht stellte, hat die Phantasie der Lehnbesitzer, Lehnsinteressenten und Juristen in Pommern in ergiebigster Weise angeregt. Die Vorbesprechungen und Verhandlungen über das Schicksal der Entschädigungssummen, — da es in der Kürze der, seit dem Gesetze verflossenen, Zeit noch nicht zu Prozessen darüber kommen konnte — haben die verschiedensten Ansichten über die Anrechte auf diese Abfindungen zu Tage gefördert. Zunächst wurde ziemlich allgemein angenommen, daß dem Lehnbesitzer selbst und seiner Descendenz kein Antheil oder Anrecht hinsichtlich der Abfindungen zustehen könne, da der Besitzer selbst sie ja im Interesse der Successionsberechtigten als Entschädigung für ihre aufgegebenen Rechte zahlen müsse. Eine entgegengesetzte Strömung wollte dann den Lehnbesitzer (falls Mitglied der lehnberechtigten Familie) schon deshalb nicht ausschließen, weil die Abfindung an Stelle der aufgehobenen Lehnqualität das Rechtsobjekt aller Lehnsinteressenten bilde, von welchem der bisherige Lehnmann und seine Descendenz, — so wie sie auch das Lehn selbst sonst weiter besitzen würden, — ebenfalls nicht ausgeschlossen werden dürften. In anscheinender Konsequenz der Gedankenfolge wurde auch aufgestellt, daß der bisherige Lehnmann und seine Descendenz aus diesem Grunde sogar das nächste und ohne ihre Einwilligung nicht aufzuhebende, Recht auf die Revenuen dieser Abfindung haben müsse und habe; ein Familienbeschluß der anderen Interessenten allein könne dem Besitzer und seiner Descendenz, so lange sie leben, unmöglich dies vermeintlich aus der Natur der Sache folgende Recht verletzen und entziehen.

Wieder Andere gingen davon aus, daß bei dem Beschlusse der Familienhäupter das Resultat zu Stande käme, wie es bei Beschlußfassungen üblich ist, also durch Majorität; und sie fanden dann: der §. 20 sei der „ungerechteste" Punkt des Gesetzes, weil die Häupter der entfernteren Linien größtentheils zahlreicher wären, als die der Näherberechtigten, und jene durch ihre Mehrheit die Rechte der besser berechtigten Minderheit erdrücken könnten.

Hiergegen wurde wieder entgegnet: es folge aus dem Charakter der Abfindung als Surrogat des Lehnsobjekts, daß die Successionsrechte der einzelnen lehnberechtigten Linien erhalten blieben und hinsichtlich des Genusses der Abfindung maßgebend wären, so lange nicht unter ihrer Einwilligung ein allgemeiner Beschluß anders verfüge.

Man sieht aus dieser, aus dem Leben genommenen, Musterkarte von Ansichten, wie fremd der Gegenstand dem Verständnisse der Betheiligten ist, und wie verschieden ihre — Wünsche sind; da bekanntlich Jeder zunächst dasjenige für Recht zu halten geneigt ist, was er wünscht.

§. 60. Mitberechtigung des Lehnmanns.

Wer ist berechtigt zur Abfindung und zur Bestimmung darüber?

Die Stiftung ist nach §. 20 „für die bisherige lehntragende Familie" bestimmt und der Beschluß soll „durch die, in die Lehns- und Successionsregister eingetragenen Häupter der Linien der Familie gefaßt" werden. Daß der bisherige Lehnmann und zeitige Besitzer des Lehns und dessen Descendenz, falls sie im Lehnsregister eingetragen sind, von der Theilnahme an der Stiftung oder am Beschlusse darüber ausgeschlossen sein sollen, bestimmt das Gesetz nicht. Sie sind auch meines Erachtens durch das Gesetz nicht ausgeschlossen, um das Resultat der nachstehenden Erörterung gleich voranzustellen.

Die Ansicht, daß der Besitzer nebst Descendenz keinen Theil nähmen, hat einen Schein von Berechtigung dadurch bekommen, daß

1) in den Materialien des Gesetzes vom 4. März 1867 und bei dessen legislatorischer Berathung wiederholt hervorgehoben wurde: die Agnaten würden für ihre aufgehobenen Successionsrechte durch die Abfindung entschädigt, und

2) daß Art. 12 der Minist.-Instr. bemerkt: „Da nach dem §. 1 nur die rechtzeitig eingetragenen Agnaten bei der Aufhebung der Lehne berücksichtigt werden, so bilden sie und ihre Descendenten die, zur Disposition über die Allodifikationssumme berufene Familie."

Beide Gründe rechtfertigen einen prinzipiellen Ausschluß des Lehnbesitzers nicht.

1) Die allerdings in den Motiven, den Berichten des Abgeordneten- und Herrenhauses und in den Kammer-Debatten sich wiederholenden Bemerkungen: daß die Agnaten für die agnatischen Rechte durch die Abfindung entschädigt würden, sagen zunächst nicht, daß nur die Agnaten die Entschädigung haben sollen. Außerdem bilden sie einen Theil der Diskussion darüber, ob und in welchen Fällen Lehnrechte gegen

oder ohne eine, vom Besitzer zu zahlende, Entschädigung (und welcher Höhe?) aufgehoben werden sollen: Diese Erörterungen sind aber nicht sedes materiae hinsichtlich der Frage, wem die Abfindung zusteht und von wem die Disposition darüber zu treffen ist. Hierüber liegt die sedes materiae im §. 20 und in den Materialien zum §. 20. Letztere geben darüber eine andere Auffassung.

Der Vorschlag, aus den Abfindungen eine Stiftung für die bisherige lehntragende Familie zu bilden, war zuerst vom 11. pommerschen Provinzial-Landtage 1852 dahin gemacht, daß aus den Prozentsätzen ein Fonds zur Ausstattung armer unverheiratheter Töchter der lehntragenden Familie gebildet werden sollte. Die Kommission des Herrenhauses von 1862 schlug bei der Berathung eines damaligen Gesetzentwurfes vor: die Stiftung sei zum Besten der bisher lehntragenden Familie zu gründen, ohne daß es darauf ankommen könne, daß deren verschiedene Glieder gerade nach dem Verhältnisse ihrer bisherigen Berechtigungen am Lehnvermögen daran Theil nähmen; zur Gründung bedürfe es seitens der Familie nur einer Vereinbarung der in die Register eingetragenen Häupter der Lehnslinien; in Uebereinstimmung mit dem, in der Deklaration v. 11. Juli 1845 und Gesetz vom 10. Juni 1856 angenommenen Vertretungsprinzip. Herr. S. 28. Der Entwurf von 1862 hatte die Abfindung als Entschädigung für die agnatischen Rechte aufgefaßt und für die Vertheilung der Gelder an die Agnaten Bestimmungen getroffen. Die Kommission des Herrenhauses von 1862 hatte indeß jenen Gegenvorschlag darauf begründet, daß an dem Lehne nicht allein den Agnaten, sondern der Familie als einem ideellen Ganzen in allen seinen Gliedern mit Inbegriff der aus dem Lehn abzufindenden Wittwen und Töchter Rechte zustehen und ihnen durch Errichtung von Familienstiftungen zu Gute kommen müßten.

Diesen Vorschlägen und Ansichten ist der Regierungsentwurf von 1866, mit ausdrücklicher Bezugnahme auf dieselben in den Motiven, in dem jetzt zum Gesetz erhobenen §. 20 (Entwurf §. 16) gefolgt Mot. S. 29, 30; und haben ebenso Abg. S. 9, 18 und Herr. S. 27--29 beigestimmt. Die Kommission des Abgeordnetenhauses, welche S. 9 ebenfalls hervorhob, daß „die Ueberweisung der Summe an die Familie im Ganzen" der einzige Ausweg sei, bemerkt zum §. 3 S. 11 hinsichtlich der Descendenten des Besitzers: sie müßten an sich eine Alienation ihres parens anerkennen; verloren zwar durch eine solche bisher nicht ihr Lehnrecht völlig; aber „für die überaus schwache Aussicht.... erscheine ein Antheil an der §. 6 normirten Abfindungssumme — wenn auch nur durch das Haupt ihrer Linie — als ein genügendes Aequivalent." In der Abgeordneten-Sitzung vom 21. Dezember 1866 leitete der Berichterstatter die Entschädigungs-Bestimmung mit der Bemerkung ein: Bei der Ungewißheit der Berechnung über die Lebenszeit der Einzelnen bleibe nur übrig, daß die zu gewährende Entschädigung den Agnaten im Ganzen als ein Stiftungskapital überwiesen und der Familie als solcher mit der Maßgabe, daß nur die Häupter der Linien stimmberechtigt sind, überlassen wird." Stenogr. Ber. S. 1355. Präciser hob Abg. Ziegler hervor: es werde nicht den Anwärtern, sondern der ganzen Familie die Entschädigung bestimmt, und Graf Schwerin erwiedert: es sei richtig, daß durch die Familienstiftung nicht diejenigen, welchen die Entschädigung zukomme, entschädigt würden; aber nur, weil die wirklich Entschädigungs-Berechtigten nicht fester und bestimmter zu greifen seien. Stenogr. Ber. S. 1357, 1358.

Hiernach ist als übereinstimmende Intention aller gesetzgebenden Faktoren anzusehen, daß die Abfindungen nicht blos den Agnaten und Successionsberechtigten, sondern der ganzen bisherigen lehntragenden Familie zu Gute kommen und der Disposition aller eingetragenen Häupter ihrer Linien unterliegen sollen, also auch mit Einschluß der Linie des zeitigen Lehnmanns und Besitzers. Dies hat auch im §. 20 dispositiven Ausdruck bekommen. Zu der „bisherigen lehntragenden Familie" ist der bisherige Lehnsmann nebst seiner Linie sicherlich zu rechnen. Der §. 6 rechnet ihn ausdrücklich dazu, indem er im Fideikommiß für die, zum Lehn berechtigte „Familie" selbst in die Stellung des ersten Fideikommißbesitzers eintreten muß. Ebenso ist er von den „eingetragenen Häuptern der Linien" nicht ausgeschlossen, vorausgesetzt natürlich, daß er eingetragen ist. Das Gesetz v. 11. Juli 1845 G.-S. S. 474 §. 3 verpflichtet auch die Besitzer der Lehne, sich in die Lehnsregister eintragen zu lassen. Das Gesetz v. 4. März 1867 ferner zeigt deutlich, daß es die Eintragung des Besitzers voraussetzt, und sich nicht blos eine Eintragung der im §. 1 gedachten Successionsberechtigten denkt. Im §. 2 Nr. 3 ist namentlich formulirt, daß von den „außer dem Besitzer vorhandenen eingetragenen Lehnberechtigten" diejenigen, welche als Häupter abgesonderte Linien bilden, mit demselben in die Allodifikation zu willigen hätten.

2) Gegenüber diesen positiven Bestimmungen des §. 20 und der Geschichte desselben ist die im Art. 12 Instr. bezogene Bestimmung des §. 1 über die Abgrenzung des Kreises der bei der Auflösung zu berücksichtigenden Lehnberechtigten nicht maßgebend. Wie das ganze Gesetz zeigt, soll diese Bestimmung des §. 1 nicht die Bedeutung haben, daß außer den Successionsberechtigten überhaupt keiner und selbst nicht der

Besitzer berücksichtigt werden soll. Im Gegentheil wird überall der Besitzer neben den Successionsberechtigten in erster Reihe „berücksichtigt". Der §. 1 hat nur den Kreis derjenigen festgestellt, deren Existenz für die Fortdauer der Lehnsqualität bestimmend ist und welchen die agnatischen Lehnrechte, soweit sie nach dem Gesetze überhaupt noch auszuüben sind, allein vorbehalten bleiben. Daß namentlich für den Inhalt des §. 20 der Besitzer und seine Descendenz durch den §. 1 nicht ausgeschlossen sein sollen, bestätigt die Vergleichung der Redaktion der andern Paragraphen. Während die §§. 2, 4, 15, 16, 21 „die nach §. 1 zu berücksichtigenden Lehnberechtigten" unter dieser Bezeichnung nennen, wo ihre Existenz oder ihre vorbehaltenen Rechte bestimmend sein sollen: nennt §. 20 (und §. 6 Nr. 2) „die bisherige lehntragende Familie" bez. „die zum Lehn berechtigte Familie" da, wo den Lehnsinteressenten mit Einschluß der Linie des Besitzers Rechte für die gesammte Familie vorbehalten bleiben sollen.

§. 61. Beschlußlegitimation.

Nur die Häupter der einzelnen Linien der lehntragenden Familie sollen den Beschluß fassen. Leitend war hierfür der Grundsatz, daß die Descendenz jedes Hauptes dessen Beschlüsse und Erklärungen genehmhalten muß, und daß durch die Beschlüsse der eingetragenen Häupter sonach alle eingetragenen Lehnberechtigten beschlossen haben und vertreten sind. Diesen Vertretungsgrundsatz hatte schon das Gesetz vom 11. Juli 1845 Nr. 2594 dahin aufgestellt, daß bei der Errichtung von Familienschlüssen über altvorpommersche und hinterpommersche Lehne nur die Häupter der vorhandenen Lehnlinien, nicht ihre lehnberechtigten Nachkommen zuzuziehen, und letztere durch ihre Häupter — ohne Rücksicht, ob ihre Nachkommen in väterlicher Gewalt sind — rechtsverbindlich gebunden sind. Das Gesetz vom 10. Juni 1856 hatte zur Verwandlung pommerscher Lehne in Fideikommisse in gleicher Weise die Zustimmung der eingetragenen Häupter der vorhandenen Lehnslinien für genügend erklärt. Auch nach dem Gesetz vom 4. März 1867 §. 2 Nr. 3 genügt deren Einwilligung zur freiwilligen Vereinbarung der Allodifikation.

Der Begriff der „abgesonderten vorhandenen Linien" und der Häupter ergiebt sich aus diesen Bestimmungen, zumal aus dem Gesetz vom 11. Juli 1845 Nr. 2594 und aus dem §. 2 Nr. 3 des Auflösungs-Gesetzes. Jeder eingetragene Lehnberechtigte, dessen parens (Vater, Großvater..) nicht mehr lebt oder in den Lehnsregistern nicht eingetragen ist, ist im Sinne des §. 20 ein eingetragenes Haupt einer Linie. Seine Descendenten dagegen — auch wenn sie besonders eingetragen sind — haben keine Beschlußberechtigung, selbst wenn sie im bürgerlichen und rechtlichen Sinne sonst selbstständig sind und nach gewöhnlichem Sprachgebrauche als Familienhäupter bezeichnet werden müßten. Häupter, welche nicht rechtzeitig eingetragen sind, kommen gesetzlich nicht in Betracht, auch wenn sie selbst noch leben und ihre Descendenten eingetragen sind. Wenn also 4 Brüder als lehnberechtigt eingetragen sind, ihr Vater oder Großvater aber — wenngleich noch lebend — nicht eingetragen wäre, so sind jene 4 Brüder ebensoviel „eingetragene Häupter abgesonderter Linien". § 2 Nr. 3 und §. 20. Selbstredend können auch Eingetragene, welche zur Zeit des zu errichtenden Beschlusses nicht mehr leben, nicht mehr Grund sein, ihren Descendenten die Qualität von Häuptern zu nehmen. — Ob das „eingetragene Haupt" persönlich selbstständig oder noch minorenn oder unter väterlicher Gewalt ist, macht für seine Berechtigung, als Haupt am Beschlusse Theil zu nehmen, keinen Unterschied. Es kann nach Obigem selbst noch Kind sein. Wenn noch nicht rechtlich selbstständig, wird es bei der Beschlußfassung durch seine gesetzlichen Vertreter, Vater (wenn er lebt) oder Vormund, vertreten.

Die Vorschrift des L.-R. II. 4 §§. 42, 43, daß den Minorennen, auch wenn ihr Vater noch lebt, besondere Vormünder zur Beschlußfassung bei Familienstiftungen bestellt werden müßten, hat für die dort vorausgesetzten Fälle der §§. 40, 41 a. a. O. ihren Grund darin, daß bei Deklaration, Ergänzung, Sicherstellung oder Verwendung für Familienstiftungen sowohl der Vater als das Kind besondere Rechte haben, welche kollidiren können. Für unsern Fall ist dies nicht anwendbar. Falls der Vater nicht eingetragen ist — andernfalls wäre er selbst das Haupt —, sondern nur der Sohn, so hat der Vater für sich überhaupt keine Rechte, und beim Fortfalle der Kollision von Rechten hat er nur diejenigen des Sohnes wahrzunehmen. Abg. S. 18 zu §. 16.

Die Instr. Art. 12 fügt dem §. 20 einige aus der Natur der Sache resultirende Bemerkungen hinzu, welche hier folgen mögen:

„Sind mehrere eingetragene Familien vorhanden, so müssen sie gemeinschaftlich das Statut feststellen. Dagegen sind bei einer Konkurrenz von Mitgliedern der lehntragenden Familie und von Eventualbelehnten erstere allein berechtigt, die Succession und Vertheilung der Revenuen für ihre Familie festzustellen. Nur Dispositionen über die Substanz erfordern auch die Zuziehung der eventuell Betheiligten."

§. 62. Differenzen beim Beschlusse. Gerichtsstand.

I. Welche Berechtigung hat jede Stimme eines berechtigten Familienhauptes beim Beschlusse?

Das L.=R. II. 4 §§. 39--46 kennt als verbindliche Familienschlüsse bei Familienstiftungen nur solche Beschlüsse, welche von allen zuzuziehenden Mitgliedern einstimmig gefaßt sind. Wenn auch nur eins der Mitglieder dem beabsichtigten Beschlusse widerspricht, so ist eben kein Beschluß zu Stande gekommen. Auch die Gesetze vom 15. Februar 1840 §§. 1, 20, vgl. §. 15, vom 11. Juli 1845 Nr. 2594 und vom 10. Juni 1856 setzen die Einstimmigkeit der Berechtigten als unzweifelhaftes Requisit voraus, um einen Familienbeschluß zu Stande zu bringen. Von diesem Grundsatze ist unstreitig auch das Gesetz vom 4. März 1867 §. 20 ausgegangen. Die Motive S. 30 berufen sich auf die allgemeinen Regeln von Familienstiftungen, und sowohl Abg. S. 18 als Herr. S. 29 erklären es für ein gutes Compelle zur Erzielung irgend einer Einigung, daß bis zur Bestätigung der Stiftung die Zinsen der Abfindungsgelder zum Kapital zugeschlagen werden.

Hiermit zerfallen alle Ausführungen, daß die Minorität sich der Majorität zu unterwerfen habe oder daß der zeitige Lehnbesitzer oder die näherberechtigten Agnaten Vorrechte bei Verwendung der Abfindungen oder ihrer Revenuen geltend machen könnten.

II. Für jede Familienstiftung soll nach L.=R. II. 4 §§. 29—33 die Verlautbarung vor dem ordentlichen persönlichen Richter des Stifters und die Bestätigung durch denselben erfolgen. Der §. 20 des Gesetzes vom 4. März 1867 erfordert ebenfalls die Bestätigung der Stiftung durch das „zuständige" Gericht. Die Motive S. 30 verweisen auf die allgemeinen Regeln über Familienstiftungen. Das Kompetenzgesetz vom 5. März 1855 G.=S. S. 175 betrifft nur Familien=Fideikommisse, nicht Familienstiftungen. In unserm Falle, wo verschiedene Häupter, meistens den verschiedensten persönlichen Gerichtsständen unterworfen, die Stifter sind, während die Bestätigung sachgemäß nur der einheitlichen Disposition eines Gerichts zu unterwerfen wäre, müßte darnach ein gemeinsames Gericht als zuständiges Gericht der Familienstiftung bestellt werden, wenn nicht alle persönlichen Gerichte damit befaßt werden sollten. Die Instr. Art. 12 bestimmt demgemäß: die Bestätigung des Statuts und künftiger Familienbeschlüsse gebühre dem Gerichte, bei welchem die Allodifikationssumme nach §. 9 des Gesetzes zu deponiren ist, also dem Gerichte, in welchem das Lehn belegen, bez.

bei Geldlehnen und Lehnstämmen dem Gericht, unter welchem sie verwaltet oder die Urkunden aufbewahrt werden oder sie hypothekarisch eingetragen sind oder sonst der zeitige Besitzer des Lehns wohnt. §. 56.

§. 63. Inhalt des Beschlusses.

Die Häupter der Linien sind in der, von ihnen zu vereinbarenden, materiellen Beschlußfassung nur darin beschränkt, daß sie nach §. 20

1) eine Familienstiftung und zwar

2) für die bisher lehntragende Familie

zu beschließen haben. Jedem entgegengesetzten Beschlusse würde das Stiftungsgericht die Bestätigung versagen können.

Die Häupter können jedoch nach §. 2 Nr. 3 mit dem Besitzer unter beliebigen Bedingungen die Allodifikation vereinbaren, also auch unter beliebiger Bestimmung und Substanzvertheilung der Entschädigungen. Ist freilich das frühere Lehn inzwischen schon durch den Eintritt der Gesetzeskraft des Gesetzes vom 4. März 1867 oder aus einem andern Grunde nach dessen Vorschriften Allode geworden, so ist für eine nachträgliche nochmalige Allodifikation nach §. 2 Nr. 3 keine Möglichkeit mehr vorhanden. Auch abgesehen davon kann aber nach §§. 1, 20 Ges. v. 15. Febr. 1840 G.-S. S. 20 jede Familienstiftung durch einen Familienbeschluß aufgehoben, und die Substanz durch den Beschluß der Berechtigten beliebig verwendet und vertheilt werden. Dies wurde auch bei der Berathung des §. 20 erwogen. Abg. S. 18 zu §. 16. Freilich setzt das Gesetz vom 15. Februar 1840 eine bereits bestätigte und bestehende Familienstiftung voraus; und wenn aus diesem formellen berechtigten Grunde das Stiftungsgericht darauf bestehen muß, daß zunächst eine Stiftung gegründet wird, so muß zur Erreichung eines solchen Zweckes allerdings zuerst eine Stiftung errichtet werden, welche indeß nach erfolgter Bestätigung sofort durch die berechtigten Interessenten wieder aufgehoben werden kann.

Die Erfordernisse einer Familienstiftung sind die allgemeinen des L.-R. II. 4. §§. 21 ff. Der Familie, hier also der bisher lehntragenden Familie, sind die Hebungen von den Abfindungsgeldern anzuweisen. Für die Rechte und Pflichten der Familienglieder und die Folgeordnung hinsichtlich des Genusses der Stiftung sind die Vereinbarungen der Beschluß-Interessenten in ihrer Stiftungsurkunde und eventuell die §§. 34 ff. L.-R. II. 4 maßgebend. Dem Inhalte der Vereinbarung sind keine andern Schranken gesetzt, als daß der Charakter der Stiftung aufrecht erhalten bleibt, also den zum Genusse Berechtigten nur die

Revenuen, „Hebungen", nicht die Substanz des Kapitals selbst zufallen; und daß die bisher lehntragende Familie die berechtigte ist, also nicht Theile derselben ganz ausgeschlossen werden. Ueber die Berechtigten und die mögliche Theilnahme von solchen Mitgliedern, welche durch Nichteintragung präkludirt sind, vgl. §. 51 Schluß u. §. 59.

Im Uebrigen kann innerhalb dieser Familie die Successionsordnung beliebig bestimmt, auch der Vorzug einzelner Linien vor andern, oder des Mannsstammes vor den Frauen angeordnet werden. Selbst die Bestimmung, daß die Successionsordnung des pommerschen Lehnrechts beim Genusse der Hebungen des Stiftungskapitals eintreten soll, wird einem Bedenken nicht unterliegen können. Das Verbot der Errichtung neuer Lehne (Ges. v. 5. Juni 1852) würde eine solche Bestimmung nicht treffen; denn die Anordnung einer, dem Lehnrecht folgenden, Successionsordnung im Revenuengenusse des Kapitals ist noch nicht die Errichtung eines Geldlehns; vielmehr ist hierdurch allein der Charakter einer Stiftung noch nicht aufgehoben, vgl. Entsch. Bd. 37 S. 118.

Selbstverständlich kann die Stiftungsurkunde auch eine andere Verwaltung, Verwendung und Anlegung der Entschädigungs-Kapitalien unter Beendigung der gerichtlichen Verwaltung anordnen. Letztere möchte bei ihrem geringen Zinssatze schwerlich den Beifall der Interessenten für längere Dauer haben. Namentlich würde auch eine Anlegung des Kapitals in Grundstücken dem Wesen einer Familienstiftung nicht widersprechen.

Wenn es hiernach scheint, daß die Interessenten, indem sie das Kapital zum Ankaufe von Grundstücken verwenden und zugleich die Successionsordnung des pommerschen Lehnrechts einführen könnten, es in ihrer Macht hätten, das pommersche Lehnrecht in Geldlehnen oder gar in Gutslehnen wieder aufleben zu lassen, so scheint es eben nur so. Nicht die Successionsordnung des Lehnrechts gab den pommerschen Lehnen ihren kulturschädlichen Charakter, sondern die Zwitterbildungen der Verfügungsmöglichkeit der Lehnbesitzer und der den Lehnberechtigten zustehenden Rechte; wodurch mit einer Hand genommen wurde, was mit der andern gegeben war. Solche Rechte in den Stiftungsurkunden wieder aufleben lassen, würde allerdings heißen: ein neues Lehn errichten und nicht eine Familienstiftung gründen; und würde nicht der F a m i l i e die „Hebungen" der Stiftungskapitalien oder Stiftungsgrundstücke sichern, sondern nur Einzelnen aus der Familie auf eine, im Voraus nicht berechenbare, Weise die Substanz oder Substanztheile des Vermögens zuwenden. Gewiß ist die Ueberzeugung allgemein, daß ein solches Lehnswesen nur ein Unwesen ist und ein solches Recht nicht mehr Recht sein kann. Für Alle spricht es die Kommission des Abgeordnetenhauses vom 13. Dezember 1866 aus (S. 5):

„Rechts- und Besitz-Unsicherheit, Kreditlosigkeit, minder schwunghafte Bewirthschaftung und Devastirungen mancherlei Art sind vielfach in Pommern die Folge eines Lehnswesens, welches wohl die Nachtheile des gebundenen Besitzes, aber oft nicht die Vortheile d. h. die Erhaltung des Gutes in der Familie mit sich bringt."

Für eine solche Rechtsverbildung kann es nur ein Verdikt geben: schleunigster Tod und keine Auferstehung!

Druck von Eduard Weinberg in Berlin.

Register.

(Die Zahlen sind die der Seiten.)

FSC
www.fsc.org
MIX
Papier | Fördert
gute Waldnutzung
FSC® C083411

Kolibri 360 GmbH
Ferdinand-Jühlke-Straße 7
99095 Erfurt, Deutschland
produktsicherheit@kolibri360.de